思想家

UNREAD

日本
原创力

[美]马修·阿尔特 ——— 著　　张佩 ——— 译

Matt Alt

Pure Invention:
How Japan's Pop Culture
Conquered the World

北京燕山出版社

日本原创力

[美] 马修·阿尔特 著
张佩 译

图书在版编目(CIP)数据

日本原创力 /(美)马修·阿尔特著;张佩译. — 北京:北京燕山出版社,2021.11
书名原文:Pure Invention:How Japan's Pop Culture Conquered The World
ISBN 978-7-5402-6224-2

Ⅰ.①日… Ⅱ.①马…②张… Ⅲ.①文化产业—产业发展—研究—日本 Ⅳ.①G131.34

中国版本图书馆CIP数据核字(2021)第224247号

Pure Invention
How Japan's Pop Culture Conquered the World

by Matt Alt

Copyright © 2020 by Matt Alt
Published by arrangement with Folio Literary Management, LLC and The Grayhawk Agency Ltd.
Simplified Chinese Translation © 2021 by United Sky (Beijing) New Media Co., Ltd.
All rights reserved.

北京市版权局著作权合同登记号 图字:01-2021-5419 号

选题策划	联合天际
特约编辑	王茗一　赵雪娇
美术编辑	程　阁
封面设计	木　春

责任编辑	王月佳　赵琼
出　版	北京燕山出版社有限公司
社　址	北京市丰台区东铁匠营苇子坑138号嘉城商务中心C座
邮　编	100079
电话传真	86-10-65240430(总编室)
发　行	未读(天津)文化传媒有限公司
印　刷	三河市冀华印务有限公司
开　本	710毫米×1000毫米　1/16
字　数	240千字
印　张	17.25
版　次	2021年11月第1版
印　次	2021年11月第1次印刷
I S B N	978-7-5402-6224-2
定　价	78.00元

关注未读好书

未读CLUB
会员服务平台

本书若有质量问题,请与本公司图书销售中心联系调换
电话: (010) 5243 5752

未经许可,不得以任何方式
复制或抄袭本书部分或全部内容
版权所有,侵权必究

献给简·莫登，
她教会了我基本的日语。

事实上,整个日本都是彻头彻尾的虚构(pure invention)。

没有这样的国家,也没有这样的人民……

如我所说,日本人民只是一种风格,一种精致的艺术幻想。

——奥斯卡·王尔德,《谎言的衰落》(1891)

目录

引言 / 1

第一部分

第一章　锡人 / 003

第二章　一场即将通过电视转播的革命
　　　　——动漫1963 / 029

第三章　全民皆明星——卡拉OK机1971 / 057

第四章　可爱崇拜——凯蒂猫1975 / 081

第五章　插拔——Walkman 1979 / 109

第二部分

第六章　女学生帝国——凯蒂猫走向世界 / 139

第七章　新动漫世纪——御宅族 / 169

第八章　游戏世界——红白机和Game Boy / 197

后记 / 227

致谢 / 238

图片来源 / 240

译名对照表 / 241

引言

一张女人的脸从黑暗中浮现。她跪在一台机器前,瘦削的面孔沐浴在机器发出的诡异蓝光中。她起身走开,脚步声在人行道上回荡着。她挎着一篮花,它们随着步伐在她的臂弯里晃来晃去。在这个机械化的黑暗之地,这是唯一的有机生命的迹象。当她的身影从黑暗移入一盏路灯的灯光下时,一辆奇形怪状的汽车呼啸而过,在一瞬间遮挡了我们的视线。镜头拉回来,我们看到女主人公站在一家商店门前,店门紧闭,路人行色匆匆。她在等谁呢?我们还没来得及去思考这个问题,镜头就被拉高,巨大的霓虹灯标志和广告牌映入眼帘,各种拗口的品牌名笼罩在城市上方。这里看起来像是一个消费都市——不过是哪里呢?是时代广场,还是东京市中心?镜头继续后拉,城市露出了更多面目,其景象神秘莫测,显然是我们未曾见过,或者说,未曾存在过的。镜头越过屋顶、塔楼、大片机器,四周高墙环绕,墙上有用阿拉伯数字和亚洲书法体写下的记号。烟囱呼啸着直冲午夜云霄,一串紧张的鼓点随之而起。这里与其说是一座城市,不如说是一座堡垒,俨然一个军工复合体。

屏幕一闪,上面出现一个标题:最终幻想7。冰冷阴郁的合成音乐响起,久久萦绕,预示着我们已达幻妙之境。

《最终幻想7》是在1997年推出的一款前所未有的电子游戏,它是大受欢迎(并不断被误称)的《最终幻想》系列游戏的最新版本。之前的《最终幻想》都是传统的电子游戏，采用的是标准的二维扁平视角，《最终幻想7》则全然不同。虽然以目前的标准来看，这个版本还是显得有些简陋笨重，但它却是完全以三维形式呈现出来的，这在那个时代不失为一项重大技术创举。更具开创性的是，它敢于提出新的设想，使得一款电子游戏能够拥有好莱坞大片那样的戏剧性和吸引力。

与通常的拳击和枪战类游戏不同，《最终幻想7》让玩家们置身于一场戏剧之中。他们扮演生态恐怖分子团伙里的一个小喽啰，决心阻止一家不知名的公司耗竭他们星球上所剩不多的能源。我们了解到，那个等待的女人是艾瑞丝，她是一名卖花女，与玩家的角色——一个退伍军人——秘密相爱，而后加入"叛军"。玩家角色的名字叫克劳德（意为"云"）。《最终幻想7》为玩家提供了一系列与影视剧中人物一样丰满的角色，玩家跟随这些角色，经历跌宕起伏、有时感人至深的故事。这款游戏的戏剧高潮在于艾瑞丝令人震惊地过早死去，这一场景深深地打动了年轻玩家，一位现代评论家甚至将其称为"整个电玩圈为之默哀的时刻"。

当然，《最终幻想7》里的美丽新世界并非同好莱坞毫无关系。作为一部以东京为背景的游戏巨制，它将向美国文化注入大量日本元素：浓发大眼的动漫人物及其漫画式的夸张举动、雌雄莫辨的主角，以及"电子游戏既可以是刺激性娱乐，也可以是沉浸式体验"的理念。

索尼公司的营销团队投入3000万美元，采用美国电影的营销模式进行全面的媒体宣传，此举在电子游戏界史无前例。他们在漫威和DC漫画书中投放广告以吸引年轻受众，在《滚石》《花花公子》《斯频》（*SPIN*）等杂志中投放广告以吸引成年人，在电影院、足球赛期间、音乐电视，甚至是《周六夜现场》节目中插播精彩的广告，吸引每个人。"他们说甚至连大型电影都做不到，他们是对的！"一则广告调侃道，矛头直指电影公司。每则广告结尾都有PS游戏机（PlayStation）标志的特写，一个年轻的机械女声用日语发音念出这个词："purei-sutayshon！"

上一款畅销PS游戏是英国制造的《古墓丽影》，这款游戏在1997年的第一季度售出了15万份，销量十分可观。同年9月，《最终幻想7》发行，并在这个季度卖出了100万份。这款游戏翻译仓促，人物的名字偶尔会被拼错，有时还会出现一些适合被做成表情包的内容，比如艾瑞丝说另一个角色："这家伙森病了！！"可玩家们似乎并不介意。事实上，正是这些蹩脚的语言凸显了这款游戏的异国情调，强化了它来自现实生活中的科技城市的概念，而这一概念几乎和游戏的虚构背景一样吸引人。最终，它的全球销量达到了1300万份。

19世纪末到20世纪初，一股新的热潮——"日本主义"——席卷了西方世界。此时距离日本重新开放港口才过去几十年，英国、法国和美国的时尚先锋利用日本文学与艺术，将自己国家在工业发展过程中抛弃的民族价值观投射其中。一本图画书的开篇写道，日本是"一个伟大而光荣的国家，它的人民勇敢无畏、睿智超凡、和蔼可亲、细致体贴"。这本书改编自吉尔伯特和沙利文轰动一时的戏剧《天皇》（1885）。奥斯卡·王尔德将日本称作"彻头彻尾的虚构"时，所提及和试图颠覆的正是这种经过刻意美化的傲慢心态：日本是西方幻想的产物。它是维多利亚时代的人口中的"古国"，多年来一直是引人遐想的奇妙之境，直到第二次世界大战，这一臆想才被打破。

1945年，在日本战败后，日本制造商尽其所能地掩盖他们销往世界的产品的原产地。10年后，一向以强硬粗暴著称的美国国务卿约翰·福斯特·杜勒斯漫不经心地告诉日本首相吉田茂，日本永远别指望自己的商品能在美国找到大市场，因为"日本生产的不是我们想要的"。私下里，他甚至表现得更加傲慢，对一位密友说："对于任何关心日本经济未来的人来说，选择去自杀才是最符合逻辑的。"

事实的确如此。"二战"后流入全球市场的第一批日本商品，激起的确实是阵阵嘲笑而非赞赏。"日本制造"沦为笑话，成为战败国廉价垃圾商品的代名词：一美元的衬衫、用回收罐制成的锡玩具、插在你的提基鸡尾酒上面的那柄轻薄的小纸伞……我们从电影《蒂芙尼的早餐》中便可一眼看出战后两国的关系：米基·鲁尼涂成黄脸，扮演笨手笨脚、长着龅牙、身着和服的尤尼奥西，和奥黛丽·赫本扮演的一心想过上流社会生活的性感美国女孩儿霍莉·戈莱特利形成鲜明的对比。

然而，形势已经在悄然改变。1957年冬天，就在杜勒斯发表声明后两年，一台袖珍半导体收音机力压群雄，成为美国人圣诞节必买的物品。颜色鲜艳的TR-63是首款带有索尼标志的产品，之所以选择"索尼"这个名字，是因为它背后的文化内涵听起来暧昧不明。在当时，TR-63似乎不过是一种新的节日时尚，可它却颠覆了美国人对日本产品性能的期待，而这仅仅是个开始。

20世纪60年代，来自日本的新奇玩意儿像水滴一般不断流入美国，而到了70年代末80年代初，日本的高质量电子产品和汽车则像洪水一般涌入美国。突然之间，似乎反而是美国人沦为了笑柄。当丰田、本田这样的"闯入者"取代了福特、雪佛兰，以及其他备受珍视的美国品牌时，傲慢被愤怒所取代。在我童年时代，我经常能在晚间新闻中看到愤愤不平的美国人砸日本产品作秀，比如在国会大楼里，三位共和党议员抡起一把大锤砸向一台东芝牌手提式录音机。至少在这一点上，两党一致认为："如果我们不立即行动，认真对待，夺得领导地位……我们的孩子就会受骗。"1984年，民主党参议员沃尔特·蒙代尔在竞选总统失败的那次演讲中宣称："他们所做的工作将包括打扫日本电脑周围的卫生！"

然而，我们这些孩子却没有成年人那种对日本的愤怒。因为除了附带政治压力的进口汽车、家用电器、电子产品——我们战后婴儿潮时代出生的父母经常勉为其难购买的必需品，还涌入了大量必须拥有的非必需品。其中许多在美国文化中都找不到对应物,比如像随身听和卡拉OK机这样令人难以抗拒的小玩意儿;一只可爱的小猫(kitty),名字貌似是"你好"(Hello),出现在为女学生量身定制的一系列产品上;还有设计精良的玩具,它们是为了满足周六早上动画片的周边销售需求而进口的。各种电子游戏、动漫和漫画,迎合了我们从未想象过的细分市场和群体。

很多在20世纪70年代中期后出生的人都有和我同样的经历。儿时,我们在游乐场重现《超凡战队》中的情节,一边假装手里的《变形金刚》玩具是"伪装的机器人",一边不耐烦地等待五头狮子合体成为《战神金刚》;在三丽鸥文具上画心形;坐在地下室里的电视机前,一边在最新的马力欧游戏和《美少女战士》剧集中间不停换台,一边整理《宝可梦》和《游戏王》卡片。在我们年少时和长大后,有多少时光花在了不同版本的卡拉OK机、随身听和Game Boy(游戏掌机)上?这些东西不仅仅是全球化消费社会里一时的风尚。它们具有一种奇特的能力,能够在娱乐我们的同时滋养我们的梦想,传递和培养我们新的幻想。

从我第一次接触日本玩具开始,我就迷上了日本文化。我5岁生日时,外婆送了我一个大号的机器人玩具,当我打量着画在它腹部的奇异的日本文字时,心中满是好奇。在离马里兰州郊区非常远的地方,住着一个民族,他们和我一样,认为巨型怪物和机器人非常酷。非常幸运的是,我就读的当地高中,恰好是当时美国公立学校里唯一开设日语课程的。开这门课的老师是一名美国女性,她多才多艺,"二战"期间担任海军情报员时曾学习过日语。她眼中的日本和我眼中的很不一样,虽然她支持任何让我们对学习产生热情的东西,但很明显,我对玩具、动漫和哥斯拉系列电影的兴趣,令她百思不得其解。后来我上了大学,成为一名日语翻译,最终搬到了日本。

现在,我已经在日本生活了近二十年,成了一个"日本通"。出于对日本流行文化的迷恋,我将游戏、漫画书和与玩具相关的内容翻译成英语,供外国人使用。早年，这项工作通常不仅仅是简单的翻译，因为我会帮助创作者写名字和整个概念，以更好地吸引那些不熟悉日本文化的观众。然而，随着时间的推移，我开始注意到一种新的现象：外国影迷越来越希望他们的日本幻想尽可能地"日本化"，尽可能接近原作，并尽快被翻译和发行出来。《最终幻想7》的发布便是这一现象的一个主要转折点。随后我意识到：索尼曾经为了掩盖其日本来源而取名"索尼"，却制作了一支广告，公开宣传PS游戏机名称的日式发音"purei-sutayshon"。

这难道仅仅是数十年来日本娱乐业大量出口到国外的自然结果吗？这会是一波新的"日本主义"吗？过了好一段时间，我才发现我问错了问题。并不是外国消费者想要更多的日本特色，而是他们自己变得越来越"日本"。到了20世纪80年代后期，东西方很明显正在同步：几十年前发生在日本的转折性事件——金融危机、政治混乱、一代年轻人逃避到越来越精致的虚拟娱乐中——如今也正在国外发生。日本所生产的不仅仅是产品，还是在一个比以往任何时候都联系得更加紧密，也更加孤立的陌生新世界里，用来确定方向和探索新大陆的工具。日本的创造者和消费者不仅是引领潮流的人，还是预言资本主义晚期种种生活怪象的信使。

日本从战后的灰烬中崛起为经济猛虎的故事，我们已经耳熟能详，20世纪90年代令这个国家陷入低谷的股市崩盘亦如此。然而，有关政治、市场、金融的宏大叙事可能令人懊恼，因为它忽略了我们大多数人与日本互动的真正方式，即无论在个人还是在社会层面上，我们都通过产品与它相互作用。这就是为什么我在这本书里采取了不同的策略。这本书以经济为背景，讲述了一个更宏大的故事，即"日本创造者如何重新定义'在当代，身为人类究竟意味着什么'"。可以毫不夸张地说，正是书中提到的这些创造改变了我们与世界互动的方式，我们与他人沟通和与自己独处的方式，以及我们塑造自我身份的方式。要理解这一重大变化，我们需要先了解那些创造了如此震撼之物的人，以及他们的胜利与奋斗。我们还必须了解无数的使用者，正是他们在借助了这些创造物的力量后，意外陷入其中，成为变革的推动者。这就是这本书大致分为两部分的原因。

第一部分从20世纪60年代到80年代初。在这期间，日本出人意料地从一个战乱国家，崛起为一个具有开创性的明日世界。日本的节能汽车和小型器具重新定义了我们展望未来的方式，并将日本从一个笑柄变成了对西方霸权的新型威胁。然而，1990年12月，日本的"泡沫"破灭了（众所周知，当时日本正处于经济实力飙升时期）。日经指数暴跌，房地产市场崩盘。日元升值削弱了日本出口产品的竞争力。债台高筑，阴霾笼罩，全球霸主的梦想随之破灭。1989年，报纸头条还高喊着"日本与众不同、前所未有、令人生畏"；仅仅5年过后，专家们就宣布了"日本公司的终结"，这也是1994年出版的一本书的标题。

日本人将泡沫破灭后的二十年称作"失去的二十年"（Lost Decades）。这并不夸张。20世纪90年代和21世纪的第一个十年，那些大学毕业生原本以为他们会像父母一样，终身受雇于顶级公司，结果却找不到任何工作。一些新词涌现，用来描述此前难以想象的社会新问题：拒绝离开家去上学或工作的隐居者——"蛰居族"，找不到固定工作，不得不打工维持生计的"飞特族"（freeter），不能或不愿离开父母独立生活的"单身寄生族"（parasite singles）。成人社会也没好到哪里去：政客们像是套着连枷一样无助，14位首相走马灯一样来去匆匆，数以万计的民众受到邪教势力影响。其中最臭名昭著的当属奥姆真理教的狂热教徒，1995年他们密谋策划了对东京地铁系统的神经毒气袭击。同年，一场地震将神户大片区域夷为平地，造成六千人死亡，还有更多人流离失所，日本政府对此做出的反应极为糟糕，负责向受灾居民分发救灾物资的竟然是一个黑帮组织——山口组。到了2011年，日本出生率下降到前所未有的地步，人口老龄化加剧，成人尿布的销量居然开始超过婴儿尿布。

然而，在一片凄惨黯淡之中，一些有趣的事情开始发生。"失去的二十年"也是日本电子游戏公司逐渐占据全球年轻人内心的20年，在此期间，日本漫画书的销量远远超过美国漫画书，《纽约时报》迫于形势，不得不专门拆分出一个独立的畅销漫画书排行榜。安逸猿、惠美寿之类的小众时尚品牌开始走入国际名人的衣橱，川久保玲和山本耀司等时尚先锋从本土明星一跃成为全世界的潮流风向标，优衣库、无印良品等超级零售商快速发展。小说家村上春树开始吸引大量外国读者；导演宫崎骏凭借一部动画片，而且是一部非常具有日本特色的动画片，2003年的《千与千寻》，获得了奥斯卡金像奖。这在很大程度上归功于年青一代日本消费者的独特品味。随着经济的下滑，日本的文化影响力猛增。第二次世界大战后，日本通过将我们需要的产品（包括汽车、家电和便携式电子产品）兜售给我们而致富。但它也通过卖给我们想要的东西来让自己受到喜爱。

这是一个民族充满戏剧性的重生史，它讲述了一则关于真正在全球范围内具有文化吸引力的卓越产品的故事。随身听、Game Boy、凯蒂猫之类的东西，奇妙而又不可或缺，所代表的绝不仅仅是热门产品。从日本东京到美国西北部俄亥俄州托莱多市，这些物品融入我们的生活，改变了我们的品味、追求，乃至现实。

我将这些奇妙的产品称作"幻想满足装置"，接下来的每一章都将围绕其中一个产品的故事展开。不过，为什么选择卡拉OK机之类的产品，不选择本田思域汽车呢？为什么选择"红白机"，不选择盒式磁带录像机呢，难道它不是为了满足幻想而设计的机器吗？作为一个真正的幻想满足装置，它必须满足"三个无"：无关紧要、无可避免、无可估量。汽车是无可避免的，但并非无关紧要，我们驾驶的本田车代表的是对成本和性能的考量，而不是对日本品味的欣然接受。录像机当然是无关紧要、无可避免的，但很难说它改变了任何人对日本的看法。世界各地的年轻人将日本生产的电子游戏视为正宗和品质的标志，而对于通过好莱坞电影或录制的电视节目等形式呈现出来的本国幻想，录像机只是用来消费它们的工具。

有趣的是，这些幻想满足装置并不是为了西方消费者而制造的，它们在激烈的竞争中脱颖而出，赢得了渴望新奇事物和逃避的日本年轻人的青睐。他们创作的动力来自炽热的、难以抑制的游戏感（sense of play），这让它们同样吸引了大批外国玩家。事实上，最初接触日本产品时，西方观察家就对日本人在玩具和游戏设计中付出的努力惊叹不已。例如，最早发此感慨的英国外交官阿礼国，他在1863年将日本戏称为"婴儿的天堂"。对于这些婴儿中有多少在成年后依然毫不掩饰地享受童年的快乐，他们更为震惊。1876年，美国教育家威廉·埃利奥特·格里菲斯曾惊奇地说："我们经常看到成年男子和身体健全的日本人，满心欢喜地玩着西方人早和他们的围嘴一起束之高阁的游戏。"他原本指的是抽陀螺、放风筝等传统娱乐，不过随着时间的推移，"娱乐"变得越来越复杂，日本创意人士从老旧和簇新的幻想中汲取灵感，创造出愈加强大的娱乐混合体。随着晶体管等新技术逐渐走出实验室然后进入消费市场，随着现代生活变得越来越陌生，幻想满足装置已经不再是简单的时代产物，它们开始改变自己所处的时代。娱乐开始成为工具，它在实用性上的吸引力远远超过了设计之初所针对的本土人。正是这一原因，使得日本文化能够在20世纪90年代经济崩溃时向外扩张，在全世界散播其希望和梦想——一个由游戏和幻想推动的超新星般的社会。我们吸收日本幻想，并由此产生对"酷""世界主义""女性气质"和"男性气质"的新认知。

这些创造者的故事很少用英语或日语讲述出来：一座没落之城的幸存者，将垃圾变成了全球人梦寐以求的玩具；一个因为在听课时画漫画而险些遭到学校开除的医学院学生，将漫画从小孩子的玩意儿提升为世界各地青少年共同的反叛方式；一位来自男女同校大学的才华横溢的学生，在被由男性主导的商界拒之门外后，将一只小猫的简笔画变成了最具辨识度的女性力量象征；还有至今默默无闻的神秘御宅族（otaku），他们在网络上表达着这代人的倦怠和愤怒，促进了世界各地边缘政治活动的蓬勃发展。

　　一个令人时常惊讶、偶尔沮丧的赤裸事实表明：一群彻头彻尾的怪胎在不知不觉中改变着我们的现实。在虚拟世界里，人与人之间的交流经过游戏化，其最终回报便是积分、勋章和点赞数。创作者与消费者、新手与老手、主创与狂粉之间的界限逐渐模糊。所有人都整日沉湎于虚拟世界，通过吸收种种幻想来定义自己。这已经不再是简单地为了娱乐，而是成了一种逃避现实的迫切需要。疫情的到来更是加速了这一切。如今，上述种种已经成为日常生活中不可或缺的部分，我们也很容易将其视为理所当然。同样地，它也从全球化历史或流行文化的角度，塑造了我在接下来的章节里要讲的故事。这些故事对于我们理解自我来说十分重要。

第一部分

1945 年 秋

和平了！战争结束了……日本四大城市——东京、名古屋、大阪和神户，43.5平方英里[1]被毁……*日本成了空心的壳子*……*美国记者的第一反应是对日本衰竭之状表示惊讶*……Philopon™安非他明药片让你更卖力、更长久地工作！有20片、50片、100片和500片装可供选择，十分便利……嘿，孩子们！橡子可做成饼干、糖果、面包用来果腹！去捡橡子吧，这样就能填饱肚子了！……来自华盛顿的报道——随着战时生产委员会撤销《L-81号限制令》[2]，玩具和游戏在百货商店上架指日可待……**据上野电台报道，人们每天要处理多达6具饿死者的尸体**……"日本已经沦为四流国家。"麦克阿瑟将军这样对《芝加哥论坛报》记者说，"它不可能再次成为世界强国。"

[1] 1平方英里约合2.6平方千米。

[2] 为满足战时关键物资需求,美国战时生产委员会于1942年3月30日颁布《L-81号限制令》,禁止生产铁、钢、锌、人造纤维含量超过7%的玩具,已经生产出来的玩具可销售至1942年6月30日。

第一章
锡人

在日本玩具店,可以看到日本生活的缩影。

——威廉·埃利奥特·格里菲斯,1876

玩具其实没有看起来那么天真无邪。玩具和游戏都是严肃思想的序曲。

——查尔斯·伊姆斯,1961

美国征服者乘坐在底特律制造的战车，审视着他们打败的国家。连续数月的轰炸造成了超乎想象的破坏。1941年太平洋战争爆发前，东京是全球第三大城市，拥有近700万人口。经过征兵、平民伤亡和大规模撤离，到1945年秋天，只剩下不到一半的人口。这座城市本身也只剩下了一半。战地记者马克·盖恩描写他初次驶入这座被占领的大都市时说道："火车和机车的架子在轨道上散落着，被火烧过的电车就那么矗立着，铁皮卷起，上方垂着断了的电线，支撑的铁杆弯曲起来，仿佛是蜡做的。残破的公共汽车和汽车就那样被丢弃在路边。在从碎砖灰泥上升腾起的尘土中，这片人造的沙漠丑陋凄凉，模糊不清。"烧焦的尸体仍然躺在瓦砾之下，散发出的恶臭弥漫在寂静的街道上。在这阴森的景象中，工业文明发出的唯一声音，是美国吉普车的隆隆声。

这种官方指定的"重0.25吨，长4米、宽4米的美国陆军指挥侦察卡车"是专门用来运送东西的，由汽车制造商威利斯-奥佛兰和福特根据军方指定规格，批量生产而成。这种吉普车几乎没有什么舒适性可言，却坚不可摧。它四四方方，车身是敞开的，人就算只坐一会儿都会非常辛苦。这种单调却可靠的车辆，既实用又与众不同，美国人也深知这一点。艾森豪威尔将军甚至称，吉普车是盟军赢得"二战"的四件法宝之一，另外三件分别是：道格拉斯C-47运输机、反坦克火箭筒和原子弹。

在接下来的几年里，日本被另外一个军事强国占领，一点点地收拾着主要城市的碎片。这段日子里，吉普车始终在日本街头奔驰。对于日本成年人来说，吉普车不可避免地象征着投降和权力的丧失，激起一种夹杂着失落和渴望的情感。对孩子来说，它们代表的是伴随着发动机发出的嘈杂声倏然而至的分发糖果的人，分发好时牌巧克力、火箭炮牌口香糖、好彩牌香烟，这些东西都是美国文化的产物。吉普车确实散发出一种魅力：形似虫子眼睛的前灯和七排前格栅，像是一个人在咧着嘴笑。这种吉普车看起来像是漫画版的汽车。事实上,"吉普车"这个富有标志性的名称,很可能来自大力水手漫画书。大力水手的死党"吉普尤金"最早出现在1936年,并成为那个时代的皮卡丘。他是一种通身黄色、毛茸茸的奇幻生物,只会发出"吉普"(jeep)的音——听起来很像"GP",即General Purpose(通用)的缩写,所以吉普车也被称作"GP"。

美国直到1952年才正式结束对日本的军事占领。美国为日本制定了新的宪法,日本大部分地区重新获得独立(美国对冲绳的控制仍将持续二十年)。尽管如此,美国的吉普车仍然在日本领土上肆意驰骋,因为日本的主权建立在接受《日美安全保障条约》(它更广为人知的是日本名称的缩写"安保",以下简称《安保条约》)的基础上。这份条约极不公平,从一开始就让饱受战争之苦的日本人民深深地厌恶。《安保条约》规定美国有权继续在日本全境驻扎军队和使用军事基地,并且这些军事基地独立运作,不受日本法律约束。这些军事基地其实就是永久的占领区。

按照要求,只要是美国士兵从一旁疾驰而过,无论他们是在执行公务,还是和新认识的当地女友兜风,日本警察都必须向他们敬礼。在那段战后岁月里,多数日本孩子最早掌握的英语单词是"Hello"(你好)、"Goodbye"(再见)、"Give me chocolate"(给我巧克力)和"Jeep"(吉普车)。

1945年,由于工业部门被彻底摧毁,日本的制造能力遭到严重破坏,这对任何国家来说都是一个沉重的打击,对日本这样一个如此依赖于实物的国家而言,更是雪上加霜。从1854年最早接触西方开始,日本一直依靠制成品与外界架起桥梁。

19世纪中叶,一支美国海军舰队意外出现在日本海域,迫使幕府结束了长达两个多世纪的闭关锁国。毫无疑问,美国人以为他们会见到一个生活水平低下、亟须开发的落后国家,结果他们见到的却是一个充满活力的消费经济体，不仅满足了国民的日常需求，还为热切的民众提供了书籍、艺术品、家具、装饰品和时尚配饰。即使在前工业时代，日本国民也追求并且珍视这些小型奢侈品。

盒子，隐喻意义的盒子和字面意义的盒子，定义了日本的物质文化。精心布置的便当盒不仅能更好地展示食材，而且能刺激食欲。俳句只有三行，分别为五音、七音和五音，这类富有挑战性的局限，让人将创造力运用到被称为"单韵诗"的艺术中。包装艺术也是如此，日本人在美学表现上投入了与物品本身一样的功夫，无论是顶级怀石料理的悉心装盘，还是礼品包装袋或包装盒，都精美到能与实际内容的价值相媲美，甚至超过其价值的地步。

这些从包装上获得的愉悦感，是世袭种姓制度的产物。这种制度将公民分为三六九等：武士位于社会顶层，其次是农民、工匠，商人则在最低层。然而，对包装的热情，社会各个阶层都有，无论是街头日常采购所用的功能性风吕敷（日本传统的包袱布），还是在豪华百货商店看到的精美包装。

百货商店的字面意思是"数百种产品"，是现行百货公司的传统形式，日本人称之为"depaato"。日本拥有世界上最早、经营时间最长的百货商店——成立于1611年的松阪屋和起源于1673年的三越百货。这绝非巧合。江户——1868年以前东京的叫法——拥有一百万居民，在18世纪的大部分时间里，它都是世界上人口最多的城市。数百年来，类似三越及其众多竞争对手这样的百货公司，一直以出售最优质的产品为豪，这些产品能够将来自城市的顾客与其他人区分开来：精致的和服，做工精美的家居用品、珠宝、配饰，各种享乐产品，如糖果、玩具等。所有产品都被包装得恰到好处，伴随着店员的深深一躬，被递到顾客手中——隆重的外表和其中的内容一样重要。包装不仅关乎对物品的保护，其本身还是一种艺术形式，是对物品和消费者的尊重。

那些精致的盒子中藏的是什么呢？在19世纪末，盒子中是雕版印刷、工艺复杂的书籍、陶瓷制品、时尚配饰、锦缎，以及其他供有品位的日本人消费的美物。这深深地吸引了西方艺术家，他们开始质疑有关美学和设计由来已久的观点。印象派画家，以及从他们那里获得灵感的人，如德加、惠斯勒、梵高和图卢兹·劳特雷克，将自己沉浸于歌川国芳和葛饰北斋妙趣横生的艺术作品之中，以摆脱僵化的欧洲风格的桎梏。不久之后，日本的物品开始改变其最初所承载的文化意义。查尔斯·蒂芙尼利用日本风格，将一个简陋的文具商场提升为美国城市文化的顶级供应商。他在梳子、餐具、银器、彩色玻璃等常见的奢侈品中，加入了一些富于异国情调的图案，这些图案，灵感源于或是直接抄袭葛饰北斋及其他人的作品：鱼、海龟、花、蝴蝶、昆虫。这就是西方世界最初接触职人的手工艺品所产生的影响。日本工匠在其手艺中倾注了心血，因为手艺就是他们的命运，是由他们那个时代的社会秩序所决定的。职人传统从残忍的武术学徒制中获得启示，将掌握某一媒介的形式、完成和展现放在主要位置，创新次之。只有经过多年的机械性训练，才能去创造新东西。你可以称之为"在框架内思考"。

具有讽刺意味的是，尽管存在这种对细节、形式和礼节的过分关注，这片奇异的土地令早期观察者印象最为深刻的，还是它的玩乐精神。美国教育家威廉·埃利奥特·格里菲斯在1876年指出：

> 我们不知道这世界上还有哪个国家有这么多的玩具店，或者这么多出售小孩子喜欢的东西的集市。每座城市的街道都商店林立，里面陈列着各形各色的玩具，像圣诞长袜那样塞得满满当当。不仅城市如此，在小镇和村庄中，也能找到至少一个儿童集市。

19世纪末期，当西方时髦人士贪婪地消费着木版画、玻璃器皿、纺织品和其他成人用品时，事实上，对日本蓬勃发展的出口业来说，其支柱却是玩具。那时，中世纪的种姓制度已经不复存在，现代化和"赶超西方"的理念大行其道。这个国家努力追赶西方的其中一种方式就是出口。玩具制造是大生意，现在如此，当时也是一样。德国、英国、法国都在争夺向世界儿童供应洋娃娃、木马、铸铁士兵的领先地位，日本只能眼巴巴地看着。第一次世界大战带来的混乱为日本提供了等待已久的机会。

1915年在旧金山举行的巴拿马太平洋国际博览会上，一个华丽的展台上摆满了东京、名古屋、京都和大阪的玩具制造商生产的玩具，有用制型纸做成的圆滚滚的达摩不倒翁，有迷你纸伞、皮影，还有精美的瓷娃娃。日本政府在那里以及其他地方举行的世界博览会上，宣示了其雄心壮志。这些玩具供应商不断推出各种新产品，因为劳动力价格低廉，产品也便宜得多，他们很快超越了西方制造商。一个熟练的日本工匠一天的收入可能相当于一个美国人要求的小时工资。"日出之国"的玩具制造商深谙此道，以至于到了1934年，美国玩具公司向政府发起请愿，要求政府征收关税，帮助他们阻止日本玩具"入侵美国市场"。

太平洋战争的爆发似乎永远终结了日本对全球玩具业的企图。然而事实上，战争结束后，从战火中诞生的第一件产品就是一个玩具。这件粗陋的产品是由一名已经多年没有做过玩具的大师级工匠打造的，代表着日本迈出了重返世界地图的第一步，并逐渐赢得日本成年人、孩童，及其曾经的征服者的心。

小菅松藏1899年出生于日本最遥远的边疆：北海道东北部鄂霍次克海中的一个寒冷的岛屿——择捉岛（伊图鲁普岛）。择捉岛被高耸的白色悬崖环绕，一直以来都是土著阿伊努人的居住地。17世纪末，择捉岛首次出现在地图上，阿伊努人、日本人和俄国人之间争夺领土控制权的漫长拉锯战自此开始。择捉岛虽然地处偏僻，但处于战略位置，周围是水产丰富的深水区（1941年，一艘日本帝国海军航空母舰就是在做好轰炸珍珠港的最后准备后，从择捉岛港口出发的）。经过长时间的谈判，俄国人于1855年正式将该岛割让给日本，开放了岛屿的开发权。

择捉岛上的生活非常艰苦，海水冰冷到即使在盛夏也不能游泳。那里除了小学没有更高级别的学校，年轻人只有两种工作选择：登上渔船或者进入当地的罐头厂。然而，野心勃勃、充满好奇心的小菅有更高的志向。17岁时他远赴东京，进了一家专门做锡制玩具的公司，跟着老板井上真司做学徒。锡成本低、可加工，而且耐用，是做易拉罐的首选，也是制作耐用玩具的理想材料。小菅正好赶上了日本玩具业一个激动人心的时刻。长期以来，全球玩具贸易一直由德国公司主导。可第一次世界大战爆发，迫使德国公司从制造玩具转向制造战争用品。因急于接管德国放弃的利润丰厚的市场，日本玩具制造商快速崛起。1912年至1917年，在短短五年内，仅日本对美国的玩具出口就翻了两番，而且增长潜力无限。

在多年老工匠的指导之下，小菅掌握了这门手艺，熟稔看似不起眼的各种细节：蓝图和设计，装配和焊接，在马口铁上画和印彩色图案，还有最重要的模具——形同铁砧的块状冷钢，他用手工工具将锡片精心加工成每种产品特有的形状。模具装在巨大、隆隆作响的压力机上，这就是锡玩具车间跳动的心脏。

1922年，小菅成立了小菅玩具制造公司，当时他才23岁。我们不知道他是如何获得独立发展的资源的：在那个年代，学徒制就像契约奴役，小菅必须无薪工作一整年，他的师父才会放他独立发展。尽管小菅的公司名为"公司"，其实它不像工厂，更像是工作室。他的公司是一个玩具智囊团，拥有凭想象力和原材料创造出玩具的所有专业技能和设备。公司生产的产品，有些是按照批发商提供的规格制造的，还有许多是经过大量实验自行创造的，他们将样品送到更大的公司，希望得到订单。

小菅的公司唯一没做的事，大概就是将玩具直接卖给孩子，这是批发商做的事情。批发商为小菅公司的生产运作提供资金,然后将其生产的玩具贴上自己的商标。这不仅是玩具业的运作方式,日本所有产业皆如此:被条条框框限制住,严格死板,等级森严。街区玩具店从批发商那里订购玩具,批发商又从小菅这样默默无闻的小作坊进货。但实际上,绝大多数玩具都是在这些被日本人称为"街区工厂"的小工厂里制造的,完全是手工生产组装。一些工厂专门为国内市场生产简单玩具,比如锡制的喇叭、洒水壶、拨浪鼓。而弹簧动力汽车等精巧的机械玩具——这是小菅的特长——则主要面向外国买家,不过也有不少进入了当地商店。

小菅的大多数竞争对手只满足于抄袭外国玩具制造商的作品,比如德国的舒科(Schuco),其生产的玩具发条复杂精细,为战前的发条玩具制定了标准。尽管小菅十分尊重这些竞争对手,但他却对模仿很反感。他告诉员工:"我们是在做我们自己的设计。"他参与每一个项目,想出新的设计方案,并亲自画设计图。

小菅设计出各种各样新奇的玩具装置。有些灵感源于日常生活,比如用布料和赛璐珞做成的装有发条、可以爬行的婴儿;另外一些则更加异想天开,比如马戏团的海豹或者跳舞的动物。在20世纪30年代的某一天,他创造出了世界上第一个大规模生产的机器人玩具,一个叫作厘厘普(Lilliput)[1]的方形锡制玩具。但他最喜欢的其实是汽车。他仿照格雷汉姆-佩奇汽车公司1933年生产的漂亮的蓝霹雳轿车,做出了一款复杂精细的发条玩具,这为他赢得

第一个为人熟知的机器人玩具形象是"小人国"的现代版复刻,其生产制造在中国完成

---

[1] 名称源自英国-爱尔兰作家乔纳森·斯威夫特(1667—1745)的小说《格列佛游记》(1726)中的"小人国"(Lilliput)。

了早期的成功。20世纪30年代初，整个东京登记的私家车只有1600辆，街头仍然满是黄包车。玩具版的时髦外国汽车，比如蓝霹雳，以及后来的帕卡德8（Packard 8），为日本年轻人提供了一个窗口，从这里，他们对诱人的外国现代世界投出了一瞥。不久之后，玩具行业的人都称小菅为"汽车人小菅"。到了1935年，他的小作坊已经不再那么小了。他雇用了约两百名工人，其中包括东京的许多顶级铁匠。他们的努力使日本成为世界第二大玩具生产国，他们所生产的玩具大部分出口英、美，被送到热切盼望着它们的顾客手中。

小菅根据格雷汉姆-佩奇公司一款名为"蓝霹雳"的汽车设计的模型

日本蓄势待发，准备超越德国，成为全球玩具贸易的领头羊。然而三年后，也就是1938年，日本经济陷入了停滞。国际社会抗议日本入侵中国，对日本进行了严重的经济制裁。在日本首相宣布其建立"大东亚新秩序"的野心后，日本议会通过了可怕的《国家总动员法》，赋予首相制定商品价格、实行配给制和征召公民从事强迫性劳动的权力，整个国家都进入了战争准备状态，连孩子们也不例外。《读卖新闻》在1938年8月报道说："从现在开始，日本男孩必须接受用纸板和木头制成的玩具。"报道中还提道，"自从金属材料的使用出现新限制，金属玩具的制造也被禁止……"当局命令小菅停止制造玩具，重新组装压力机，转而制作炸弹引信的外壳。Shikata ga nai（没有办法），当街道上贴满了"奢侈品是敌人"的标语，家庭主妇因为烫发而受到公开羞辱时，怎么还能有人制作玩具呢？"小菅玩具制造"的牌子被摘了下来，换上了听起来十分无趣的"精密制造"的牌子。

经济制裁导致1941年美国对金属和石油出口实施禁运，冻结了日本在美国银行的资产，并在珍珠港遭到袭击后对日展开全面战争。由于急需原材料，1942年夏天，日本政府开始收集佛教寺院里宝贵的青铜雕像和祈福钟，将其熔化。几个月后，当局又开始挨家挨户没收锅碗瓢盆，迫使各家各户交出金属货币，换取纸质欠条。他们甚至取走了学校教室里用于取暖的铁炉，孩子们不得不瑟瑟发抖地度过漫长的冬日。1943年，政府终于开始向小菅和其他玩具制造商出手了，后者被迫交出自己最宝贵的资产：被悄悄藏起来的钢制模具。他们本希望战争一结束就回归老本行，前提是战争能真正结束。

1945年初，随着日本军队失去对其城市上空的控制，美国军队准备了一系列轰炸行动，旨在摧毁军工产业和公众士气。这项新战略代号为"礼拜堂行动"，第一轮空袭的策划者并没有针对小菅一个人，像他这样的匠人都是轰炸目标。"通过焚烧整个地区来杀死技术工人，意义重大。"美国陆军航空队前副司令艾拉·埃克将军在1962年的一次采访中解释道。小菅公司所在的东京浅草区不仅是玩具业的中心地带，还是一个熙熙攘攘的商业住宅区。这里挤满从民用生产转为战时生产的各种小作坊和工厂，同时也是地球上人口最稠密的地方之一。和当时几乎整个东京一样，它是用木头和纸建成的。

这次空袭从3月10日凌晨开始，约300架B-29超级空中堡垒轰炸机飞往东京上空。这些轰炸机上装载着用磷和凝固汽油精心配置的燃烧弹，目的是在下方的城市街道引发风暴性大火。其结果十分惨烈。当晚有10万日本人丧生，其中多数为平民。轰炸机机组人员报告说，烧焦的身体散发出浓烈的气味，在1英里[1]多的上空都能闻到。超过25万栋建筑被烧毁，数百万人无家可归。这是人类历史上最具破坏性的常规爆炸袭击，这个可怕的纪录一直保持到现在。

小菅没有留下回忆录。对于他在那可怕的一天所目睹的惨状，对于他在失去毕生工作和众多亲朋时所感受到的毁灭性的失落感，我们只能猜测。我们所知道的是，军方命令他带着在爆炸中幸存下来的装备，转移到一个偏远的城市。他反抗了吗？这并不重要。他已经不再是玩具制造者了，而是他的国家战争机器中的一个小齿轮。他被派往大津，一个位于京都郊外琵琶湖畔、风景如画的小村落。小菅在那里制造军用摄像机外壳和其他部件，直到战争结束。他一定和他的许多同胞一样，怀疑过日本没有获胜的希望。

8月日本投降时，小菅留在了那里。东京已经被毁得差不多了，他甚至连自己的家都没法回去。

Shikata ga nai（没有办法）。大津在当时还不是最糟糕的地方。那里一直是贵族们的度假胜地，是1000年前紫式部写作《源氏物语》前几回的地方。小菅工作和生活的湖边地带，以风景秀丽闻名。迷人的松树挺立在道路两侧，高耸的山峰震撼了浮世绘版画家歌川广重，他将这些景色刻画在《近江八景》中。

京都恰巧是日本唯一一个历经战火却仍屹立不倒的大都会中心，由此，小菅产生了一个想法。战争结束仅仅几个月后，在他找到的第一个大小合适、可供出租的房子里，小菅开办了小菅玩具工厂。这个房子之前是牛棚。这个牛棚已经荒废多年，奶牛早被屠宰，被饥饿的居民吃掉了，环境糟糕到用"简陋"一词来形容都是轻的：阳光和冷风一起透过木板缝隙钻进室内，到处都是之前在这里的动物的痕迹，空气中依然弥漫着麝香的气味，地板上满是

---

[1] 1英里约合1.6千米。

成堆的稻草，干粪牢固地粘在支柱上。不过，这个地方有足够的空间容纳小菅的设备和工人，这就够了。

小菅不用再生产军事用品，只要他想，他可以制造任何一种玩具。唯一的问题是，制造什么呢？他很可能会想："我能为那些从出生起就一直经受战乱的孩子带来什么呢？"

答案自动找上了门。占领军征用了附近的琵琶湖酒店，用作临时营房。因此，美国大兵开始频繁出现在一度十分安静的大津街道上，这成为一个令人熟悉的景象。1960年，玩具历史学家加藤治写道："当时，美国吉普车随处可见。孩子和大人都对它们感到艳羡不已，这些车有种魔力，让你希望自己也能坐上去兜风。"1945年秋天的一个晚上，在从公共澡堂回家的路上，小菅发现路边停着一辆吉普车，里面没人。当时天色已晚，车的主人很可能正在附近的红灯区寻找女伴。因为这辆空车，"汽车人小菅"得以头一次近距离观察一辆吉普车。

一般情况下，玩具制造商会参考汽车制造商发布的商品目录和营销材料来设计玩具。对于一件军事装备来说，这显然办不到。所以，小菅用当时身上唯一的工具来测量尺寸——他的浴巾。他拉直浴巾，测下吉普车底盘的大致尺寸，赶紧回家画了一张蓝图。在接下来的几个晚上，他用毛巾重复了这个过程，以此改进设计。"汽车人小菅"又开始做玩具了。无论是他还是其他任何人，都没有意识到那是多么关键的一刻：那是朝着让日本重返文化地图的方向迈出的第一步，而不是为了军事征服和制造混乱的目的。

只有一个问题：他没有模具。他早将自己的模具交给了政府。而且他也找不到原材料，找不到任何可以使用的铁。然而小菅决心已定。琵琶湖酒店后的美国垃圾迅速堆积如山，小菅松藏从中发现了宝藏。他与驻扎在那里的美军协商，让他将空食品罐和啤酒罐运走。罐子被运回车间后，他和员工先是用苛性钠清洗这些罐子，然后把它们割开，用液压机压平，再用简易的木模将这些锡片敲打成型,然后用手组装,最后涂上一层漆,玩具就做好了。一辆接一辆的美军日常交通工具的复制品从临时装配线上滚落下来。这些玩具车有十厘米长,并装有发条。

这其实还达不到小菅战前生产玩具的标准。由于发条装置缺少金属弹簧,他只好用一条简单的橡皮筋驱动这些小吉普车。尽管他只用了一条湿毛巾测量原车尺寸,但每一辆小吉普车都展现出惊人的细节,甚至包括车身侧面和引擎盖上显眼的白色星星,虽然并不完全精确,却抓住了吉普车的神韵,这些小吉普给人的感觉是对的。看着自己的作品时,小菅一定展露了笑颜。经过这么多年,他终于做出了新玩具。

哲学家沃尔特·本杰明曾说过,真实的艺术作品或自然物体所具有的"神韵",在机械复制品中不可避免会缺失,而在日本,有着1300年历史的伊势神宫,每20年就被拆除并且熟练地重建一次,原作和复制品之间的界限早已模糊。在日本,"复制"不具有西方社会里的那种贬义。在国外,复制意味着创作过程的结束;而在日本,创作始于模仿,复制标志着新事物的开始。

现在,小菅只需要找到能够卖这些复制品的地方。这时,他沉睡已久的资深玩具制造商的本能便显现了出来。他将一个样品带到京都,并与当时京都最大的百货公司丸物(现为近铁百货店)达成交易。对小菅来说,选择丸物理所应当,因为丸物是京都市当时唯一一家大型零售商。而这家百货商店一定乐于出售这种玩具,那是因为,自1940年政府颁布法令,正式禁止销售珠宝、贵金属和高档服装以来,已经5年了,百货公司只能出售简单的餐具、朴素的工作服和最普通的糖果。并且这些糖果不面向顾客出售,而是作为爱心包裹出售给外国士兵。尽管小菅的吉普车是用废弃的锡罐子敲打出来的,却是多年来出现在市面上的第一件真正的奢侈物品。

小菅和他的员工们辛苦劳作了一整个秋天,满心期待着1946年1月的新年假期,这是近十年来,日本首个处于和平时期的新年。第一批小吉普车于

1945年12月上市，当时距离战争结束仅4个月。小吉普车的定价为每件10日元，是黑市食品摊上一顿快餐的价格，这样一来，那些贫穷的顾客也能买得起。这些小吉普车甚至没有包装盒——对于在百货商店出售的东西来说，若是在其他时期，这是不可饶恕的罪过。可是，那时纸张也严重短缺。

不到一个小时，小菅的第一批小吉普车，整整几百辆，就全部售罄了。

他立即扩大了生产规模，租了更多牛棚以增加工作空间，而且雇了几十名当地的劳工，甚至还招募家庭主妇，让她们在家中组装零件。大津的市民们齐心协力，为百货公司生产了几千辆小吉普车。由于这些小吉普车是手工制作的，没有使用任何战前的精密工具，所以每一批都不一样。随着时间推移，小菅悄悄做了一些改进，用发条代替了橡皮筋，增加了一个拖车配件。最后，小菅甚至还从东京的一家供应商那里采购了简陋的包装盒：未经漂白的棕色硬纸盒，上面用橡皮图章印着英语单词：JEEP（吉普）！

小菅吉普玩具车样品，现为大津市历史博物馆收藏

每次到了新货，顾客就会在商场所在的街区排起长队，似乎对12月的严寒毫不在意。在这片孩童们失去了英雄乃至一切的土地上，小菅将占领军作为自己的招牌，每一辆从街上呼啸而过的同盟国吉普车都在无意中推销这款产品。到了月底，丸物共卖出十万辆"小菅吉普"，这对当时的日本来说是个惊人的数字。将征服者的战车改造成巴掌大小的玩物，显得意味深长。

在历史长河中，玩具吉普车也许像特殊时期原始流行文化雷达上闪现的一点。但是，日本很快就会知道，如果一代儿童在成长过程中缺少玩具的陪伴，会发生什么。即使是有幸在战争结束时仍拥有亲人和家庭的孩子，也都在玩着能够勾起那个伤心时代回忆的游戏："假装黑市""假装赌博""假装抗议示威"，还有非常令人不安的"假装拍拖"——模仿当时日本街头随处可见的成双成对、四处闲逛的美国大兵和年轻女孩。还有许多孩子或失去亲人，或无家可归，或两者兼而有之。一些孩子走上了犯罪的道路，从仓库中偷走一切他们搬得动的战时储备物资，拿到黑市上与"黄牛"换取食物。东京一家孤儿院的院长曾向《每日新闻》的读者发出恳求，哀叹道："我们可以让他们吃饱，但他们真正需要的是可以玩的东西，这甚至比衣服和书还重要。"

小菅在京都取得成功的消息，令留在东京的为数不多的玩具制造商欣喜不已。玩具历史学家加藤治回忆说："这一行的所有人都互相问：'这个玩具到底是谁做的？怎么能有人在这种时候制造出这么好的玩具？'"东京一家叫塔卡米尼的公司受小菅成功的启发，开始生产自己设计的玩具吉普车。这款吉普车虽然没有小菅的那么注重细节，但在东京孩子中间同样受欢迎。到1946年5月，这家工厂每天能生产超过100辆玩具吉普车，并且计划将生产规模扩大到500辆。

对孩子来说，这些小吉普车是他们迫切需要的玩具，而对成年人来说，它们代表着经济的复苏和社会的正常运作。没过多久，这些小吉普车就吸引了美国军队的目光。年轻士兵们会收集汽车和飞机的复制品,留作纪念。日本被占领期间,经济规划者们敏锐地意识到日本玩具业在战前取得的成功,密切关注着这些小吉普车的销量。这些玩具成为一种象征,也成了一种工具,在由敌人变成的关系别扭的盟友之间,它们起到桥梁作用。在1946年的太平洋版《星条旗》报一则图片报道中,一个日本男孩正和一个年轻美国士兵在一辆真正的吉普车上用锡制玩具吉普车比赛。

玩具吉普车成功的关键是它蕴含着多重信息。1924年,玩具公司富山技研(Tomiyama,现为多美玩具公司)的创始人富山荣一郎回忆说:"日本成年人讨厌军用车辆玩具,它们是我们输掉战争的原因。对美国人来说就不一样了,它们是军事成功的光辉典范。我当时就知道它们在国外会有销路。"因此,1947年8月,麦克亚瑟将军的经济团队指示道:"尽一切努力提高出口玩具的产量,作为日本公民急需的粮食进口的附带品。"除了玩具,只有另一种产品也受到如此认可,那就是丝绸。多亏了玩具,日本终于可以开始重建其出口贸易,唯一要履行的条件是,在产品上清楚标明"被占领国日本制造"。

巧的是,1947年的圣诞节很快就到了,美国也面临玩具短缺的问题,这是战争时期劳动力和材料紧缺对美国造成的诸多持久影响之一。就连著名的玩具火车制造商莱昂内尔,在战争期间也不得不用纸板制造产品。日本的玩具制造商则欣然地用流行的美国乘用车和军用车模型填补了这一空缺。富山技研出品的B-29轰炸机锡制精密模型,在国外成为热销产品。几年前遭到这种飞机袭击而被烧毁的街区,现在却在生产着这种玩具。1951年,经销商米泽商会在纽约的一个玩具展上展示了这款玩具,买家订购了数十万架这种玩具飞机。仅仅在美国,米泽就售出了总计近百万件。B-29轰炸机模型之类的产品,推动锡玩具业从1947年800万日元的年产值,增长到1955年80亿日元的年产值。其中绝大多数玩具都被美国和英国热切的孩子拿在手中。

1951年,一个由教师和妇女组织组成的团体在全国范围内发起了一场反对制造军事主题玩具的运动，日本百姓长期以来对这些战争象征物的矛盾态度终于浮出水面。玩具制造商回击说，他们的产品只是反映了孩子们生活的世界。吉普车、坦克、军用飞机，孩子们每天都能看到这些东西。无论是好是坏，它们都是日常生活的一部分，对与之相仿的玩具遮遮掩掩，能有什么用？

结果这个问题很快就失去了意义。1952年美国对日本的占领结束，对日本儿童来说，这是一个重大的流行文化转折点。和战后世界的其他国家一样，日本崇拜美国文化。当美国文化被认为如此强大有力、如此性感时，一位来自日本小玩具公司的年轻主管很快就开始利用这种心理，取得了巨大成功。他用另外一个东西做到了这一点，那是比吉普车能更有力地表达美国梦的东西——凯迪拉克。

几年前遭受地毯式轰炸、饱受战争蹂躏的浅草，至今仍未完全恢复，只有很少的建筑可供出租。1947年，石田治康和他的弟弟石田实以及另外一个合作伙伴，成立了丸三产业。办公地点就设在他的家里，那里同时还是仓库、十名雇员的宿舍和厨房——这种安排在战后初期很常见。石田兄弟没有去制造新玩具，而是选择做乡村玩具工厂和为零售店供货的东京批发商之间的中间商。丸三产业擅长做"光学玩具"——名字听起来很花哨，其实就是廉价的塑料双筒望远镜和单筒望远镜。这些玩具卖得不错，能赚得稳定的收益。然而，对于这家公司三位创始人中最年轻的石田实来说，他想做的不仅仅是新奇玩意的供应商。

石田实充满激情，富于创造力，很快成为丸三的创意能手。石田治康是一个精明的商人，他从市场和数字的角度对石田实的创意进行了反驳。但是直到1952年，两人都赞同一点，就是他们的竞争对手通过向国外出口锡玩具赚了不少钱。于是他们也决定设计一款自己的产品。

石田实被制造迷你汽车的想法深深吸引住了。他对实物情有独钟。十几岁在新加坡时，他就开着雪铁龙11CV汽车在城市里飞驰。创办丸三产业后，他立即以公司用车的名义，从一名美国士兵那里购买了一辆二手斯蒂庞克汽车，后来又买了一辆红色名爵T型敞篷车。"我们用那辆名爵送货，回头率真的不低。"前雇员镈三郎笑着向我讲述当时的情景，"你在当时东京街头见不到这样的车。"

石田实想要制作的是摆在玩具店货架上也有回头率的东西，一辆不同于其他制造商所生产的玩具汽车，按真实汽车的比例缩小，但是尺寸要大，要有各种能让外国买家惊叹不已的特征。只有一丝不苟、孜孜不倦的老工匠，才能完成这样的壮举。石田实知道该找谁。

小菅松藏于1947年回到东京，在那里创办了一家设计工作室，还开了一家名为"东京创意艺术"的锡厂。这家锡厂位于墨田区，离他以前的工厂只有一步之遥。小菅立即发布了公司的第一款产品，一辆能够"感知"桌子边缘，在掉下来之前能够掉头的发条车。这款玩具卖了一万件。随着订单源源不断，他的名气越来越大，他将公司名改成了大家一直习惯的叫法：小菅玩具。

在与小菅反复讨论过各种想法后，石田实选定了车型——1950年的凯迪拉克轿车。这个选择显而易见。日本新近独立，人们对街道上的美国士兵和他们的吉普车已经司空见惯，不以为奇；孩子们开始对象征着新技术和经济繁荣的标志物欣喜不已，即美国生产的巨大、华丽的镀铬流线型乘用车。这款凯迪拉克轿车曾是美国生产的最棒的汽车。

"汽车人小菅"选择吉普车，实属精明之举，达到了一石二鸟的效果。橄榄色外壳的吉普车，是美国军事实力和汽车生产实力的双重象征。他和其他日本玩具制造商敏锐地意识到，无论是在日本，还是在原产国，美国乘用车都影响着20世纪中期人们的想象力。战后的美国为汽车而痴狂。1950年，在美国道路上行驶的已登记的汽车只有2500万辆；而到1958年，这个数字就翻了一番还多。每个美国人都想拥有一辆凯迪拉克，即便它只是一个玩具。

这一次，不需要任何妥协。1950年朝鲜战争爆发后，美国政府向日本下了近30亿美元的战争物资订单，比如绳索、钢丝、服装、食品、弹药，甚至还有授权三菱和丰田制造的美国吉普车。这些物资都要被运输到朝鲜半岛。虽然这笔钱也许沾了鲜血，但对一个财政困窘的国家来说，却是不可否认的恩惠。随着日本公司建造工厂和完善交通设施以满足美军采购订单，日本成为"一个巨大的补给站，没有这个补给站，就不可能打朝鲜战争"，正如美国大使罗伯特·墨菲在1952年所说。多亏这些投资，日本经济实现了两位数增长，日本央行行长将其称作"天助"。

铸造厂重新启动，又能生产高质量的国产钢了，这样就不需要从肮脏的垃圾堆里捡废弃的锡了。多亏了重新出现的机械车间，现在工厂能够生产齿轮、弹簧和其他精密部件，这样工匠就能升级玩具上的发条装置了，这些发条装置甚至远胜战前最好的发条装置。在石田实的指导下，小菅的团队花了一年的时间，改进造型、模具，以及所有微小的细节。

最终成果十分精致。那辆13英寸[1]的凯迪拉克，从闪亮的乌木车顶到白色的轮胎都非常完美。无数次精心涂抹的漆面，造就了闪亮的光泽；保险杠和护栅是用闪亮的铬合金制成的，前照灯用闪闪发光的宝石般的半透明塑料制成。引擎盖上有微型凯迪拉克盾徽，每个盾徽都是手工绘制的。车内用最先进的平版印刷技术模仿了最微小的细节，无论是锡制内饰上的图案，还是车速表上的数字。真车上的每一处都被缩小为迷你版。这辆凯迪拉克看起来非常真，像是能驾驶一般，仿佛有个疯狂的科学家向一辆正常大小的车发射了一道放射性收缩光线。制造这辆车的过程中，所有参与的人几乎都会有那

---

[1] 1英寸为2.54厘米。

么一刻，他们不再在意是否能卖得出去。这就是职人精神之所在。

每辆车的包装都在丸三的标志下面用小字印着"KOSUGE FACTORY"（小菅工厂）。这对一位工匠来说，是一种史无前例的荣誉——在他之前的许多工匠，都是在名牌零售玩具公司的影子下默默耕耘着。今天，玩具迷们亲切地将其称为"小菅的凯迪拉克"。

小菅的凯迪拉克

这种无妥协的制造方式，使得丸三产业不得不将玩具汽车在日本的价格定为1500日元，这在当时是个不小的数目，小孩子根本买不起。唯一被石田实说服同意出售这款产品的是百货公司。他希望那些衣着光鲜的成年人能买来送给他们的孩子，或者送给自己。

事实上，由于价格太高，政府将其视为奢侈品，而非玩具，以致丸三公司不得不办额外的手续，并支付额外的销售税。这些小凯迪拉克在日本的销量不是特别好，不过考虑到其高昂的价格，这也是意料之中的。石田实安抚治康，向他保证，真正的顾客在国外。果不其然，在纽约国际玩具展上，从国外买家看到这些小凯迪拉克的那一刻起，丸三公司的生产就几乎供不上需求了。这些小凯迪拉克代表着小小的美国梦，是由一个几年前还在与美国人作战的玩具制造商重新构想出来的。

就和当初的小吉普车一样，小菅很快开始调整方向，以满足人们对其作品的新需求。苦于缺少专业的师傅，他用当初在大津使用过的方式扩大了生产规模，即雇当地的家庭主妇。她们成排站在长桌前组装零件，进行最后的包装。这条生产线高峰时每天可以生产270辆成品车。这些车颜色丰富，规格各不相同，有摩擦驱动的，有电池驱动的，甚至还有遥控的。虽然没人知道他总共生产了多少辆玩具车，但从另一种产品上能看出它在国外消费者中间有多成功。1954年，丸三公司发布了一套锡制别克路霸，这是这家公司最豪华的轿车。包装上用英文写着："我们著名的'凯迪拉克'的姐妹款，深受年轻朋友青睐……它是一个玩具，但远不止是一个玩具。丸三公司今年推出的又一热门产品。"日本版的别克路霸包装上醒目地写着："目前正出口到全美和澳大利亚的百货公司，销量超过了德英同类产品。"

和许多街区工厂一样，小菅的工厂也全靠当地的家庭主妇支撑

这些纤毫毕现、价格合理的日本汽车模型，几乎在美国玩具商店一上架就将美国国内生产的玩具汽车挤了下来。到50年代末，日本跃升为世界最大的玩具出口国，生产了全球足足四分之三的玩具（甚至连典型的美国偶像芭比娃娃也是在日本工厂生产的，她的衣服是由与小菅工厂生产线上类似的日本裁缝手工缝制的）。全球玩具制造商发现自己根本无法与这种精干劳动力相竞争：他们技艺高超，而且以西方标准来看，工资低得惊人。1959年，怒气冲冲的英国玩具公司对此做出反应，禁止日本公司参加当地玩具展。然而他们不知道的是，玩具车只是即将到来的贸易战的序曲。

☆ ☆ ☆

与此同时，日本国内局势动荡不安。1958年，一项修改备受争议的《安保条约》的提案，将一直以来反对该条约的公民团体、学生抗议者和工会团结了起来。他们联手组织了反对首相岸信介及其政府的大规模抗议活动，岸信介是久居日本首相职位的安倍晋三的外公。

岸信介不大可能是美国的盟友。事实上，他几乎体现了外国人和本土人所厌恶的有关日本帝国的一切。他曾担任日本操控下的"伪满洲国"的实业部总务司司长，是对美宣战的签字人，日本战时强迫劳动计划的设计者。他还是一个顽固不化的极端民族主义者，晚年致力于主张甲级战犯的清白。然而，在美国战略家眼中，他疯狂反对共产主义这一点就能盖过他的种种缺点。由于这一特点，他得以在1948年对日本战犯的军事审判中悄悄被赦免，并且中情局还对他重返政坛秘密给予了经济支持。不到十年，岸信介就成了首相。1960年1月，他前往华盛顿特区签署《日美新安全保障条约》（以下简称《新安保条约》）时，艾森豪威尔总统为他精心准备了官方外交所能提供的一切排场，而美国媒体用封面故事吹捧这位"来自日本的友好精明的推销员"，仿佛日本正被重新包装为战前它所扮演的世界小商品销售商。

事实上，日本国内情况并不乐观，社会正分崩离析。15个月的政治僵局和示威活动吸引了将近三千万日本人——占全国人口的三分之一——参加抗议活动。1960年5月19日是历史性的一天。根据岸信介签署的新条约，从本州最北端的青森一直到位于亚热带的冲绳，美军建立了一系列日本法律无权干涉的美国主权军事基地，而这一天就是国会批准新条约的官方最后期限。日本公民深知岸信介在战争年代的罪恶历史，唯恐日本卷入更多与美国相关的海外军事冲突之中，他们因此愤怒不已。数十万人齐聚在国会大厦的门外，焦急地等候投票结果，他们中有蓝领工人，有学生，也有知识分子，代表了日本社会的各个阶层。而在国会大厦里面，反对党成员在讲台周围拼命筑起人墙，并由此爆发争斗。数小时后，岸信介下令强行将这些政客驱逐出去。500名警察赶来将反对党成员从会场中拖了出来，年迈的国会议长像一只布娃娃一样，被架着穿过混乱的人群，坐上议长席，然后未经全院表决便敲槌通过《新安保条约》。

"这看上去可不像是一则倡导民主的广告。"一部由英国百代电影公司出品的新闻短片曾冷嘲热讽地指出。岸信介这种专横的行为激怒了抗议者和公众，吸引了越来越多的示威者进入东京，导致这座城市连续数周瘫痪，无法正常运行。最终，一群来自日本精英大学、自称"全学联"的激进分子成功闯入国会议事堂。这群日本最优秀最聪明的人，与迎面而来全副武装的防暴警察发生冲突，数百人因此受伤，一名年轻的女大学生在一片混乱中被踩死。

1960年抗议活动的录像在日本国内外广泛传播，许多电视观众第一次见到如此壮观的公众示威。这一场面成为后来一系列抗议运动的灵感来源。尤为有趣的是他们独特的方式：他们手挽手形成环状，快速向前行进，令警方难以驱散。这种抗议方式后来在英语中被称为"日本蛇舞"。60年代末，美国抗议团体在反战游行中还会用到这种方式。这也许是日本亚文化在国外找到市场的第一个例子。

几个月后，在1960年10月发生的另一起事件，将对主流观众产生更深远的影响。一名叫浅沼稻次郎的政客，他当时61岁，是日本社会党的领导人。10月12日下午，浅沼登台与日本三大政党的领导人进行辩论，在3000名听众面前抨击首相岸信介和《新安保条约》。正当他发表演说时，一名男子从一侧冲了出来，将一把1英尺[1]长的武士刀插进浅沼的胸膛[2]，把他刺死了，当时整个过程被拍录了下来。凶犯山口二矢是一个17岁的右翼分子，他极度狂热，甚至认为日本极右翼的大日本爱国党太过中立。被制服后，他宣称自己已将日本从共产主义的深渊中拯救了出来。一个月后，他在牢房里上吊身亡，自杀前用牙膏在墙上写下一句支持天皇的帝国主义口号。在此期间日本国内，以及后来的外国媒体，一遍又一遍地播放浅沼稻次郎被杀的恐怖场面的录像。美国《生活》杂志甚至对其所谓的"史上最全面见证的一起谋杀案"进行了逐帧分析。该杂志用一张接一张的照片，将这起谋杀事件与著名的"四十七浪人的故事"相提并论，还在前面附上一张描绘该故事高潮部分的19世纪浮世绘作品图片。这起谋杀案震惊了日本，也使日本蒙受耻辱：山口的袭击并不是政治阴谋的一部分，而是一个精神不稳定的年轻人的鲁莽决定，在那场悲剧中，几乎没有人能看到武士的影子。美国媒体将现实和幻想糅合在一起，代表了另一种对日本异国情调的叙事，这种叙事会在之后的数十年内得到回响，产生一些令人意想不到的后果。

尽管如此，日本的全球出口业仍在持续增长。小菅及其手工艺同行们制造的精巧的玩具车，在推动他们国家支离破碎的经济中发挥了巨大作用。然而，苏联在1957年发射了第一颗人造卫星斯普特尼克一号，世界的幻想和噩梦因此而瞬间改变，并迫使玩具制造商去适应这些改变。随着地球上核武器

---

[1] 1英尺约为0.3米。

[2] 此处作者原文有误，应为左腹部。

大国间的"太空竞赛"新闻充斥报纸头条和广播，孩子们对汽车、坦克和飞机迅速失去兴趣。到1971年小菅去世时，他的吉普车早已被人遗忘。事实上，直到21世纪初，大津历史博物馆的一位馆长才通过寻访当地老年人确认其原作的模样。20世纪60年代初期，国家最终实现和平的现实已经不再能激发人们的想象力，孩子们开始渴望来自未来的异想天开，它们是一个崭新的科技时代的象征物，是火箭、射线枪和机器人。

第二章

一场即将通过电视转播的革命

——动漫1963

世界上最伟大的动画大师是日本人,这似乎是一种必然。

——《纽约客》,2005年

故事发生在2003年，一个年轻人驾驶着他的悬浮汽车在太空时代的高速公路上疾驰着，玻璃幕墙的摩天大楼高耸云际，一幅迷人的未来城市景象。他驾着车从桥下飞过，穿过隧道，经过城市的每个角落，直到一辆货车突兀地出现，与他相撞，年轻人在撞击中当场死亡。他的科学家父亲设计了一个机器人小男孩代替他失去的儿子。这个机器人小孩被送去上学，在学校里，他解数学方程式的速度比老师写的还要快；在家里，他的发明家父亲给他成堆的玩具，对他百般宠爱。就这样，许多年过去了，小机器人当然不会像一个有血有肉的孩子那样长大，仿佛时刻提醒着他的创造者，自己所失去的一切。这令创造者痛苦不已。尽管这个小机器人没有任何过错，他还是遭到遗弃，被扔到了马戏团，不得不和其他孤独的被抛弃者一起进行角斗和危险的特技表演，以娱乐人类。有一天，一个魔术出了岔子，烧毁了马戏团的帐

截至1966年，动漫风靡日本全国，上至皇家子弟，下到街头小混混，所有孩子都为之着迷

篷。但这个机器人男孩并没有借此机会逃之夭夭，反倒使用自己的超能力和火箭般的脚解救了观众，并将马戏团团长送至安全的地方。然而马戏团团长还是不肯给这个男孩和他的朋友自由，让他们离开马戏团。后来，在后来成为机器人男孩的养父、一位善良的科学家的支持下，这些受困的机器人高举"机器人权利万岁"和"机器人不是你们的奴隶"的标语，掀起了一场全球性革命。

《铁臂阿童木》第一集结束时，人性赋予机器人以世界公民的权利，这个头发尖尖、穿着火箭战靴、心地善良的机器人男孩成了一个新英雄。《铁臂阿童木》是日本有史以来第一部通过电视播放的动画片，自1963年元旦开播以来，为社会带来了巨大变化。

《铁臂阿童木》是日本独立制作的小成本动画片，其帧数只有标准动画的三分之一，结果画面非常不自然，业内专家嘲笑它为"移动的剪纸"。可孩子们不在乎。他们以前在电视上看过的是《大力水手》和《摩登原始人》之类的进口片，而《铁臂阿童木》是第一部专门为他们制作的动画片，还是根据他们熟悉且喜爱的一本流行漫画改编的。这部动画片之所以能取得成功，很大程度上是因为它既新奇又富于魅力，但也在于完美的时机。1963年初，东京的人口马上就要超过一千万，同年晚些时候东京就会成为世界上最大的城市。事实上，当时的东京已经十分接近《铁臂阿童木》第一集中的大都会。为了迎接那个标志着一个战败国家重新融入全球社会的特殊事件——1964年东京奥运会，新的摩天大楼拔地而起，高速公路、地铁、高速铁路线，以惊人的速度蜿蜒穿过城市和乡村。随着太空竞赛正如火如荼地进行，想象一下悬浮汽车和智能机器人很快就会在东京钢筋玻璃结构的摩天大楼之间的高架路上飞驰，似乎并不那么牵强（同样，由于新安保条约抗议活动被媒体广泛报道，在这些街道上发生抗议活动的可能性也是有的）。

《铁臂阿童木》完美地抓住了年轻人对未来的兴奋之情。他们出生于战后婴儿潮时期，没有战时物资匮乏的记忆，成长于经济飞速发展的环境。收视率最高时，有超过四成的日本家庭守在电视机前收看这部动画片，这个数字与收看奥运会直播的收视率不相上下。这部率先登上电视的动画片，为以后的动画作品建立了商业模式和艺术惯例——巨大的眼睛、古怪的发型、夸张的姿势和持续的静态镜头。直至半个多世纪后的今天，这些艺术惯例仍推动着日本动画产业的发展。它还催生了一个新词，"动漫"（anime）——它的作者骄傲地创造出这个词，将他的创作与进口动画片（animeshon，animation的日语发音）区分开来。

这并非妄自尊大。这部动画片确实很难划入其他国家的动画片模式。它不是《糊涂交响曲》或《兔八哥》，也不是情景喜剧风格的《杰森一家》。《铁臂阿童木》以足以结束战争的可怕力量命名[1]，却因卡通式的曲线而变得柔和，展示了一个飞速发展，连成年人都难以跟上的未来。它在滑稽的插科打诨和严肃的社会评论间不断转换，为动漫成为一种新的娱乐形式和强大的新型流行文化工具提供了样板：一部尖锐辛辣的迪士尼动画。这部日本电视动画片，从第一集开始就让年轻观众看到了先进技术社会里的根本难题。毁灭广岛和长崎的可怕能量也可以用来争取和平。科技令人激动，却也很危险，会让人与人之间产生隔阂。进步往往意味着既有赢家又有输家。权威人士并非总是对的。要想改变现状，可能需要走上街头。《铁臂阿童木》将这些复杂的东西提炼为好人和坏蛋之间简单的戏剧冲突，告诉孩子们：无论情况多么可怕，一颗善良的心总是有能力改变这一切，即使这颗心是由一个微型原子反应堆，而不是由血肉构成的。

《铁臂阿童木》从主题和视觉上为未来几乎所有电视动画片提供了指导。

---

[1] 这里指《铁臂阿童木》的直译英文片名"Mighty Atom"，字面意思是"无所不能的原子"。作者在这里将其与"二战"结束前夕美国在广岛、长崎投下的两颗原子弹联系在了一起。

漫画和电视动画经过一代又一代的改良，从简单的儿童娱乐方式演变成强有力的表达媒介。它们会激发年轻人的梦想，为社会运动提供意想不到的养分，还将与西方幻想形成珍贵的对比。动漫的吸引力极具独特的普适性，这使其既具有娱乐性，又是一种传播文化价值观的媒介。到了2003年，我们的世界还没有悬浮汽车或者会飞的机器人，但这一年对于1963年的观众来说同样是一个遥远的时刻。考虑到日本动漫的复杂性和日益增长的全球影响力，美国电影艺术与科学学院将奥斯卡最佳动画长片颁给了一部叫作《千与千寻》的动画电影。不过这一属于日本动画大师的光荣时刻，要等许多年之后才能出现。

在动漫里，阿童木是由一位名叫天马博士的疯狂科学家造出来的，而在现实中，他的创造者是一位名叫手冢治虫的漫画家。手冢1928年出生在大阪的一个富裕家庭，家庭财富使得他能在成长过程中沉醉于自己的两种热情之中：一是去看宝冢歌剧团的演出，这个歌剧团在当时十分受欢迎，成员全部是女性，男性角色皆由女性扮演，音乐剧风格华丽；另外就是去看华特·迪士尼的动画电影。他通过宝冢歌剧团了解了情节剧，感受到了女性化主角的力量。在华特·迪士尼那里，他学会了采用胖乎乎的身形、大眼睛、拟人化的丛林生物做主角等风格惯例。他近乎痴狂，每天要看5场电影。日本影院上映期间，他看了足足50遍《白雪公主和七个小矮人》和130遍《小鹿斑比》。他如此沉浸于异国想象之中，可见当时日本国内制作的动画作品多么少（1941年，日本帝国军队为本国的政治宣传片导演专门放映了《幻想曲》，这是在被俘的美军运输船上发现的，目的是让他们更好地了解敌人。此举似乎产生了效果。一名在场的观众被影片的制作工艺深深打动，在影片结束后号啕大哭）。

1945年夏天"二战"接近尾声的时候，手冢正在大阪帝国大学艰难地攻读医学。尽管高中时因为成天画画而没能毕业，手冢还是设法通过了艰难的

《铁臂阿童木》里的主人公形象让科技变得人见人爱

入学考试。如果考不上大学，他就得和日本所有健全的年轻男子一样应征入伍，这无疑为他提供了强大的动力。手冢很聪明，却无心学业，而是在大学里变本加厉地画画。多年后，手冢治虫在他的自传性漫画里调侃过这段时光。在其中一则故事里，一个名叫"治虫"的医学生被人发现在校园里画色情图；而在另外一则故事中，一名教授劝他"弃医从漫"，以免未来误人性命。

手冢充分听取了这个建议。在东京惨遭轰炸的那段时间，这里的出版业混乱不堪，数十家来自东京的死对头——大阪的数十家小出版商，迅速前来填补这一空缺。大阪是日本第二大城市，在7世纪和8世纪时曾是日本首都，其朴实、务实的商业文化一直是东京光鲜优雅的陪衬（人们普遍认为大阪方言比东京话更粗俗，是日本喜剧演员的首选方言）。

然而大阪也未能从轰炸中幸免。事实上，手冢险些被燃烧弹炸死。当时他和一个高中生侦察队被分在一组，负责观察火情。（试想假如当时那颗炸弹命中手冢的话，战后日本流行文化又会多么不同呢？）尽管如此，大阪仍然是最先重启出版业的那一个。小菅松藏感受到了压抑许久的游戏需求，战后几个月就推出了他的锡制玩具吉普车。也许是出于同样的原因，早期战后出版商关注的不是文学，而是一种叫作"贷本"（kashi-hon）的漫画，这是一种低俗的儿童漫画书，人们可以通过租书店付费借阅，有点像后来的录像带出租。

整个过程一点都不复杂。"拿到作品之后，他们甚至连读都不读就直接出版。这就意味着，在内容方面，你可以任意发挥。"手冢的同辈及竞争对手漫画家辰巳嘉裕回忆说。当时的报纸对这种充斥着忍者和武士帮派的低俗漫画大加抨击,并设专栏严肃告诫人们不要去阅读那些"令你毛骨悚然"的内容。可想而知,成年人的这些焦虑不安,并没有遏止年轻人对逃避现实的内容的渴望,因此,廉价漫画为功成名就和野心勃勃的艺术家提供了一个完美的平台。

1947年1月,18岁的手冢完成了他的长篇处女作,这部漫画叫作《新宝岛》,共200页,以快节奏讲述了一个冒险故事。这部漫画根据一位名叫酒井七马(Sakai Shichima)的资深漫画家兼动画师的脚本改编,当时酒井七马已将前途无量的年轻的手冢收为徒弟。在导师的指导下,手冢将人物动作安排在不同的板子上,使得这种漫画读起来更像电影,而不是报纸上的漫画栏。在那个年代,能出版1000本就已经很了不起了,《新宝岛》却仅凭口口相传,没使用任何营销手段,就卖出了足足40万本。然而手冢得到的报酬只有3000日元,这是意料中的事。可是,酒井却在将这些画作交给出版商之前,悄悄修改了许多人物,手冢永远都不会原谅这份轻侮。

《新宝岛》代表了日本漫画的革命性时刻。20世纪20年代,艺术家们受到美国政治漫画和周日版报纸漫画栏的启发,开始为月刊产出他们自己的连环画。战争期间,审查机构却将漫画变成了无伤大雅的家庭读物或滑稽的宣传品,有着诸如"以我们死去的英雄山本将军之名,提高产量"的"情节线"。

现在艺术家们又可以进行自我表达了。手冢和酒井的作品开创了后来所谓的故事漫画的先河,通过强烈而严肃的画面处理方式,为插图娱乐打开了新的大门。由于这种漫画出人意料地受欢迎,漫画行业内部不断涌现着令人兴奋的新想法:漫画不仅仅是无意义的消遣,动作不需要局限在一个画格甚至一页纸上,而是可以像小说一样,用几百页呈现一个故事。从此,漫画不再让人觉得低俗,而更像是文学和电影之外的另一种选择。

由于《新宝岛》是用廉价纸张印刷的,极易损坏,这本漫画界的开创性作品的复制品极少被保存到现在。20世纪70年代再版时,手冢全部重新绘制了一遍，并将酒井的名字从封面上抹去。2008年，手冢去世多年以后，原稿的复刻版才得以再版。

随着东京的迅速重建，漫画出版业的中心转移到了东京。1952年，手冢也来到这里。不可思议的是，他居然通过了医学课程的期末考试，并完成了为期一年的住院实习。与此同时，他还在应付三本不同的少年杂志的催稿。手冢家境优渥，而且他的漫画作品越来越受欢迎，他并不缺钱，可他还是选择住在一个叫常盘庄的廉价旅馆里。这里肮脏破旧，聚集着在东京崭露头角的漫画家们。手冢在这里享受着其他艺术家的吹捧，并同他们合作。他毫不吝啬地分享自己的艺术和商业知识，而且付钱给饥饿的同行，让他们帮忙赶稿。许多接受过手冢庇护的艺术家，后来都成了漫画界的明星。由于周刊漫画这种新兴媒体的出现，比如《周刊少年Magazine》和《周刊少年Sunday》，这两本杂志都于1959年推出，之后迅速取代了租书店，成为日本各地漫画家和读者的首选，能够接触到它们的儿童读者也比以往任何时候都要多。

手冢十分多产，他创作的系列漫画数不胜数，而且类型异常丰富。除了他的主要作品科幻题材的《铁臂阿童木》，他还创作了一些迪士尼风格的动物故事，比如《森林大帝》（后来以《白狮金巴》的名字在国外发行），以及写给少女们的浪漫冒险故事，比如《骑士公主》，讲述了一位美丽的公主假扮王子，为她的王国征战。他的作品在各种漫画杂志中占据了主导地位。

然而，正当手冢的影响力如日中天时，新一代的艺术家开始厌烦这种风格，因为他总是以虚构的梦幻岛为背景，情节幼稚夸张。他们想利用这种媒介探索更适合自己品味和经历的主题。为了将他们更黑暗、更情绪化的作品，与专门为少男少女设计的漫画区分开来，这些新生代创作者将他们的作品称为"剧画"（gekiga）——字面意思是"戏剧漫画"，更为通俗的名称是"漫画小说"。这种漫画的出现将从根本上改变日本漫画的发展方向，极大地拓展这一媒介的潜力。

这个词是一个雄心勃勃的24岁漫画家辰巳嘉裕提出的，他从1957年开始将这个词放在自己创作的漫画的扉页上，以突出自己偏爱的冷硬主题。辰巳比手冢小6岁，美国占领日本时期，他就在离手冢家不远的一个街区长大。他十分尊崇酒井七马的《新宝岛》，甚至拜访过这位老艺术家，并向他请教。辰巳及其友人都觉得，自从搬到大城市、放弃长篇漫画连载，手冢的作品失去了独属于他的闪光点。1959年，辰巳说服另外6位艺术家加入他所谓的"剧画工房"团体。他们做的第一件事，是向出版商、新闻记者、编辑，以及其他艺术家（包括手冢）寄出一份明信片宣言，宣布他们的存在。宣言的结尾如下：

近年来，电影、广播和电视的快速发展，催生了一种新的故事型漫画，我们称之为"剧画"。青少年对娱乐的需求是存在的，但这种需求从未得到满足，原因在于从来没有一个讨论此类内容的平台。这些青少年就是剧画的目标读者。

剧画工房的第一个项目是一本名为《摩天楼》的漫画月刊，它在正迅速衰落的租书店中大受欢迎。在这里，手冢笔下的那种异想天开的夸张风格不见了，也没有了漫画人物的恶作剧和肢体搞笑。取而代之的是一种新的、更为粗犷的插图叙事形式，充满了明暗对比、锐利的线条，以及令人热血沸腾的少年朝气。《摩天楼》的风格前所未有。封面令人不寒而栗，包括双手紧握锁链的彩色特写、空无一人的铁路交叉口、自动手枪。内容也是如此，有着诸如《谋杀公司》《是夜首位顾客》《用炸药炸掉它》之类的标题。内容主要是涉及杀手、腐败堕落的警察以及蛇蝎美人的故事。其中一些作品十分粗糙，看起来和随手涂鸦没什么两样，就好像暴力发生时，艺术家正在桌子底下匆忙挥动画笔将其记下。

《摩天楼》这个标题简单但发人深思，反映出许多日本人生活方式的巨大转变。1945年第二次世界大战结束时，绝大多数日本人居住在农村地区，其中许多人是大城市遭到轰炸时逃出去的难民。到1970年，有将近四分之三的日本公民生活在东京、大阪、神户和名古屋这样的工业中心。美国也曾经历过类似的城市化进程，但用了一个多世纪。而在战后的日本，快速工业化的需求，将大规模人口迁移所需的时间压缩到了美国的四分之一。

在日渐挑剔的读者群中引起轰动的不仅有辰巳及其伙伴，还有漫画家白土三平，他曾先后出版了租书店漫画《忍者武艺帐》（1959）和剧画《卡姆依传》（1964）。白土在战争年代长大，他的父亲是一位先锋派画家，他曾目睹自己的父亲因为自由主义信仰多次遭到警察恐吓。白土对权威人士抱有深深的不信任，他的故事里含有大量左派社会评论，甚至后来的激进分子会将其作为马克思作品的替代读物而推荐给别人。《忍者武艺帐》和《卡姆依传》都以武士时代为背景，颠覆了传统的剧情，将日本的传奇战士描绘为长期受苦受难的农民阶级的残暴压迫者，而反英雄忍者则为了自己的目的而挑拨离间。这些斗争通常都是大屠杀，白土将画笔蘸满墨水，在纸上对着刷子吹气，让墨汁溅到纸上，以此表现这种血腥场面。他画作里阴郁的线条、精心编排的武打场面、凶残的暴力，以及大胆的反资本主义世界观，深深打动了新一代年轻城市居民，他们对日本复苏这一经济奇迹已经不再抱有幻想了。

这些新来者中绝大多数是年轻人，他们在乡下被招聘，乘坐包租的"就业火车"来到大城市。从1954年到1975年，"就业火车"制度一直都在运行。每逢毕业季，这些火车就会出现，乡村车站的月台上挤满了含泪挥别十几岁孩子的家人。许多人因经济需要，中学一毕业就被迫参加工作。剧画刻画反英雄和人与人之间的疏离，还夹杂大量的性和暴力，让这个迅速壮大的年轻蓝领工人群体产生了深刻的共鸣。他们远离家庭，生活在陌生的城市环境里，渴望刺激、娱乐和简单的人际关系。他们在建筑业、制造业或服务业做轮班工作，工作时间很长，几乎没有空闲参加社交活动。而剧画为他们提供了一种廉价又方便的逃离当下苦闷生活的方式。

剧画工房只坚持了1年，1960年，其成员因为在方向问题上发生分歧，分道扬镳。不过，一切已成定局：大批日本青少年已经转向剧画风格的内容。而在美国，因为担心青少年犯罪，1954年通过了严格的《权威漫画准则》。该准则读起来像是辰巳宣言的反面，要求去除"阴森恐怖、令人恶心的插图"，认为"犯罪是肮脏龌龊的活动"，宣称不允许存在"性变态"的内容，甚至连"诱惑"这一概念都不能出现，并且规定："在任何情况下，善都会战胜恶。"《权威漫画准则》让一代美国漫画天才担当起保姆的角色。

在日本，情况则大不相同，只要作品能够卖出去，艺术家就可以自由支配自己的作品，这让他们可以敞开身心去拥抱这种非主流的暗黑新风格。

手冢在办公室里踱着步，他的助手们从付费图书馆里借了几十本剧画，此刻，他正在阅读研究。他生性缺乏安全感，认为他在漫画界获得的霸主地位来之不易，而剧画作品数量的激增，对他构成了潜在的威胁。收到剧画工房的宣言后，他发表了一封言辞激烈的信，题为《致新一代儿童漫画家》，他在这封信中谴责新一代漫画家放弃了理应承担的娱乐孩童的职责。"况且，"他忍不住补充道，"你们的画也不够好，经不起成人的审视。"所以你看，竞争对手的存在令手冢很不安。他踱着步，沉浸在与自己的作品截然不同的故事中，越来越焦虑，随后一不小心从楼梯上摔了下来。

他虽然毫发无伤，但这绝对不是一个好兆头。读者的抱怨信纷至沓来，连他自己的助手都在业余时间阅读剧画！手冢陷入了异乎寻常的忧虑之中，而且事态严重到他甚至去咨询了一位治疗师，这在当时的日本几乎是闻所未闻的做法。这位医生告诉他，唯一的治疗方法是给自己放三年假。他听到后恐慌不已。医生随后还冷静地建议他去结婚。等回到自己的工作室，一想到当下棘手的情形，他就愤懑不已。焦虑不安的情绪让他再次从同一段楼梯上摔了下来。

讽刺的是，他的个人低谷期恰逢一个创作上的突破性时刻，手冢的作品开始引起日本战后刚刚起步的动画产业的注意。1958年，日本最大的动画制作公司东映动画找到手冢，提出要以他的漫画《我的孙悟空》为基础，和他合作一部动画片。该漫画于1952年到1959年在一本流行漫画杂志上连载，大部分情节改编自16世纪的中国古典名著《西游记》。这则情节丰富有趣的民间传说讲述了孙悟空的冒险故事，孙悟空是一只具有超能力的猴子，能走路、说话，战斗力比任何人都强（30年后，漫画家鸟山明以同样的神话故事创作了漫画及动画片《龙珠》）。手冢的改编作品深受欢迎。他用迪士尼风格重塑了这位传奇角色，他笔下的孙悟空长着米老鼠般的大耳朵，眼睛大大的，鼻子圆圆的。东映动画致力于吸引日本乃至全世界的儿童，那么将这个角色作为其最新动画电影的主人公，便再完美不过了。

东映动画是当时日本规模最大、最成功的动画公司，成立于1948年，目标是成为"远东的迪士尼"。对手冢来说，他们的提议乍一听似乎是一份理想的工作。早在大学时，他就想成为一名动画师，但1946年一家东京的动画制作公司拒绝了他，他这才将精力转向漫画。实际上，现在东映动画是在给他另一次机会。他将负责在日本（或世界任何地方）制作动画最重要的工作，即绘制分镜。分镜是用连续的画面，一个场景接一个场景地展示和制作的流程。分镜是所有动画制作的核心和灵魂，也是一位艺术家在一个项目里保留其创意特征的宝贵机会。

然而，手冢已经不再是那个渴望得到认可的天真学生了。尽管剧画艺术家的竞争令他颇为苦恼，但他依然是日本收入最高的漫画家，并且遥遥领先。他的日程排得很满，而且一直以来他都习惯按自己的时间表行事，如他坦言，他"没把截稿时间特别当回事"。他迟了几个月才把那几个极为关键的分镜交上去，结果发现制作公司的人因为没能及时拿到分镜，只好在没有他的情况下做出决定，妄自猜测了他的许多创意。

虽然手冢的自尊心可能受到了伤害，可最终的成果却颇受欢迎。东映版《西游记》于1960年首映，深受日本儿童喜爱，其中一位影迷就是7岁的宫本茂。几十年后，他以电影中出现的一头公牛为灵感，设计出了《超级马力欧兄弟》中的大坏蛋库巴这一形象。美国也曾翻拍过这部电影，但远没有它成功。美国版动画电影《西游记》改写了很多内容，去掉了几乎所有的亚洲元素，在西方观众那里收视惨淡，还被收录进1978年的畅销书《有史以来最糟糕的50部电影（以及它们是如何做到这一点的）》里。

东映版《西游记》的成功掩盖了东映动画内部的诸多问题，包括员工长期超负荷工作和工资过低。为了制作这部电影，公司里每个动画师每月都要被强制无偿加班90小时以上才能赶上工作进度。既然现在电影已经制作好了，他们便组成了一个工会，要求管理层改善工作条件。这些动画师在东映动画附近的一家面馆秘密集会，准备了一张包含31条要求的清单，其中包括提高工资、合理安排工作，以及义务加班期间提供食物等。公司答应讨论这些要求，可是经过一年的艰难谈判，工会争取来的唯一让步就是公司允许他们每天下午休息十五分钟。动画师们愤懑不已，1961年12月初，他们进行了一连串的两小时停工，以此向公司施压。

对于动画师来说，这种对峙是头一次，可劳资纠纷在日本并不新鲜。工会在战前有着悠久而传奇的历史，虽然在战争年代遭到当局镇压，但很快得到美国占领军的复兴和推动，他们将有组织的劳工视为一股民主化力量。可这个蜜月期并没有持续太久，为了更高的工资和更好的工作条件，工人们罢工的热情日益高涨，这令军方感到不安。仅1946年就有一百多次罢工。在1947年初的全国性多行业大罢工的前夕，麦克阿瑟将军突然转变策略，全面禁止了罢工。失控的通货膨胀使得工薪阶层在温饱线上挣扎，他们将这个无情的决定视为虚伪的占领者给他们的一记响亮的巴掌：仁慈的解放者的面孔上出现了第一条缝隙。"这算什么民主？"劳工组织者伊井弥四郎这样质问占领军当局,"日本工人不是美国人的奴隶!"

那些在娱乐圈卖命的人也不例外。1948年初,在经历一系列失败的谈判后,东映动画的竞争对手东宝动画的舞台工作人员联合会占领了公司摄影棚。他们要求提高工资和更多地参与出片进度决策,他们一边等待管理层屈于压力答应其要求,一边将电影道具改装成临时武器。特效技术人员准备了油漆弹,电工将降雨设备改成高压水枪,用工业风扇向任何试图破坏罢工的人吹辣椒粉。在这些守卫路障的人中,就有一个叫黑泽明的年轻人。最终,警方出动了两千名防暴警察,在美国陆军第一骑兵团的协助下,才将他们驱赶出去。

即使是13年后的1961年,业内人士对这场代价高昂的鏖战依然记忆犹新。而东映的动画团队几乎没有煽动暴力,停工期间,他们在公司附近的火车站散发传单,指控公司侵犯了他们的人权。然而,即便手段如此温和,这种公开"家丑"的行为还是激怒了东映动画的董事长。12月5日上午9点,他采取了出乎意料的行动:锁上公司大门,禁止动画制作人员入内。

这次封锁持续了没几天,管理层和工会就达成了协议,可伤害已经无法挽回。资深动画师对东映动画公司以及自己工会的妥协失望透顶,开始陆续辞职。一部分原因在于,极少有人相信会发生任何实质性的改变;大部分原因则是东京成立了一家新的工作室的谣言:手冢制作公司动画部,由日益壮大的手冢漫画工作室派生而来。不到一年,这间工作室就更名为"虫制作公司"(Mushi Productions),mushi用汉字写出来就是"虫"字,正好和手冢的名字"治虫"的拼写方式一样——对于一个准备成为成熟动画制作集团身上的牛虻的工作室,这个名字再合适不过了。但是,手冢的平面绘画技巧能通过电视屏幕展示出来吗?这个问题还有待解答。

在东映动画工作的经历令手冢变得更加谦卑。他从那里了解到:人际关系远远比艺术本身更为重要。他后来这么写道:"动画是一项合作性的事业,是许多专家像发条一样齐心协力工作的产物。这里没有独狼的容身之地。"

鉴于此,手冢竭尽所能地打造他所能找到的最有才华的狼群。1961年6月,他在家中车库楼上的一个房间里启动了他的新工作室。他开出的薪水高得离谱,是东映动画平均工资的两到三倍,顶级动画师的工资终于能与其他行业的白领工资持平,他还额外提供了许多令人称赞的福利,比如供应免费午餐和下午茶。这对于长期受苦的动画师来说无异于美梦成真,他们成群结队地从东映动画跳槽来到这里。但是仍有一个令人烦恼的问题:工作室已经成立了几个月,可手头还是一个项目都没有。这里只有对未来的承诺,却没有可做的事情。即便如此,日本顶级漫画家创办动画工作室的消息,还是吸引了公众的关注。手冢接受了数不胜数的新闻采访,他在这些采访中自负地回避了与迪士尼的比较。"他们做的基本上都是儿童文学。"他告诉《周刊公论》杂志的记者:"以迪士尼作为出发点是挺好的,不过我有信心将其发展到更高的水平。"对于一个曾经强烈抨击剧画的成人化主题的人来说,这句话颇具讽刺意味。

手冢所有支出全都是自掏腰包,用他自己创作漫画的稿费和版税——他一直不停地在创作漫画。虫制作公司的第一个项目是一部40分钟的实验电影,名叫《某个街角的故事》,描绘了一个繁华大都市里,所有海报和招牌都活了过来,结果却惨遭穿军靴的士兵践踏。手冢将其视作虫制作公司进入这一产业的敲门砖,并且借此试验一种来自美国的新的动画技术——有限动画(limited animation),即用最少的移动图像以节约成本和时间。其结果无可否认,很时髦,可是节奏慢得出奇,说教意味浓厚,既不适合主流观众观看,似乎也不对专业观众的口味。首映时,电影院里坐着一个名叫宫崎骏的东映动画新员工。他是在大批资深动画师跳槽到虫制作公司后,东映雇来顶替他们的员工之一。他后来写到,这部电影刻意煽情,令他浑身起鸡皮疙瘩。

"从一家不赚钱的公司领工资的感觉很糟糕。"动画师坂本雄作回忆道,

"我们动画部门的所有人会一起出去喝酒,努力想出能赚钱的东西。"电视广告?利润高,可是很无聊。电影?大多数动画师都是从东映"逃"出来的,他们深知制作长篇电影的烦琐和痛苦。最终,他们决定制作一部"电视动画",也就是动画版的电视连续剧。考虑到这个国家现在是仅次于美国的世界第二大电视消费国,而且还有一个先例《大力水手》在前,这个想法其实并没有那么疯狂。1959年,日本东京广播公司(TBS)开始播放译制的美国动画短片。这些短片非常火,小学生会在播出前放下一切,早早冲回家守在电视机前观看。

坂本越来越确定,他们只需要一个故事。《铁臂阿童木》是一个显而易见的选择。每个孩子都知道这部漫画,这是手冢最受欢迎的作品。它面世已经十年有余,依然在更新,情节很丰富,足以支撑起一部动画片。最棒的是,故事情节已经被绘制成分镜了,就在漫画书页上。是的,《铁臂阿童木》就是完美的选择。当坂本和同事向手冢提出这个想法时,后者满怀热情地批准了这个项目。

然而,每周制作一集30分钟动画片所需的资金,远远超过一位畅销漫画家的财力。据手冢估算,每集动画片的制作成本将超过一百万日元。即便使用有限动画技术,也无法回避这样一个事实:动画片制作本身就是一件极费时间和精力的事情。事实上,这就是日本一直以来都没人尝试制作电视动画片的原因,甚至连东映这样的大型公司都没有。而潜在投资者考虑到所需成本,都望而却步。

这种情况下,手冢需要的是一个赞助商。在日本这样一个蓬勃发展的消费经济体中,有许多公司希望看到自己的名字在热门电视剧的鸣谢表里占据显著位置。手冢的名气无人不知,根据像《铁臂阿童木》这么受欢迎的漫画书拍一部动画片,似乎不费吹灰之力。可问题是,企业赞助商习惯了每集制作成本远低于50万日元的真人电视剧。"他们不可能为一部未经测试的剧集投资两倍甚至三倍的资金。"手冢哀叹道。

经过数周的努力,只有一家赞助商表现出了一丝兴趣:一家叫作明治制果的糖果公司。走投无路的手冢承诺每集只要55万日元,并且多出的部分由他自掏腰包。这家公司接受了这个提议,富士电视台也为这部动画片开了绿灯。可是,和他参与东映版《西游记》制作时的经历一样,这个成功对手冢来说是喜忧参半的。"按照现在的标准,不,即便是按照当时的标准,这个数字也太低了。"手冢在他的自传中叹息道。他称这是他职业生涯中犯下的最大的错误。

《铁臂阿童木》的成功证明了日本国产电视动画的可行性,却给未来几十年的动画制作预算设置了过低的上限,这对包括他在内的所有日本工作室都是不利的。日本动画之所以深受欢迎,在于其引人注目的戏剧性姿态、持续的定格画面和有限的动作范围。起初,这些都是不顾一切节约成本的无奈之举,后来才演变为能将动漫与别国文化产品区分开来的关键因素。它们不仅是时尚风潮,还是手冢几十年前所做的那个命运般的决定的直接结果。

1963年,英文配音版《铁臂阿童木》在美国国家广播公司(NBC)电视台首次播出,并被更名为《宇宙男孩》。让美国国家广播公司对《铁臂阿童木》产生兴趣的不是它具有开拓性。他们最喜欢的一点是,它很便宜。任何带有暴力、成人主题或有关日本的内容,都被小心地从作品中删除。在那个时代,如果买家听说这部动画片是日本产的,他会认为这部动画片一定很便宜。为此,"铁臂阿童木"变成了"宇宙男孩",并为后来的进口动画片树立了样板。手冢的漫画《森林大帝》中的主角狮子利奥(Leo)更名为白狮金巴(Kimba the White Lion),炙手可热的赛车手马赫5号(Go Mifune)变成了极速赛车手(Speed Racer),如此等等。美国国家广播公司选用这部动画片并非有什么宏伟的计划。事实上,他们之所以能发现《铁臂阿童木》,纯属偶然。因为当时一位员工在去东京旅行的时候,在酒店房间里无意间看到了一集。

问题不在于日本动画片是否会改变美国人的口味，而在于这些动画片能否以低廉的成本与《摩登原始人》竞争。从这个意义上来看，《宇宙男孩》并非日本动画片里的翘楚，而是单纯被用来试探民意的。美国国家广播公司甚至都没在主频道，而是在更小的地方台播放这部动画片。高管们的想法是：如果到时候搞砸了，至少将损失降到了最低。

然而它并没有惨败。《宇宙男孩》收视率非常高——至少对于播放这部动画片的地方电视台而言是这样。然而一部动画片的成功并不足以改变人们的看法，产业巨鳄们依然认为，日本动画不过是更为优良的美国动画的廉价替代品。这种状况还会持续很多年。战后人们普遍认为，"日本动漫"有时很有趣，但肯定很低劣。生硬、不自然、仓促译制的怪兽电影，例如《哥斯拉》，和与之齐名、成本更低的《加美拉》都是这样的。

《宇宙男孩》最初播出是在秋季，收视率轻而易举地打败了《米老鼠俱乐部》，手冢赢得了属于他个人的胜利。导演斯坦利·库布里克也非常喜爱这部动画片，并写了一封信给手冢，邀请他为自己的一部以2001年为背景的新科幻电影打造视觉概念。同以往一样，手冢的日程安排得很紧，他便回信婉拒了。不过我总忍不住去想，如果加一点属于手冢的视觉和喜剧元素，《2001：太空漫游》将会变成什么样？

☆☆☆

"漫画之神"——漫画迷和评论家现在都这样称呼手冢——是小说家开高健在1964年一篇充满溢美之词的简介中对他的称呼。全然凭借动力和雄心，这位艺术家迅速从一位创作者演变成一位名人。虫制作公司像其创始人一般精力充沛，在不同作品间游走着，1966年在其巅峰时期，这家公司同时为日本观众制作了三部动画片：《铁臂阿童木》《三神奇》《森林大帝》，此外还为《新宝岛》制作了一期特辑，并将《骑士公主》列入制作计划。

然而，外人不知道的是，虫制作公司陷入了严重的困境。问题在于手冢一直是一位富有创意的人，而不是商人。动画是一个由先例主导的行业，他提出以低得离谱的预算制作《铁臂阿童木》动画片后，这就成了行业惯例。如果55万日元对"漫画之神"就够了，凡夫俗子怎么好意思要求更多？更令手冢忧心忡忡的是，受众的品味始终在改变。虽然小孩子对传统漫画的兴趣不减，但青少年却普遍更喜欢

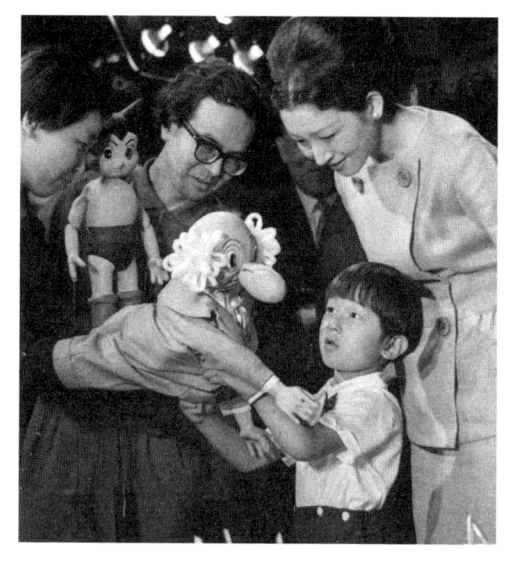

1965年，美智子皇后和年轻的皇太子德仁在参观东京塔时与铁臂阿童木和茶水博士的木偶互动

剧画。到60年代末，周刊漫画杂志中充斥着这种更黑暗也更先锋的故事，连小孩子也开始受到影响。阿童木这样曾经光彩夺目的主人公则看起来越来越过时。虫制作公司被迫削减制作规模，并且在1967年新年前夕结束了动画片《铁臂阿童木》的制作。1968年，手冢终止了《铁臂阿童木》的漫画连载。

值得称赞的是，手冢为与时俱进做出了不懈努力。不过，当他试图通过自己独特的漫画风格来展现更大胆、更成熟的主题时，他创造的那些卡通化的主人公也越来越多地令他的偶像沃尔特·迪士尼感到脸红。"那些可爱的人物在一个个死掉！他们在做爱！"儿童心理学家斋藤环写道，"你不禁想对他说：'先生，这是不是有点过了？'"然而在日本，高雅和粗俗一直是并存的。备受尊崇的19世纪浮世绘画家葛饰北斋，不仅创作了无比经典的《神奈川冲浪里》，还创作了意乱神迷的《渔夫妻子的梦》。在这幅画中，一位女子正在和一只巨大的章鱼做爱。虽然粉丝们接受了手冢所做的探索，但这并没有转化为影响

力。青少年读者和年轻的成年人对他笔下戏剧化的卡通人物并不感兴趣，无论这些人物被置于多么令人脸红的情形中。他们想要的是剧画的世界中粗犷真实的刺激。

其中最受欢迎的是1968年发行的《明日之丈》。这部由梶原一骑所著、千叶彻弥所绘的漫画，讲述了一名来自东京贫民窟的少年犯成长为日本最伟大拳击手的故事。这部系列漫画在日本集体想象中的地位大致与西尔维斯特·史泰龙的《洛奇》在美国的地位相同。这部漫画深受读者欢迎，当主人公矢吹丈的竞争对手力石彻死在拳击场上时，七百多名粉丝齐聚起来，在《周刊少年Magazine》的办公室举办了一场虚拟葬礼。1854年，美国水手举办了一系列拳击公开展览，将这项运动介绍到日本。拳击虽然未能取代相扑在日本人心目中的地位，却在主流社会的边缘悄然流行起来，成为刻画贫民英雄的绝佳素材。表面上看，《明日之丈》只是一个扣人心弦的体育故事，但有心之人也可以将其解读为战后日本艰辛历程的隐喻，或是奋力拼搏、冲破社会体制枷锁的劳动者的寓言。《明日之丈》使用风格粗犷的笔触，描绘拳击训练和比赛时汗流浃背、血腥残暴的场面，人物形象与手冢笔下优雅可爱的人物形象截然相反。

越来越多的年轻人将漫画作为一种休闲方式，部分原因在于漫画作品的深度和质量。日本艺术家不受《权威漫画准则》之类的限制，他们一次又一次地突破极限，使漫画和剧画成为最具活力的插图艺术形式。但漫画之所以深受欢迎，还因为在那个时代的东京，经济拮据的工人或学生可以做的事情不多，这座城市的娱乐活动远比现在局限。便利店、电子游戏机、卡拉OK厅等廉价娱乐方式在几十年后才出现。尽管大众媒体吹嘘"彩空汽"（彩电、空调、汽车）已经深入寻常百姓家，但是现代生活的神圣三大件，远远超出了穷学生和搭就业火车来到大城市、身无分文的年轻工人的经济能力。1968年的一项调查询问了年轻人在过去三个月里是如何度过空闲时间的，其中排名最高的是"阅读",其次是"在家喝酒"。他们"阅读"的很大一部分是漫画,尤其是剧画。这些年轻人被困在快速发展的消费社会之外,其中有许多人开始在他们的休闲生活中增加另一种消遣——街头暴动。

1960年《新安保条约》的通过,对强烈反对该法案的运动造成严重打击,其间曾闯入国会议事堂的学生抗议团体全学联因受到怀疑和反控,最终分裂为相互敌对的派系。这些小团体由于缺乏最初引发抗议运动的那种团结一致的使命感,在20世纪60年代初期经历了成员的大量流失。1964年抗议美国核潜艇进入横须贺港的活动只吸引了为数不多的学生激进分子。而到了1965年,在一项关于"学生最喜欢哪些大学生活"的调查中,大多数人的回答都是"社团和个人爱好",只有1%的人是"参加学生运动"。

然而,那个时代的学生有一种越来越强烈的挫败感。他们从小被父母老师教导要学业优异,为了通过名校的升学考试,他们不眠不休,挑灯夜战。但是,他们的期待却落空了,婴儿潮导致入学人数激增,大学的服务水平超出了极限。他们不得不去参加"大型讲座",挨肩擦背地坐在拥挤的教室里,听着从扩音系统传出的声音冰冷、千篇一律的讲座。学生们对此怨声载道。等到终于毕业了,他们发现,找到一份白领工作几乎是不可能的。"我们抱着很高的期待进入大学,最终得到的结果却极其低劣。"一位激进分子写道,"学生人数激增,使得大学毕业生的地位大大降低,大学毕业再也不能保证能在大公司就业。"这一切意义何在?

随着这种不满情绪不断发酵,一场新的青年运动开始逐渐成形。

这场运动的导火索是1967年8月的一起戏剧性事件。一列装满美国军用喷气机燃料的油罐火车在新宿站外爆炸。激进分子从中看到自己的国家与美国勾结,染指美国在东南亚的战争。两个月后,一个全学联派系袭击了羽田机场，试图阻止首相佐藤荣作访问西贡[1]。一支大约两千人的学生队伍，头戴建筑头盔，手持建筑木材当作武器，在通往机场的街道上与全副武装的防暴警察相持不下。当局试图控制局势，最终300人被捕，700人受伤，1名抗议者丧生。

晚间新闻以绚丽的色彩播放有关这场暴力的种种画面，激励新一代年轻人去参加政治集会。随着各派系成员数量激增，先前敌对的派系结成同盟，再次团结起来。1968年夏天，来自东京大学和日本大学的学生组成一个新的组织，他们将其命名为"全京都"（"全校联合抗争委员会"）。同年10月21日，一万名工人和激进学生联合起来，在东京新宿站游行，他们占领了火车站，致使所有列车停运3个小时。当局根据搁置已久，并在之后引发巨大争议的《公共秩序法》，派出了3000名防暴警察，将抗议民众驱逐出车站。旁观者自发加入了这场越发激烈的对抗，最终，抗议民众的规模扩大到两万人。他们将玻璃砸碎，将长椅撬起，向警察扔砖块，纵火焚烧车辆。七百多名抗议者被抓捕入狱。这就是著名的"新宿骚乱"。

事实证明，那些幻想破灭的年轻大学生为各派系招募新成员提供了肥沃的土壤。在西方，年轻的激进分子喜爱民谣和摇滚，但在日本却不是这样。即便买得起吉他或唱片，由于住宅拥挤——20世纪60年代的城市住宅经常被称为"兔笼"——一般不能在私人空间里演奏或听音乐。许多激进分子喜欢左翼歌曲，比如在集会和"歌声吃茶"店（一种大家一起唱歌的饮食店，卡拉OK厅的前身）里高声齐唱《国际歌》。然而，对于普通日本年轻人来说，他们这代人的脉搏不是跟随音乐节拍而动，而是跟随漫画书里的格子而动。

---

[1] 越南胡志明市旧称。

"新宿骚乱"期间,火车站台变成了战场

当时的社会对此并非一无所知。小说家三岛由纪夫说:"全学联里的年轻人从白土三平的剧画中发展出了他们的革命运动。"早稻田大学学生报上刊登的一则标语更为简明扼要:"右手《朝日新闻》,左手《周刊少年Magazine》。"1968年,全学联领导的学生团体控制了东京大学和日本大学的建筑,并设置路障,阻止官员和警察进入,他们长时间被困在这些临时堡垒中,依赖漫画书解闷。"因为人们普遍认为漫画是小孩子看的东西,所以当学生们在路障后看漫画的报道传出,人们惊讶不已。"社会学家小熊英二写道,"参与暴动的学生甚至将漫画人物用作吉祥物,它们出现在标语牌和传单上,甚至被激进分子画在头盔上,由此可以判断出他们属于哪个派系。"抗议者们直接受童年时代动画片和电视剧里的英雄鼓舞,认为自己是好人,正在与邪恶力量进行史诗般的战斗。

这场占领始于医学院学生抗议实习期工作条件的游行,很快演变成一场更为广泛的运动，他们欢迎任何人用斧头砸碎现有制度。这场占领一直持续到1968年底，在此过程中得到了大量媒体的报道。受其鼓舞，在日本各地数百所大学和高中里也出现了类似的抗议活动。充满激情的年轻大学生奋起抗议，最初引发了还在为新安保事件愤愤不平的新闻界和公众的同情，但由于这些激进分子没能提出任何可行的要求，公众情绪迅速恶化。"我们占领校园后，只关心占领的合理性。"一位全学联成员坦言道。动画导演押井守当时正在上高中，也是一位激进分子，他更为直截了当地表达了当时抗议者的普遍感受，"我们才不在乎马克思主义哲学，我们只想毁掉一切。"他在2016年说。

这场运动不可能再继续下去了，事实上它也没有继续。1969年1月，八千多名防暴警察向东京大学的路障挺进，学生们朝他们扔燃烧瓶、装满硫酸的瓶子，还有从被占领建筑物上撬下来的大块混凝土。警察用消防水管和催泪瓦斯还击。整个围击持续了10个小时，最后，370名学生被拘留，而这所大学的大部分基础设施被夷为废墟。骚乱发生之前，执法部门在校园里一向小心行事，担心遭到市民和政府的强烈反对。现在，政府匆忙通过叫法委婉的"大学管理法"，警方在镇压校园骚乱方面拥有更多权力。校园暴动的失败促使政治运动里最狂热的那些信徒开始采取越来越极端的行动。1969年9月，一个自称"赤军派"的激进组织正式向日本宣战。

☆ ☆ ☆

1970年3月，八男一女在羽田机场登上了飞往福冈市的日本航空公司航班。飞机起飞后，这9个人从座位上站了起来。他们拔出隐藏的武士刀，拿出偷偷带上飞机的管状炸弹，劫持了飞机，用绳子把乘客绑在座位上。劫匪首领田宫高麿27岁，最小的成员只有17岁。机上共有129名乘客，飞机在福冈降落后，劫机者只释放了几名乘客。随后，他们强迫飞行员设定了飞往朝鲜平壤的航线，然后意外地在首尔做了停留，在那里释放了剩余的人质，最后飞往朝鲜首都平壤。他们计划从平壤飞往古巴,在那里接受训练,以便回到日本后发动暴动。

讽刺的是,这次事件的策划者盐见孝根本没有登上飞机。在劫机事件发生的两周前,警方逮捕了盐见,于是田宫不得不代替他领导了这次袭击。就在田宫和其他8名袭击者登机前,他向一家报社寄出一封信,声称为这次劫机负责。在信的末尾,有一句晦涩的宣言:"永不忘记,我们是明日之丈。"盐见在一所日本监狱度过18年后,公开发表了一本回忆录,他在这本回忆录中回想了这个团体所受的影响。"我们确实读了很多漫画。我们喜欢《周刊少年Magazine》《周刊漫画Sunday》,《明日之丈》和白土三平的《忍者武艺帐》是我们一直以来的最爱……可以说我们这些学生代表着剧画世代的开始。"

盐见因为参与这次的劫机事件而被判入狱18年。但他其实是幸运的那一个。仓促之下,劫机者除了劫持飞机之外,并没有更为深远的计划。朝鲜和古巴都不知道他们的意图。朝鲜当局允许这9个人入境,倾听了他们的计划,随后立即将他们拘禁。其中一人曾试图逃脱,结果丧命;另外两人逃了出去,可回到日本后,立刻被判处长期监禁;其余的人则在这个国家度过余生。

劫机事件发生后的那个月,虫制作公司发布了最新作品,这是他们制作的第一部不以手冢治虫漫画为原型的动画片。这部动画片的原型是《明日之丈》。

在劫机事件发生前,这个项目就酝酿了好几个月,工作室里的一些年轻新锐画师希望虫制作公司出品的动画片能够更加现代化,因而想出了制作这部动画片的点子。《铁臂阿童木》意外成功后,又有许多其他动画工作室出现,虫制作公司费了九牛二虎之力才在这个竞争日益激烈的市场争取到一席之地。为了生存,工作室另辟蹊径,转向了色情动画,于是就有了1969年的《一千零一夜》和70年代的《克娄巴特拉计划》——后者还曾与《怪猫菲力兹》争夺"美国上映的第一部X级动画片"的地位。尽管耗费高昂,但这两部色情动画最终都失败了，使工作室陷入严重的赤字。

在一般人来看，自己的工作室去为竞争对手最热门的作品《明日之丈》制作动画片，无疑是一种背叛。但在工作室团队努力制作《明日之丈》的过程中，素来争强好胜的手冢最多只是无视他们的存在。动画片播出期间，手冢卸下了公司董事长的职务，全心投入他的漫画工作。1972年，就在这部动画片最后一集播出后不久，主要制作人员离开虫制作创办了自己的公司——Madhouse。《明日之丈》的成功没能帮虫制作摆脱债务，1973年工作室便宣布破产。《宇宙男孩》在美国的播出结束后，美国国家广播公司本想返还底片，谁知虫制作的社长凑不够钱支付运费，所以这些底片最终被销毁。

1989年，手冢因胃癌逝世，年仅60岁，整个国家都为这位"漫画之神"的故去哀恸不已。唯一一个不同的声音来自宫崎骏，当时他仍沉浸在动画电影《龙猫》在主流群体里取得的成功之中。他在一份言辞犀利的悼词里宣称："在动画方面，手冢先生所讨论或强调的一切都是错的。"这部分是指手冢为了加快制作过程而在艺术方面所做的妥协，比如有限动画技巧，不过他说的主要还是手冢所开的超低预算的先河。这一重大决定的余波至今仍在动漫产业中回荡。为一部动画作品画"关键帧"的资深原画师能够凭借才能获得高额收入，而因为早期所开的低预算先河，画"中间帧"（填充关键帧之间的动作所需要的许多静止帧）的普通动画师，每帧收入只有几百日元。2019年的一项研究表明，二十出头的动画师平均月工资只有12.88万日元（约合1100美元）——可以说是薪资微薄了。

尽管公众对手冢赞誉有加，但毫无疑问，一般意义上的大众漫画，或者说整个动画产业，主要还是归功于剧画的灵感，而非手冢所开创的插图叙事风格。然而一直以来，手冢从未放弃过，也从未停止改进。作为一位技艺纯熟且灵活多变的艺术家，他的后期代表作吸纳了剧画的艺术风格和叙事方式，产生了强烈的效果，比如1973年的热门漫画《怪医黑杰克》，这部漫画连载了10年，以粗犷的画风讲述了一名江湖医生的故事；还有讲述时空穿梭的佛教题材史诗《火之鸟》，手冢将这部连载超过20年的漫画视为自己的最高艺术成就。尽管漫迷们可能觉得他创造的传统角色过时了（比如1980年电视台重播彩色版《铁臂阿童木》，得到的评价远不如原版），但从长远看来，这些角色为另一个新兴行业铺平了道路：以可爱的kitty猫和其他角色为特色的新兴儿童用品市场。我们将另辟章节讲述这个故事。

很难想象，如果没有手冢，我们今天看到的动画或漫画将会是什么样的。手冢是日本第一个蜚声国际的内容创造者。多年来，手冢的对手层出不穷，由此可见他创造力的强大，可见漫画对促进日本全新创意阶层出现所起的不可估量的作用。年轻人选择通过漫画和动漫表达自我，使得这些艺术形式超越了娱乐——对这些年轻的局外人和反叛者来说，这是一种新的身份认同。正如我们将会看到的，在未来的数十年里，虽然日本年轻人的反叛方式会发生变化，但无论是在日本国内还是国外，体制外的青年将持续性地选择漫画作为他们的表达媒介。

那么，有人可能会想：当这一切发生时，成年人都在做什么？答案很简单：他们在唱歌。

第三章

全民皆明星

——卡拉OK机1971

"地狱挤满了音乐爱好者。"

——萧伯纳

1971年一个闷热的夏夜，一群音乐人聚集在神户红灯区的一个会堂中。他们不是来练习或表演的，他们来这里，是因为他们愤怒不已。这是神户音乐艺术家协会三宫分会的紧急会议。三宫是港口城市神户夜生活的中心，方圆一公里内街道小巷纵横交错，密密麻麻地分布着大约四千家喝酒的场所，大到富丽堂皇的歌舞厅，小到逼仄的地下酒吧。

这次会议的召集人是一群叫作hiki-katari的音乐人。这个词的意思类似于"弹唱乐手"。他们是专门提供付费伴唱服务的自由音乐人，会根据客人的歌唱能力和清醒程度，随时调整自己的演奏。这并非神户特色，其他地方也有专门的伴唱音乐人。在许多城市，叫作"那卡西"（nagashi，字面意为"漂泊者"）的流动艺术家周转于酒吧之间，提供伴唱服务。神户的特色是，那里的弹唱乐手通常以乐队形式演奏，会与一家酒吧签约，固定在那里演奏一晚、一周，或是一个月，以吸引顾客。

今晚气氛紧张。弹唱乐手认为他们中间出现了一个叛徒，他们要讨公道。他们愤怒的目标是一个名叫井上大佑的男人，或者更准确地说，是他发明的一个装置。这个装置叫作8-Juke（八声道点唱机）。这是一个方形的自动售货机，大小正好适合放在吧台上。不过它卖的不是食物或饮料，而是歌曲：投币后会有伴奏音乐响起，顾客可以对着与之连接的麦克风哼唱。在过去的几个月里，井上大佑在三宫大大小小的小吃店和酒吧中投放了8-Juke。这种点唱机深得顾客喜爱。听到自己的声音伴随着喜爱的曲调从扬声器中发出，这给人一种前所未有的新奇感，令他们乐此不疲。

井上不是工程师，也不是工匠，他勉强上完职业高中。他让一位做电工的朋友按照他的设计，制造了这些装置。不过，他很了解自己的对手，因为他也是一位弹唱乐手。事实上，他是行家里手。当地顾客称他为"伴唱博士"，因为他拥有魔法般的能力，能够跟得上他们酒后唱的歌。他发明这种装置纯粹是为了解决一个问题：他很火，因而不得不推掉一些私人演出。这不仅影响了他的收入，也得罪了他最忠诚、最有钱的顾客。对井上来说，8-Juke 帮了他一个忙，作为一个电子替代物，无论何时有人想唱歌，如果他去不了，这个机器就能派上用场。而其他弹唱乐手却有不同的看法。对他们来说，井上的机器是个怪物，像动画片《幻想曲》中"魔法师的学徒"一段中的魔法扫帚一样，在三宫的酒吧中猛增。在其他弹唱乐手看来，顾客往这些机器中投的每一日元，都是从他们的口袋中偷走的。

"你是想让我们失业吗，浑蛋？"在场的一位弹唱乐手叫嚷道。和多数深夜在红灯区工作的人一样，井上是对付粗暴顾客的老手。他在各种场合演奏过，无论是豪华的卡巴莱夜总会，还是脱衣舞厅。有一次，井上甚至在后台躲开了两个年轻黑帮成员的袭击，他们因为对一位脱衣舞女动手动脚被赶了出来，随后去后台对人们大打出手。他敬畏地看着一个乐手抄起沉重的将棋棋盘，向一名袭击者的头砸去。那晚他们都被拘留了起来。相比之下，一群愤怒的音乐人又算得了什么？他默默地忍受着辱骂，耐心等待着时机。

井上算不上什么音乐神童，完全是自学成才。31岁的时候，他仍然只能用大拇指和另外两根手指弹奏键盘。不过，他是一个工作十分努力的人，也能坦然接受自己的不足。他热爱表演，从未做过，也不想做其他工作，他自始至终一直在神户夜场演奏。在上高中时，他曾是一名后备鼓手，后来自学了颤音琴和电子琴——最早的电子乐器之一。他不会识乐谱，却硬是记下了上百首歌曲。他没有接受过任何正规的音乐训练，而是以和气、可靠弥补了这些不足。和三宫的许多其他表演者不同，他不喝酒——呃，不喝太多，嗯，通常不喝太多，他也不碰毒品，也许最为重要的是，他全心全意地接受了自己表演的商业性的一面。他知道音乐就是金钱。

因为这些，井上掌握了有关弹唱乐手的一个关键事实，即他们的技艺只部分地与音乐才能有关，他们的真正目的是让唱歌的业余者自我感觉良好。如果只是低头看乐谱，像一个训练有素的音乐家那样尽职尽责地演奏歌曲，就会迫使唱歌的人努力赶上他们的专业水平。井上在乐谱上的无知解放了他的眼睛，令他得以察言观色，帮助客人演唱。

井上突然从椅子上起身。

"我们是音乐人。"他大声说道，"我们可以调整演奏，适应每一个顾客，量身定制！就因为一台每次都以同样的方式播放伴奏的愚蠢的机器，你就乖乖等死吗？"

沉默许久，一位音乐人突然开口："是呀，让机器去死吧。"

其他人纷纷点头，表示同意。看来，卡拉OK还会活下去。

☆ ☆ ☆

1967年至1972年，卡拉OK机在日本被独立发明了不下五次，每一版本似乎都是由创造者在不知道其他人作品的情况下拼凑而成的。

跟着伴奏唱歌的概念并非日本独有。弗莱舍兄弟备受喜爱的卡通片《银幕歌曲》于1929年首次在美国影院上映。20世纪50年代，纽约一家叫作"音乐减一"的唱片公司，出售由音乐专业学生录制的专辑。从1961年到1964年，美国国家广播公司播放了一档叫作《和米奇一起唱》的热门节目，这档节目邀请观众在家中参与其中。最早的卡拉OK机的机械"内脏"——八声道磁带录音机——不是日本技术，而是美国技术。

对那卡西和弹唱乐手之类的真人伴唱艺人来说，卡拉OK机甚至不是最早与他们提供的服务相竞争的机器。最早的应该是投币式自动点唱机，这也是舶来品。美国军队最初将自动点唱机带入日本，到了20世纪60年代，在任何一家卡巴莱夜总会、俱乐部、酒吧，或者咖啡馆，你都能见到点唱机的身影，各类唱片琳琅满目，顾客越来越喜欢外国音乐文化：法国的香颂音乐，美国的爵士乐、民谣、灵魂乐，英国的摇滚乐。这些不仅仅是乐曲：索尼创始人盛田昭夫称，军人带来的音乐无异于"经过多年的思想控制和军事制裁后，自由民主的理念在这片异常肥沃的土地上生根发芽"。个别高端的自动点唱机甚至包含内置麦克风，不过这些麦克风似乎是用来主持的，不是用来唱歌的。不管怎样，自动点唱机都属于价格高昂、需要不断维护的复杂物件，因而在当地催生了一种提供租赁维修服务的公司，其中有几家发展成为日本最大的街机游戏制造商。世嘉、太东、科乐美等行业巨头都是出售和维护这些大型音乐器材起家的。

根据这段历史，似乎不管怎么说，美国都应该是创造出第一台伴唱装置的国家。然而率先做到这一点的却是日本，此举深深改变了这个国家乃至世界歌唱的方式。

为什么如此多的日本人这么专注于创造一台自动伴唱机呢？人类学家可能会细数歌唱在传统生活中所扮演的不可或缺的角色。这个国家的创世神话里，就有太阳女神——天照大神——被喧闹的歌舞声引诱出来的故事。文化历史学家可能会指出，公共歌唱活动在日本的普遍性：1946年1月，战争结束几个月后，日本NHK电视台举办了第一届战后歌唱比赛，这场类似于"日本偶像"的赛事吸引了九百多人积极参与。日本，无论那时还是现在，都是一个全民共享歌曲的国家，那里有夏日祭和民谣，有学校校歌和公司司歌，还有年底的音乐秀"红白歌会"——这档节目于1953年首播，每逢新年前夜，日本几乎家家户户都在观看。

但是，卡拉OK机在日本，而非其他地方被发明出来且足足五次的真正原因，其实可以用一个词来概括——"工薪族"。

工薪族是从英语借用的混合词，指的是日本人口中的"领月薪的公司职员"。在第一次世界大战前，这个词由知识精英首次提出。19世纪种下的现代化种子开花结果，使日本成为亚洲第一个经历工业化的社会。在战争爆发之前，公司职员只占日本劳动力的一小部分。在这样一个以农业、服务业和蓝领工人为主的国家，他们的形象令人向往。几十年后，当"二战"结束，日本帝国日薄西山时，建设一个民主的新"日本有限责任公司"的重担，便落在了工薪族的肩上。

知名导演小津安二郎对工薪族做了最早且最著名的刻画。在其1956年的影片《早春》中，小津安二郎巧妙地捕捉到了这种陌生的新中产阶级生活方式的百无聊赖。数不胜数的男人，西装革履地站在拥挤的地铁站台上，准备迎接单调乏味的办公室工作，每晚只能通过喝酒唱歌解闷寻乐；而女性要在二十五岁左右时放弃事业、照顾家庭，她们在家中做着单调乏味的工作，早早起床为还在梦乡的丈夫准备早饭，晚上迟迟不睡，为的是等她们的男人到家后，好端上一碗准备好的茶渍饭——一种日本经典的安抚心情的食物。下班后，工薪族几乎被强制去与同事应酬，他们来到居酒屋吃饭、借酒浇愁，跟着旧时军队进行曲和节日颂歌的节奏，一边拍手一边齐声歌唱，直到夜色深沉。这里是将唱歌当作了一种增进集体感情的方式。

即使在20世纪50年代后期，抗议活动破坏日本社会秩序的时候，工薪族仍受到人们尊敬。日本的反主流文化运动与美国的反主流文化运动有所不同。毫无疑问，这些抗议活动都具有反战成分：50年代的朝鲜战争和十年后的越南战争。但是，即使是60年代末70年代初，动乱处于高峰的时候，在日本大学筑起路障的学生激进分子中，也有相当数量或者更多的人，他们想推翻体制，不是因为憎恨它，而是因为感到自己被排除在外。很能说明问题的是，在60年代和70年代"学生长大后想做什么"的调查中，"工薪族"总是排在前三位。但是存在一个问题：战后婴儿潮导致男孩太多了，职位不够用。从20世纪60年代中期开始，有大量优质人才从大学毕业，导致大学毕业生越来越难在好公司中获得梦寐以求的职位。而获得一份这样的工作十分难能可贵，因为工薪族退休后几乎都报偿丰厚，且凭资历加薪。裁员几乎闻所未闻。60年代末的大学生克服重重困难，经受了种种"考试炼狱"进入各级学校，为的就是赢得一张实现日本梦的车票，可发现火车已经驶离车站，他们因此受到沉重打击。

　　正如美日反主流文化运动不同，美国商人与日本工薪族也不一样。当然，美国公司重视员工对公司的忠诚，同事间喝酒应酬也不少。不过，美国人会更多地看重独立，这种独立从他们离开家门那一刻就开始了。一般美国人不会乘坐拥挤的地铁，而是开私家车上班，也许就是一辆有着华丽镀铬、启发了小菅锡制玩具车的凯迪拉克，并且很可能拥有一间属于自己的办公室——如果他是在"三杯马提尼酒午餐"[1]时代一步步爬上了公司管理层的人的话。对于当时的美国高管来说，工作时间喝酒是很平常的事情。

　　相反，日本工薪族则不得不在开放的空间办公，一举一动所有人都看得见，他们就是一台大机器上的螺丝钉。尽管日本公司也看重员工的才能，但更重视他们遵守规则的能力——正好适合一切看资历而不是看个人成就的体制。在集体努力面前，个人的主动性黯然失色。这就是为什么每天早上有那么多公司让员工一起做操——随后可能还会齐声高唱一两段鼓舞人心的公司司歌。是的，任何值得一提的公司都有自己的司歌。不过，公平而言，那个时代有不少外国公司也是如此。你不妨在下次开机时，试着用浏览器搜索一下IBM的司歌《永远向前》。

　　1969年，一部为日本观众制作的新闻短片描绘了这个时代的景象。"看啊，这些高楼大厦象征着这些人的成就。"镜头闪过东京闪闪发光的街道上由混凝土和玻璃建造而成的摩天大楼，旁白用严肃的声音解说道："像蜜蜂一样勤劳！像绵羊一样温顺！这就是他们的成就。"这部新闻短片是为了赞颂全国上下公司职员的共同努力，不过从现代的角度来看，似乎没有太多值得赞颂的理由。身着制服的工作人员，将成群结队的上班族强行塞进拥挤不堪的东

---

[1] Three-martini lunch，指20世纪50—70年代，在美国汽车及金融行业普遍流行的一种可以饮马提尼酒的午餐形式，当时的人们在用餐后还会休息一到两个小时。

京地铁车厢中，后者随后拥入市中心的办公区。在一家电子公司里，公司通讯会每月点名通报迟到的员工，对其公开羞辱。在一家化妆品公司里，新来的年轻员工高喊着公司口号，穿着衬衫、系着领带的他们，在像伞兵跳伞一样被派出去跑业务前，会被支使去擦厕所。在一家汽车制造公司，销售人员领到最先进的"pocket bell"——美国发明的新式袖珍寻呼机的日本叫法，这些寻呼机通过"牢不可破的无线电波"将他们与办公室捆绑在一起。这样的一天结束之后，所有人拖着疲惫的身体回到他们位于团地住宅区的家中，团地是为缓解东京严重住宅危机而仓促建造的沉闷的高层住宅楼群。

尽管六七十年代的工薪族勤劳如蜜蜂，温顺如绵羊，他们的生活还是很艰苦，他们的价值在很大程度上取决于能承受多少痛苦，比如工作时长、熬夜时间，下班后和同事灌下的啤酒数量，以及深夜醉醺醺地唱歌的数量。工薪族的工作从不会因为工作日的结束而结束。

下班后和同事或客户一起放松，被视为工作职责的一部分，这样做既是为了业务，也是为了释放压力。这种时候发生的事情绝不会外传，无论是吐槽上级或客户（这是在办公室内绝不能做的事情），还是不计后果地溜进美其名曰"土耳其浴室"的妓院。他们将这种时候称作"nomyunication"——将"nomu"（日语中的"喝酒"一词）和英语单词"communication"（交流）俏皮地合在一起。随着工薪族在五六十年代壮大，一整套娱乐业系统应运而生，为他们提供支持。

居酒屋和酒吧无所不在，顾客们在里面可以自顾自喝酒，不过也出现了许多新型饮酒场所，在这些地方生意人可以通过音乐与同事和客户联络感情。最为讲究的歌舞厅会提供精心编排、有管弦乐队伴奏的舞台表演——特别适合来东京谈生意的客户，能让他们大开眼界。更为私密的女招待俱乐部则昂贵而清静，能与年轻美女单独相处，这些女孩受过专业训练，如果谈话进行不下去，她们很擅长用闲聊来活跃气氛。对于那些独自买醉的人，"小食"无处不在，因为相关法律规定，酒吧必须在午夜时打烊，所以酒吧会提供一些最简单的食物以绕过这样的规定。在这些廉价酒馆中，顾客隔着吧台与经营酒馆的老板娘说笑——这些老板娘通常是女招待出身。当有那卡西出现时，他们偶尔会跟唱，然后回到家中，周而复始。

也许真正的问题不是为什么卡拉OK机最早是在日本发明的，而是卡拉OK机是否可能在其他地方被发明出来。

井上大佑是卡拉OK机最为人所知的发明者，但他并不是第一个。在东京一个阳光明媚的秋日，我坐在第一个发明者的厨房中。他的名字是根岸重一，我通过一个叫作"全日本卡拉OK实业家协会"的组织找到了他。这样的组织对我来说本该不足为奇，可当时的我却倍感惊讶。我本以为，当我推开他们办公室的门时，会打断一个卡拉OK派对。可事实是，里面和日本任何一间办公室一样：开放的办公空间，摆满书的书架，身着商务套装的男男女女坐在各自的办公桌前，低声打着电话。只有从墙上挂着的卡拉OK设备供应商和行业贸易活动的海报，才能看出这是一个卡拉OK实业家协会。我和相关人员交换名片，并解释了我的到访目的后，他们打了几通电话，帮我做了介绍，并为我写下地址。我就是这样来到这里的，和第一个构想出卡拉OK机概念的人一起饮茶。

"实业家"一词让人脑海中浮现留着小胡子的老式资本家的形象，至少体格健壮、留着小胡子的根岸看起来确实如此。他已经95岁了，看起来却很年轻。虽然我们只是在位于日本郊区的他家厨房里见面，他还是特意穿了一套干净利落的灰色西装，系黄色阔领带。他笑容可掬，风趣幽默，不过他的听力不好，只有这一点让人察觉出他确实上年纪了，也许是从事这个行业的危害。

1967年，44岁的根岸在板桥区开了一家小工厂，就在他现在的家隔壁。

这里位于东京西北郊,地处偏远,住宅区和工业区混杂,宁静到几乎没什么夜生活,乍一看似乎不太可能成为娱乐创新的诞生之地。今天,因为有高速铁路和地铁线贯穿城市,板桥看上去似乎没有多偏僻。然而过去并非如此,19世纪时的板桥几乎就是乡下。由于地理位置远离城市中心,这个地区被选定为日本首家现代火药工厂的建筑用地。在之后的几十年里,它作为军事制造中心悄无声息地蓬勃发展。1945年,美国《战争周刊》杂志称,用B-29轰炸机摧毁"板桥军火库"是毁掉了"日本前线战争机器后方可能最为重大的项目"。

日本投降后,许多曾在这里工作的工匠、化学家和工程师留在了此地,其中一些人还开办了自己的新企业。五六十年代期间,他们用自己的专业技能,将板桥从生产战时军备的地方,变成了一个微型硅谷(更确切地说,是"晶体管之谷")。在板桥,为有品牌的大公司生产消费电子产品的烦琐工作落到了无数小承包商手中。一个产品也许表面出自松下或索尼,但很可能是在这里组装的。在众多这样的公司里,有一家就是根岸的日电工业株式会社,这家公司雇用了约80名技术人员和工程师。1967年,根岸重一设计出Sparko Box时,日电工业正在为一家大型音响公司组装八声道车载音响。

这款八声道磁带录音机是由福特汽车公司、美国广播唱片公司、里尔喷气飞机公司和摩托罗拉等财团共同打造的,1964年面世时,代表着最新的汽车音响技术。在此之前,在移动的车辆中听录音的唯一方法,是使用专门的汽车唱机——高速行驶时非常危险,道路颠簸或气候恶劣时更是如此。而八声道磁带录音机中的0.25英寸磁带,因为缠绕在坚固的塑料盒里,所以不会受到撞击和颠簸的影响。尽管以现代标准来看,这种磁带录音机四四方方的(5英寸长、4英寸宽,一本平装书大小),看起来有些呆板,但它却改变了人们听音乐的方式。这些磁带不仅音质稳定,而且有八条音轨,能容纳80分钟的音乐,是普通黑胶唱片的两倍。还有一个好处:磁带可以无限循环,不需要翻面。这让背景音乐变得唾手可得。

根岸特别心灵手巧，获得过各种专利：车间流水线传送带，可折叠的音箱，改良版的"标识弹"——用来射击盗贼，在他们身上留下染料印迹。他甚至一度涉足漫画角色周边产品。20世纪60年代中期，他前往虫制作公司，洽谈生产铁臂阿童木造型的袖珍晶体管收音机的权利。在和授权部门负责人谈判期间，他得以参观工作室。当看到在顶楼开放式阁楼里工作的手冢，使用新型绳索滑轮装置，将未完工的漫画放下去让自己的助手完成，他感到非常不可思议。手冢将自己的艺术制作进行工业化，给根岸留下了深刻的印象。

根岸最喜欢的放松形式是唱歌。他每天早上都会听一档十分长寿的广播伴唱节目，节目名字直截了当，叫作《无歌词流行音乐》——一种通过广播播放的全国性卡拉OK。一天早上，日电工业的总工程师在进办公室时，听到根岸在低声哼唱。他们就此开了会儿玩笑，根岸说，他因此萌生了制造卡拉OK机的想法。

"我问工程师，"他回忆道，"'我们能不能将麦克风接到那种磁带录音机上？这样我就能在听《无歌词流行音乐》时，听到自己唱歌的声音了。'他告诉我：'小菜一碟，老板。'"

三天后，根岸在自己的办公桌上看到了他想要的东西。这位工程师将麦克风和混合电路连接到一个多余的八声道录音座上。这些裸露的零件看起来像是一位疯狂科学家实验室工作台上的东西。根岸打开这个装置，插入一盘30年代金曲《无情的梦》的伴唱磁带。他的声音伴随着音乐，从音箱中传出——这是人类有史以来的第一首卡拉OK歌曲。"效果很好！这就是我想要的东西。最重要的是，很好玩。我立刻明白，自己发现了新东西。"他让工程师为这个装置做了一个外盒，再附加一个现成的硬币计时器。他立即明白，这个东西有市场潜力。

他将这个"新生儿"称为Sparko Box（字面意思为"闪亮的盒子"），是因

根岸和他光彩夺目的 Sparko Box 合影

为最终完工时它是个立方体，每一面长、宽各约一英尺半，边缘镀铬，外壳就像20世纪60年代小吃店柜台上看到的，是那种米色的、类似富美家防火板的材料，上面有一个用来放磁带的长方形开口，周围是控制音量、平衡和音调的旋钮，侧边是麦克风插孔和一百日元投币口。这台机器的名字源于根岸的另一样发明：他将正面的板子设计成波纹状的半透明塑料板，里面是随着音乐节奏闪烁的彩灯。

但目前为止，他手中只有这个疯狂科学家风格的原型机。那天晚上，他就将这些零件带回家，打算给妻子和三个孩子一个惊喜。他们一个接一个，轮流跟着磁带唱歌。正当我和根岸讨论时，他的女儿来看他——当时她正在上中学，她还记得当听到自己的声音和音乐一起从扬声器中传出时，有多么惊讶和激动。根岸在他的厨房里举办了世界上第一场卡拉OK派对，这确实是一个意义重大的时刻。以现代标准来看，这个派对非常简陋，只有一个唱歌的人、一盘磁带，没有任何修音、变调、字幕，也没有我们今天唱卡拉OK时习以为常的辅助功能。很快，根岸就会印刷歌词本了，人们可以在唱歌的时候查看上面的歌词。目前，这台机器仍然只是由一个磁带录音机、一个扩音器、一个扬声器和一个麦克风组成。然而此时此刻，就在这间厨房里，有什么正在悄悄改变。自此，将自己的声轨加入音乐背景，已经不再是专业歌手的专利。

根岸经营的是工厂，至于客户，那是大公司需要操心的事。他没有亲自向消费者推销产品的经验和设备。和他的其他发明一样，这次，他也找了一个经销商。与此同时，他还联系了一位在NHK电视台当工程师的朋友。这位朋友也许知道在哪里能找到更多的、他们在《无歌词流行音乐》节目中使用的那种伴奏。根岸则需要找到尽可能多的伴奏乐，这才值得他投资。

"他说：'卡拉OK。你要的是卡拉OK磁带。'这是我头一次听到这个词。你懂的，这在当时是行业术语。每当歌手到乡下演出时，他们就会用伴奏带，因为将一整个乐队带到乡村麻烦得很，所以他们会用录好的背景音乐替代，这样一来，现场伴奏乐池就是'空着的'。这就是卡拉OK的意思。"[1]

根岸找到了一个经销商。"可他不让我管它叫卡拉OK机！说'卡拉OK'（karaoke）听起来太像'棺材'（kan'oke）了。"所以，Sparko Box在推向市场后，有了不同的品牌名："音乐盒""夜间音响""迷你点唱机"等等。根岸知道，他不能依赖NHK电视台为一个实体产品提供音乐，所以他向另一位做磁带录音业务的朋友求助。"当时，器乐录音其实很容易找到。"根岸回忆道。舞厅会买来录音带，请表演者以此为伴奏唱歌，那些真正喜欢唱歌的人也会购买。根岸选了几十首最流行的歌曲，让他的朋友录到定制的八声道磁带上。

他们没有试图联系版权持有者，也没人要求他们赔偿。根岸通过他的新装置提供器乐伴奏，落入了法律的灰色地带。在Sparko Box之前，没有卡拉OK。"那时，如果你想唱歌，唯一的办法是请那卡西来伴奏。"这些人扛着吉他游走在酒吧间，兜售伴唱服务，"这些家伙收费很高！"

Sparko Box承诺以每首仅100日元的价格将伴唱服务带给普罗大众；而在那卡西或弹唱乐手那里，区区几首歌就要上千日元。根岸和经销商在酒吧里展示这些唱歌机器，店主对于向顾客出售歌曲这件事欣喜不已，可第二天却不好意思地打电话来，让他们尽快取回这些机器。"他们告诉我们，客人觉得不过瘾，让我们不要再回去了。"根岸叹息道，"就是那帮那卡西搞的鬼！因为他们在抱怨。无论我们把唱机放在哪里，他们都会强迫店主将它弄走。"在

---

[1] kara在日语里意为"空的"，oke意为"乐队"。

卡拉OK机尚未普及的时代，那卡西仍然是吸引顾客的重要方式，因此，一旦那卡西以拒绝提供服务做威胁，酒吧老板就不能不当回事，"这些那卡西像黑道一样欺压我。我们是死敌。从秋田向北一直到大阪，皆是如此。"

根岸最热情的顾客中，有一部分是所谓"爱情旅馆"的老板们。这些旅馆之所以出现，与其说是为了让人纵欲，不如说是为了满足日本人的需求。在日本，常常是一家几代人睡在同一个屋檐下，中间只隔着纸屏风。不过，吸引这些旅馆主顾的并不是卡拉OK机的唱歌功能，而是其炫目的灯光，这种灯光与钟点房独有的俗艳室内装潢格外相配。来自爱情旅馆的销量为根岸带来有限但稳定的利润。不过，卡拉OK机真的只能走这么远吗？根岸自己似乎也对其前景心存怀疑过。他和合作伙伴商量着为Sparko Box申请专利，最后一致认为，这笔花销不值得，更何况还要费那么大工夫（当时申请专利的费用很高，而且非常耗时间）。而且，他们好像也没有竞争对手——反正据他们所知是没有。

尽管井上和根岸互不相识，对对方的发明更是一无所知，可是井上大佑的8-Juke和根岸的Sparko Box简直如出一辙。8-Juke比Sparko Box晚三年诞生，从外面看是一个木制的四方盒子，里面是一个八声道汽车音响，由一位经营乐器修理店的朋友，根据井上的具体要求改造而成。这款唱机没有闪亮的灯光秀，却有其他特征——基本的声音处理器。井上让他的朋友装了一个混响盒，这个装置使得麦克风输出的声音经过一个金属弹簧，为人声增添了一丝咽音。"伴唱博士"井上深切体会到一个有关人类的不可否认的事实：我们多数人的歌唱能力都很差。这种混响效果对于掩盖业余歌唱者的声音缺陷起到了很大帮助。

井上还使了一个花招。他虽然看不懂乐谱，却能第一时间了解听众最喜欢哪些歌曲，也知道某一首歌对普通歌唱者来说有多难；他还做过乐队领队，因而有能力组织乐手。井上之前的所有人，包括根岸，全部依赖于市场上可以买到的伴奏乐，基本上就是专业歌手使用的那种。可是，井上深知这不是顾客真正想要的，即使他们以为自己想要的是这种。他信心满满。1970年初制作完成第一台8-Juke后，他保密了整整一年，这样就有时间和当地的一个乐队一起录制一个流行歌曲库。他将这些歌曲的音高降低、节奏放慢，这样普通歌唱者更容易跟上节奏。

井上没有钱也没有人脉去用专业的录音室，不过他有一个副业：在当地结婚礼堂演奏音乐。虽然如今日本人使用西方历法，但有关吉凶日子的传统信仰还在。根据中国古代历法计算出六天为一个周期，这就意味着，每个月有几天是"仏灭"，在传统上，这几天是最不吉利的日子。那时，即便是思想再现代的人，也倾向于避免在这种日子举办婚礼这样的重大活动，所以到这种时候，结婚礼堂只好闭门歇业。井上正好利用这些机会录制8-Juke里的歌曲。没有专业设备，除了井上的编排之外也没有制作、重录、多声道录音，没有剪辑，只有一个麦克风和一台八声道录音机，每首歌都是以此录制而成的。开始，井上和他的乐师们一次只能勉强录几首歌，等逐渐进入状态后，他们一天能录制多达十首歌。这些录制而成的音乐不像是"虚拟"伴奏，而是足够真实的，清晰可辨，只不过在经过了巧妙的简化后，适合外行跟唱。

与此同时，井上向当地电工和木工订购了制造另外九台8-Juke的零件。到1970年底，他生产出了最早的一批8-Juke，总共10台，外加包含几百首定制歌曲的曲库，这些歌曲让业余爱好者感觉自己像歌星一样。

1971年1月，揭晓真相的时刻到了。井上说服了10家小吃店摆放第一批8-Juke。几周后，他不得不面对现实——这些点唱机无人问津。原因很明显：顾客不知道这些机器的用途，也不知道该怎么使用。素来足智多谋的井上，请了几位女招待朋友到这些小吃店，打算靠衣着暴露、可爱迷人的女孩激起顾客的兴趣。这些女孩用8-Juke大唱特唱，吸引了顾客上前与她们合唱。

这样做产生了效果。到3月，他接到的订单超出了他和他的朋友经营修理店的能力。他找到一家位于横滨的代工厂，租了一辆轻型卡车，开车500公里前往工厂去取生产好的机器，然后再开500公里回来。起初，由于整个计划并不牢靠，8-Juke面世后相当长的一段时间里，他还在继续做弹唱乐手。有时，井上会在演出中途收到消息，说他的某一台机器出现了故障。他会借口说自己要去趟洗手间，然后一头扎进需要修理的机器中。通常，机器停止工作的原因都是投币箱被塞满了。这对井上来说其实是个好消息。他的商业模式是将机器免费借给酒吧，如果每月收入超过两万日元，就双方平分。许多顾客一次就会花上1000日元，因而靠这个机器赚钱很容易。突然间，他发现8-Juke的订单多到应接不暇。就在这时，其他弹唱乐手也注意到了自己的收入正在逐渐减少，因此召开了神户音乐艺术家协会的紧急会议。

井上的姐夫建议他为8-Juke申请专利。这在今天看来似乎轻而易举的事，井上却没能做到。他忙着表演和经营新公司，他的新公司叫作"新月"（Crescent），他将大部分利润投到更多机器的生产上。所以，就这样，卡拉OK机第二次失去了获得专利的机会。"我并没有从头开始创造这个东西。"多年后，当在一次采访中被问及他为何没为这个设计争取权利时，井上这样解释，"商业模式是我想出来的。可扩音器、麦克风、八轨录音机，甚至连一百日元投币机，都已经有专利了。如今，我可以为商业模式申请专利，让别人制作，并从中获得版税。但在当时，为一种商业模式申请专利听起来简直不可思议。"尽管当时8-Juke在神户的红灯区蓬勃发展，但这种伴唱机是否只是昙花一现，这点谁也说不准。

事实上，无论是根岸、井上，还是其他人，都无法掌控卡拉OK的命运。不久之后，电子产品制造商就知道了伴唱机的存在——无疑是他们的工薪族雇员晚上去闹市区玩时看到了这种机器。他们很快意识到这一概念尚未受到版权保护。首家将自己的机器推向市场的是消费电子产品巨头日本胜利公司，他们在1972年发布了BW-1型自动点唱机。东芝和先锋等竞争对手也很快推出了自己的伴唱机。随着这些大公司在未来几年内争夺市场份额，受8-Juke基本模型启发的卡拉OK机迅速从神户传到附近的大阪，并在70年代遍布日本。卡拉OK不属于任何人，因而成为所有人的。正是这一点让它得以如此蓬勃地发展。

卡拉OK对社会的影响越来越大。随着卡拉OK机从工薪阶层经常去的地方，扩散到几乎任何类型的酒吧，从前安静的社区变成了业余歌手表演的舞台，警察也不堪投诉之扰。随着社会上那些不太体面的人开始拿起麦克风，暴力事件接踵而至。1977年12月26日凌晨，川崎市一家妓院的员工，在当地一家夜总会喝酒唱歌放松心情时，因为谁唱下一首歌产生了争执，结果演变成一场18名顾客的互殴。四人遭啤酒瓶和拳头打伤，被送进医院，他们是有史以来第一批"卡拉OK暴怒"[1]受害者。这种娱乐形式混合了酒精、热情和隐隐的竞争，自那以后，在日本国内外都引发过类似事件。例如，在菲律宾，至少有六名歌唱者因为演唱弗兰克·辛纳特拉的《我的路》而遭到谋杀，那里的许多卡拉OK供应商只好将这首流行歌曲从他们的歌单中删掉。

另外还有其他更微妙、对批评者来说更为有害的影响。"我们正失去在酒吧里与人交谈的技能。"1978年，科幻作家半村良向《朝日新闻》抱怨道，"现在每个人都只是坐在那里，脑子一片空白，等着轮到自己唱歌。"1979年的一篇日本报刊评论文章嘲笑卡拉OK爱好者"装模作样"，一心只想成为众人关注的焦点。1984年，音乐评论家藤田正哀叹道，"在这股卡拉OK热潮前，业余歌唱者和职业歌手无一幸免，每个人都热衷于唱和其他人一样的旋律、节

---

[1] 这个表达模仿了"公路暴怒"（road rage，指司机之间因驾驶问题而大动肝火）的说法。

奏、歌词"。其造就了一个"哈里森·伯格朗式[1]的世界，业余歌唱者的有限技能压制住了优秀的嗓音"。（藤田以美国嘻哈文化作为反例，说明人们可以从商业歌曲中创造出新的表达方式，以免你认为他是个老古董。）

  在卡拉OK诞生后最初的十年多时间里，其歌曲库一直停滞不前，重复单一，几乎全是演歌。演歌是一种以独特的颤音演唱歌曲的伤感情歌类型，歌词洋溢着美好感人的浪漫色彩，讲述了搭乘就业火车来到大城市的无数天真的乡下男孩、女孩的故事，充满着其对家乡、母亲和恋人的思念之情。"演歌"一词的字面意思是"演说歌曲"，其根源可以追溯到19世纪末，当时的民主活动人士把口号写成诗句，以规避政府的煽动法。经过几十年的发展，演歌虽然脱离了政治意味，但仍保留一种目中无人、独来独往、"我行我素"的精神。第二次世界大战后，占领军华丽、震撼的大乐队音乐（以及爵士乐和后来的摇滚乐）席卷了日本，催人泪下、惆怅伤感的演歌歌谣再次出现，深受对征服者的新式音乐无甚兴趣的年长人士的欢迎。演歌将吃苦耐劳和个人牺牲浪漫化，早在卡拉OK机出现之前，就深深地吸引了富于男子气概的中年工人阶级和工薪阶层。演歌与卡拉OK机的联系如此紧密，许多年后，"卡拉OK"这个词依然令年轻员工们听而生畏，因为这意味着，他们又要熬过一个听年过半百的老板低声吟唱过时歌曲的夜晚。"年轻人可以弹吉他。"1977年的一篇报纸文章这样写道，"中年男子则可以在卡拉OK机上唱演歌和军队进行曲。"

  直到20世纪80年代中期，这一切才发生变化。这一变化又因为"老大"布鲁斯·斯普林斯汀而发生得极快。1985年他在日本举行巡回演唱会时，当地的歌迷如潮水般涌来，他的日本唱片公司由此产生灵感，制作出卡拉OK版

---

[1] 哈里森·伯格朗是美国小说家库尔特·冯内古特同名系列短篇小说的主人公，作家以此讽刺了绝对平等的乌托邦社会。

的斯普林斯汀歌曲。同年12月，《诞生在美国》成为第一张被完整"翻译"为卡拉OK的摇滚专辑。"为你带来和偶像一起唱歌的逼真体验，你甚至会感觉自己里里外外都像他！"专辑包装上用蹩脚而有趣的英文写道。

斯普林斯汀和他的公司轻而易举地获得了成功。两百万张卡拉OK版的《诞生在美国》唱片、录音带和CD销售一空。这一惊人的成功使人们开始关注日本新兴的家庭卡拉OK现象，制造商开始在家用音响和激光影碟机中加入卡拉OK功能。摇滚卡拉OK出人意料的成功，也确立了将会永远改变这一媒介的两点：一个是，青少年和他们的父母一样想唱歌；另一个是，他们更倾向于在私密的空间里，而不是酒吧的开放舞台上唱歌——1985年起，酒吧里开始出现分割而成的隔音房间，专门供小团体或单人唱歌使用，从而加速了这一趋势。这些所谓的"卡拉OK包厢"和"卡拉OK舱"迅速在日本大大小小的城市和乡村开花，催生了新的唱歌群体——那些不太会涉足歌舞厅或女招待俱乐部的孩子、女人、老人。这是钉在那卡西和伴唱乐手棺材板上的最后一颗钉子。他们对于会将自己淘汰的卡拉OK的恐惧完全是有根据的，60年代初，这些人正处于事业巅峰。据说在当时东京市中心的酒吧里，每晚有一百多名那卡西提供伴唱服务。如今，他们被自动伴唱的卡拉OK机夺走了生计，只剩下为数不多上了年纪的那卡西坚持着这一行业：他们不理会时代潮流，不是为满足任何真正的需求，只为怀旧而表演。

☆☆☆

卡拉OK机不仅仅关乎唱歌。它对人才的平民化将对日本和西方的幻想生活产生深远的影响。无论从哪个角度来看，卡拉OK机都是第一个令业余玩家感觉自己是行家里手的设备。那些简单的调音和回声辅助效果，是现代人习以为常的众多高科技手段的先驱，好比能使快照更接近专业摄影作品的图像稳定技术和Instagram（照片墙）里的滤镜；在计算机的辅助下模拟音乐会的节奏游戏——《摇滚乐队》，以及可以让《堡垒之夜》的新手玩家感到自己像是作战中的海豹突击队队员的游戏增强效果。卡拉OK给了每个人成为明星的机会——哪怕它只能持续一首歌的时间，也为未来更具沉浸感和变革性的技术的到来铺平了道路。卡拉OK是最早的由用户生成内容，不受限制的平民混音网络——我们一门心思地为那些乐于提供录音设备的公司省吃俭用，等着轮到自己一展歌喉。

在卡拉OK最兴盛的时期，即90年代中期，日本有约17万个卡拉OK包间。据一项行业调查估计，近6000万人（几乎占日本人口的一半）每年至少要唱一次卡拉OK，即使在新千年到来之后，面对来自移动、互动等新娱乐形式的激烈竞争，这一数字仍在5000万左右徘徊。唱歌的业余爱好对整个日本音乐产业产生了深远的影响，尤其是90年代初期：当时，数字流技术的出现，使得日本唱片公司能够实时了解人们在唱哪些曲目。

在西方，情况略有不同。第一批出口到美国的卡拉OK机首先出现在日本餐馆里。"在办公室忙活一整天后，许多日本人喜欢到小吃店，喝着苏格兰威士忌或日本清酒，唱一种叫作'演歌'的伤感民谣。"1983年5月，《纽约时报》在首次提及这一现象时写道，"这种做法促成了所谓的'卡拉OK热'，一些日本制造商现在正希望类似的情况也能在美国发生。"在美国，卡拉OK是一种新奇事物，主要出现在酒吧、餐厅和包厢中，用来招待日本商人。当时日本商人以创纪录的数量拥入美国，他们为了扩大美日贸易逆差（正如美国政治家所说的那样）而来，在劳碌一天后，迫切地渴望放松一下。

20世纪80年代中后期，美国企业家开始针对唱英语歌的顾客推出卡拉OK业务。纽约和洛杉矶是卡拉OK厅最早涌现的城市。眨眼间，卡拉OK机的概念就真真正正地抓住了美国人的想象力。到1992年，这个词完全融入美国人的词汇中，前总统乔治·沃克·布什在竞选期间宣称："我们正在与唱卡拉OK的竞选者角逐，他们会为了当选去唱任何一首曲子。"

尽管日本消费者喜欢包间，因为这样可以减轻当众表演的压力，增强与朋友们一起唱歌的亲密感。但在西方（尤其是美国），卡拉OK是一种展示性活动，在商场、酒吧和餐厅蓬勃发展。前往这些地方消费的年轻人，一般会以两种方式唱卡拉OK：一种是唱低俗或喧闹的派对歌曲逗听众一乐，另一种是炫耀自己的声乐技巧，与同样有歌唱才华的顾客一决高下。对于那些最忠诚的爱好者而言，唱卡拉OK不再是为了放松。正如《印第安纳波利斯月刊》2005年描述该州梦想参加《美国偶像》选秀的人时所说的那样，这是"一条崎岖但现实的成名之路"，这些人"迫切希望观众席上能有一位重要人物，他坐在角落，抽着雪茄，等着发现你"。诱人的是，这个梦想有时确实能成真：歌手玛丽·布莱姬就是用在商场卡拉OK包厢里录制的一盘磁带，开启了她的职业生涯。我们都是等待被发现的明星，这种充满诱惑力的想法在类似《美国偶像》的长盛不衰的真人秀节目中得到了最明显的表现。

那么，根岸和井上的故事结果如何？尽管遭到种种抵制，根岸还是设法在日本各地的不同场所里放置了8000台Sparko Box，尽管人们似乎更倾向于将它们用作便携式点唱机，而非伴唱机，这依然算得上小小的成功。但等到1973年，随着根岸的合伙人退出经销业务，他也宣布退出。他受够了专业音乐人的抵制，而且他手上还有许多其他项目可以忙活。毕竟，他已经拥有了一间属于自己的成功的公司。于是他专注于此，和Sparko Box一起淡出了卡拉OK的历史。

相反，井上却收益颇丰。当时正值8-Juke被大型电子公司推出的更为出色的产品所取代，于是他将重心转移到了音乐录制和更为重要的版权上。到70年代中期，他已经算得上一位颇有建树的唱片公司和卡拉OK公司的中间人了——后者迫切需要为他们的曲库添加热门歌曲。虽然他没能从卡拉OK机本身的版税中得到什么钱，但作为中间人，靠制作卡拉OK歌曲和销售其他公司生产的机器，最高年销售额能达到一亿美元。

因为他的努力，井上被广泛誉为卡拉OK的公认发明者。1998年，新加坡的一个卡拉OK频道发起了一场"找出卡拉OK机发明者"的探寻活动。"全日本卡拉OK工业家协会"闻讯，赶紧将井上尊为卡拉OK热潮的鼻祖。卡拉OK行家之所以选择他而非根岸，原因十分简单。根岸发明的是一种装置，而井上发明了一整套硬件，和可以为用户量身定制的软件，从而使卡拉OK从一种本土时尚发展为大规模的全球商业。井上成为卡拉OK创始者的消息，从新加坡迅速传遍了亚洲各国的新闻媒体：那个疯狂的日本伴唱机居然有一名创造者！

1999年，《时代》杂志大胆地将井上纳入他们的"20世纪最具影响力的亚洲人"名单，并将其与毛泽东、甘地和索尼公司创始人盛田昭夫等人相提并论。这大概要归功于小说家比科·耶尔对真实的井上的不太贴切的描述：一位"东方的沃尔特·米蒂[1]"，发明了一台用歌曲将世界团结起来的机器。五年之后，也就是2004年，搞笑诺贝尔奖委员会授予他年度和平奖，奖励他"发明卡拉OK，为人们提供了一种全新的方式来学习互相容忍"，从而为他赢得了声誉。在颁奖典礼上，井上带领观众唱了一首70年代的可口可乐广告歌，"我想教这个世界歌唱（用最和谐的旋律）"。

回到根岸的厨房，Sparko Box就躺在我们中间的餐桌上。虽然上面餐厅柜台风格的油毡饰面已经年久褪色，但铬合金的按钮和表盘依然闪闪发光，投币口也是如此，旁边信誓旦旦地写着一行说明：一百日元可以唱"大约10分钟"。我问，我们可否试试。

这位上了年纪的发明家欣然投进一枚硬币，插了一盘厚重的八声道磁带进

---

[1] 美国作家詹姆斯·瑟伯所著短篇小说《白日梦想家》（1939）的主人公，喻指通过白日梦逃避现实的人。

去，磁带插好时发出令人舒服的咔嚓声。随着流行歌手邓丽君发行于1984年的民谣歌曲《偿还》的伴奏声响起，这台机器像老旧的发条玩具一样发出嘎吱嘎吱声，并动了起来。机器正面会发光，并随着音乐的节奏闪烁（spark）、停止。"我就是这么想出这个名字的。"正当我们欣赏这场灯光秀的时候，根岸笑着说。这种东西如果能放在家中的长毛毯子上，边上再放一盏熔岩灯，就再合适不过了。

曾几何时，他向日本各地的酒吧和旅店出售了数千台Sparko Box。可以说，他为之后的每一台卡拉OK机奠定了雏形，即使他的继任者都不记得了。51年后，这成了全世界仅存的最后一台Sparko Box，一件被遗忘的纪念品。它应该存放在博物馆，我这样想着，就像印第安纳·琼斯[1]意外发现某种古代文物一样。

令人不可思议的是，这台五十多岁的机器居然还能用。根岸将话筒递给了我，尘封多年后，话筒上的金网依然闪闪发光。我饶有兴致地接了过来，可这是首来自异国他乡、许多年前的老歌，我不知道旋律，更不用说歌词了。和现代的卡拉OK机不同，Sparko Box没有给歌手提供任何辅助：没有回音效果，没有显示屏，没有滑稽可笑、千篇一律的视频，没有能随音乐变换颜色的歌词。只有和迪斯科舞厅里一样闪烁的灯光和一个歌词小册子，不过根岸似乎找不到这本小册子了。

这些都不重要。这是许多年前卡拉OK诞生的地方，在这里让这台小机器重现往日荣光，似乎再合适不过。我们继续随着音乐欢笑。

---

[1] 史蒂芬·斯皮尔伯格系列电影《夺宝奇兵》的主人公。

第四章

可爱崇拜

——凯蒂猫1975

所有小的东西，
无论什么，
都可爱。

——清少纳言《枕草子》（约1002）

小礼物，大微笑。

——三丽鸥品牌广告语

1975年3月，一款叫作"小钱包"（Petit Purse）的普通产品默默上市了。这是一种带金属扣的半透明塑料小口袋，供小女孩装零钱使用，这个小钱包的零售价只有220日元，在当时还不到1美元。制作这款小钱包的公司三丽鸥为了降低风险，生产了几种不同的图案。然而，几周过去后，当三丽鸥员工开始统计销售额的时候，他们注意到一个奇怪的现象，那就是只有一种图案的小钱包有销量，而且销量巨大：钱包上面有一只穿着工作服的卡通小猫，坐在英语单词"HELLO!"（你好！）下面。

尽管这只小猫看起来与流行漫画书或动画片中的角色很像，事实上却与它们不同。这时的凯蒂猫还没有性格、故事，甚至连名字都没有，她没有显露出任何情感。她的传播媒介不是媒体，而是日本小学生日常使用的物品。很快，小猫图案的杯子、盘子、凉鞋、铅笔、钢笔、作业本，以及给女生传纸条用的文具接踵而至。

这只小猫一点都不像能造就商业帝国的东西。然而，在四十多年后的今天，这种我们一眼就能看出是凯蒂猫的设计，已经不仅仅是一种装饰了。凯蒂猫成为世界上最大的授权财产之一，她和史努比（Snoopy）、米奇（Mickey）一样具有标志性，是一种用来评判其他玩偶可爱与否的标准。她是一家大型多媒体特许经销企业的基石，在全球的年利润通常高达甚至超过五亿美元，使三丽鸥成为世界第八大许可商，领先于美国国家橄榄球联盟（排名第12位）、无处不在的宝可梦公司（排名第30位）等大型公司，以及花花公子公司（排名第45位）——显然，可爱打败了性感。她深入全球各地现代生活的方方面面：凯蒂猫装饰的大型喷气机在我们头上飞过；梅西感恩节大游行（Macy's Thanksgiving Day Parade）时，凯蒂猫气球会摇摇摆摆地穿过第五大道。

凯蒂猫到底是怎样抵达地球上每个角落的呢？她成功的秘诀是日本人所谓的"卡哇伊"。这个词在某种程度上与西方"cuteness"（可爱）的概念相仿——但也仅限于在某种程度上。"cute"一词源于"acute"（敏锐的），既有"可爱"又有"精明"的意思。《牛津英语词典》列出了"cute"据人类所知的最早的用法：18世纪时，它被用作"精明"（shrewd）的同义词，这种诡计多端的形象在"Don't be cute."（别耍滑头。）等表达中留存了下来。日语中的卡哇伊则没有这种语言包袱。小狗卡哇伊，小猫卡哇伊，婴儿卡哇伊。事实上，直到大约一百年前，卡哇伊还是一个带有屈尊俯就意味的字眼，用起来意思是："噢，这看上去不是很可爱吗？"

卡哇伊在现代的最早用法可追溯到1914年。当时有一位名叫岸他万喜的女企业家，她是著名艺术家竹久梦二的前妻兼商业伙伴，他们一起在东京开了一家时装店，她在这家店的宣传单上使用了这个词。这家店叫"港口商店"，招牌上有一艘乘风破浪的快帆船，暗示店里充满来自异国他乡的绝妙进口商品。事实上，店里的商品全部产自国内，只不过巧妙地融合了日式和外国风格。梦二画笔下婀娜多姿的年轻日本美女身着和服，站在诸如法式风格咖啡馆等西方背景中，重新定义了战前时代的女性时尚：你可以既保留传统的日本风格，与此同时又具有国际范儿。他的艺术在日本经济腾飞的20世纪20年代十分流行，他的名字甚至成为描述时尚女士的词汇：梦二风格。万喜是最早使用卡哇伊描述一种品味或时尚的人，在此之前，年轻女性一般被形容为"kirei"（诱人的）。在某种程度上，因为这句新的宣传语，这家时装店库存的漂亮图片、明信片、插图诗集、色彩鲜艳的面料和时尚配饰等，纷纷销售一空。

后来，在20世纪60年代，卡哇伊开始与漫画设计密不可分：从手冢笔下人物柔软圆润的外形，到浪漫的少女漫画中隐约闪烁着的女性魅力。到20世纪末，卡哇伊演变成了一种万能的夸张表达，年轻人和心态年轻的人，不同年龄、性别和取向的人都在使用：它成为一种柏拉图式、理想化、天真的积极理念。根据1992年一家女性杂志的调查，卡哇伊是"现代日语中使用最广、最受欢迎、人们最习惯使用的词语"。

然而,试图定义卡哇伊却是愚蠢之举。在日语中,卡哇伊的反义词不是难看或不可爱,而是kawaiku-nai,其字面意思是"不卡哇伊"。它不是一个形容词,而是一种心理状态。什么是爱?当你感觉到爱时,你就知道了。卡哇伊亦是如此。对许多人来说,凯蒂猫让他们第一次感受到这种令人陶醉的新情绪。而1975年凯蒂猫的诞生,代表着这种情绪第一次被成功包装出来并批量生产。手冢的漫画固然可爱,但它出售的只是故事,而三丽鸥出售的是可爱本身。

凯蒂猫是如何从一个廉价硬币钱包上的装饰,摇身变为一个商业帝国的基石的?简单点回答,这得益于创造她的公司精明的销售和营销策略。不过,凯蒂猫也造就了三丽鸥,几乎是单枪匹马地将一个当地的小饰品经销商,变成了一家庞大的跨国公司。

当时很少有人意识到,凯蒂猫的诞生,正是日本社会、文化、经济发展融合的结果。得益于战后重建,日本人比以往任何时候都更健康、富有;婴儿潮的出现带来了一大批备受家庭宠爱的孩子,他们享受着各种各样的玩具和礼物;随着这些男孩女孩在富足的国家长大成人,他们渴望打破战后早期曾经定义他们父母那一代人的"学习—家务—工作"循环。凯蒂猫,这个奇迹般的小小涂鸦,像一道闪电,将这些社会脉络凝聚到一代人的审美观之中,使其成为这个国家最具辨识度的符号之一。

这就是可爱的力量。

在三丽鸥的背后,在所有鲜花、褶边、小猫、小兔子的背后,在全球对卡哇伊的包装背后,是一个男人。他是一位诗人、一个化学家,曾经卖过私酒,他的名字是辻信太郎。

早在凯蒂猫和三丽鸥诞生之前,辻信太郎只是一个躁动不安的18岁高中毕业生，苦苦思索着他这一代人面临的问题，即如何避免在"二战"中丧生。而这只不过是他严酷的青春期里最新的一次挣扎。他是由单身母亲抚养长大的，母亲经商，在东京以西80公里的山梨县拥有几家成功的连锁酒店。因此，她有足够的财力送儿子去上专为外籍人士开办的基督教幼儿园。辻信太郎对外国宗教没什么兴趣，却对外国的一种传统印象深刻。"生日派对。"他在2008年的一次采访中如痴如醉地回忆道，"那时没人知道自己孩子的生日。日本人没有庆祝生日或举办生日派对的习俗。我深受触动。"

1940年，辻信太郎13岁，那年他的母亲因白血病去世，他被送到一个乡下的寄养家庭生活。尽管他的养父母比多数日本人都要富裕，但随着日本战争机器的崩溃，食品供应越来越短缺，他们丝毫没有掩盖自己对多照顾一个孩子的厌烦。小辻信太郎再也没有派对可参加了。"他们经常支使我干这干那。'你吃得太多了。''你拉得太多了。''赶紧去把马桶刷了。'"他在2000年出版的回忆录《三丽鸥的秘密》中写道。他内心浪漫，沉迷于希腊神话、诗歌和文学的世界。有一次，他甚至因为写了一篇爱情故事而被学校停学，在那个推行全面戒严的年代，爱情故事不合时宜，对于一个男孩来说尤其如此。男孩应该坚毅果决，随时准备为国家献出生命。深受欢迎的少年漫画周刊《少年俱乐部》在1945年战争结束前不久出版了最后一期。这期杂志中没有漫画，全都是爱国文章，可怕的是，最后还有一篇关于如何引爆手榴弹的详细说明。辻信太郎虽然很想写作，但他深知索福克勒斯[1]无法让他躲开战场。1945年4月，当新的学年开始时，辻信太郎在当地的技术学院入学，选择了有机化学这个非常不浪漫的专业。当时日本急缺医生和工程师，这意味着学习医学或理工科是远离战争的最好方法。

1945年8月15日，这所技术学院的院长——同时也是帝国海军的一名副

---

[1] 古希腊三大悲剧作家之一，代表作《安提戈涅》《俄狄浦斯王》。

司令——把这些年轻人聚集在一起，一起听天皇裕仁发表的史无前例的全国性广播演讲。接下来的投降宣言用语晦涩，几乎无人能懂，可每个人都明白那是什么意思。战争结束了，日本战败了。当辻信太郎和同学们闷闷不乐地排着队走回教室时，他们又一次被震惊：那位副司令、他们的院长，在办公桌前饮弹自尽了。

人类学家鲁思·本尼迪克特在她1946年的畅销书《菊与刀》中引述了一段日本人对于战争结束的典型反应："我们如释重负，这很好。可是我们不再打仗了，生活漫无目的。每个人都浑浑噩噩，不在乎自己做得怎么样。我是这样的，我的妻子是这样的，医院里的人也这样。"这种无精打采的情绪十分普遍，日本媒体很快给它取了一个名字：虚脱（kyodatsu jotai），形容一种持续的无精打采的状态。然而，社会的崩溃似乎令辻信太郎精神抖擞。他溜进学校的实验室，偷偷合成了一些急需物资，比如肥皂、糖精，以及更为抢手的烈性酒。辻信太郎的非法产品深受当地黑市的经营者——黑帮成员的欢迎。感觉就像是贝蒂妙厨[1]后来变成了《绝命毒师》一样。

后来他是因为肺结核突然发作，才停止了非法制造。不过从另外一个角度来看时机刚好。他的上流社会家庭得知他终日与这些人混在一起，大为震惊，与此同时，当局也开始打击黑市。于是辻信太郎回到学校继续上学。1949年毕业后，他利用关系在山梨县政府找到一份令人艳羡的工作。接下来十年里，他换了多个高薪却没什么技术含量的职位。他的大多数同胞会为了得到这些肥差而不惜一切代价。尽管政治抗议和罢工此起彼伏地搅扰着战后社会，公众仍然很看重公务员工作。辻信太郎称之为"我童年之后的第二次不幸"。身陷官僚体制之中，他看不到自己的劳动成果，也无法衡量自己的进步。只是为了工作而工作。他甚至渴望回到黑市。

---

[1] 是美国通用磨坊食品公司旗下的品牌，成立于1921年。

最终他受够了，决意辞职。同事们说他一定是疯了。不过，正如以后多次那样，他证明了反对者大错特错。他没有悄悄递交辞呈，而是大步流星地走进当地商会，并想方设法来到山梨县县长的办公室，表达了自己希望创业的想法，尽管这想法还很不成熟。这次会面结束后，辻信太郎口袋里装着来自山梨县的一百万日元的风险投资前往东京，用这笔钱在那里创办了一家公司，取名为山梨丝绸中心。

这家公司经销葡萄酒、水果、蔬菜等地方特产，当然还有丝绸。辻信太郎组建了一支旅行推销员队伍，将这些商品批发给东京的商店，他们还在位于旅游景点的露天市场里直接向顾客兜售这些商品。由于利润增长迅速，无论从什么角度看，这都是巨大的成功。但辻信太郎却不这么认为。他的梦想远不止做个成功的蔬菜水果商。这让他回想起了幼儿园时代的那些派对。

"1960年左右，我儿子在东京目黑区的一所小学上学，我问他的同学们，有多少人在生日时收到过礼物，35个人中只有3个人说他们收到过礼物。"辻信太郎回忆道，"没有人举办过生日派对。那3个收到过生日礼物的学生，都说礼物来自他们的母亲。所以我想，自己应该去做有关生日和礼物赠送的生意。"

辻信太郎对包装精美的礼物的浓厚兴趣，尽管有些让人不可思议，却触及了一种根深蒂固的日本社会习俗，成年人将其称作"义理"（giri），即别人帮你的忙，你有回报的义务。很少有哪种文化会像日本文化那样，将赠送礼物变成约定俗成的规则。他们有"御中元"，即夏季礼物，和"御岁暮"，即冬季礼物，用来送给一年之中帮助过你的人，可以是你的客户、老板、老师，或是房东。在日本，到别人家中拜访，或是请别人帮忙时带上礼物，已经成为一种常识。商品的价值不是重点，中元礼和岁暮礼常常是消耗品，比如啤酒、水果或其他生活用品，甚至像肥皂、酱油或食用油这种不值钱的东西，作为礼物的话也完全可以被接受。不过，要点是这些礼物不能以本来的面目送人。将一壶菜籽油放在你老板门口？在日本这样做和在美国一样怪异。在西方，重要的也许是心意，但在日本，重要的是你包装礼物所花的功夫。正是出于这个原因，尽管只有不到百分之一的日本人视自己为基督徒，可他们还是欢欣鼓舞地庆祝诸如情人节、圣诞节这样的西方节日。

辻信太郎的天才之处在于，将这种成人社会的习俗变成了小孩子之间的相处方式。"小礼物，大微笑"，在未来的岁月里，这将是他公司的座右铭。可是现在的问题是：该卖什么呢？

他从山梨丝绸中心的一个承包商那里得到了灵感。这个承包商来开会时，戴着一件有草莓图案的饰品。这是当季流行的式样，源自一位名叫内藤奈的少女时装画师。20世纪50年代，内藤时装大片中的美女都非常苗条，脖子细长，眼睛很大，比手冢创造的人物眼睛还要大。为日本年轻女性的生活注入了一种闪光、梦幻、时髦洋气的感觉。1961年，内藤开始涉足产品设计领域，推出了一系列带有卡通水果、蔬菜图案的陶瓷杯子和厨房用具。他的感受力吸引了战后日本的年轻女性，好似梦二的感受力吸引了20年代的年轻女性。很显然，也吸引了辻信太郎。那件草莓图案的饰物深深吸引了他。"天啊，太可爱了。"他喃喃自语，仿佛自己是个小女孩，而不是中年男人一样。

1962年，辻信太郎推出了一款代表山梨丝绸中心设计理念的产品：一双饰有草莓图案的儿童橡胶凉鞋。那批货很快售卖一空。辻信太郎察觉到商机，立即推出草莓图案的手帕、小袋子、水杯和果汁杯。这些产品的销售势头如野火燎原，比丝绸中心以往推出的任何产品都畅销。

就是这样！辻信太郎知道，精美的礼物并不在于产品本身，而是必须独一无二。通过这些草莓图案的产品，他明白了，这种额外的装饰其实可以很简单。30年前，日本人民食不果腹，居无定所。随着60年代的到来，他们过上了稍微舒适一点的生活，因而想要必需品以外的东西，为自己，也为孩子购买一些小奢侈品。在这些"必要的非必需品"中，最为典型的就是漫画和动画，一代又一代男孩和女孩之所以对插图设计有着极为细致的追求和品味，正是因为它们奠定了基础。在这一切的背后，则是日本人由来已久的对"高档货"（fancy goods）的痴迷，这是从美式英语中借用的一个古老的贸易术语。

在19世纪到20世纪初的西方世界，"高档货"实际上意味着"日本货"：那些从远东进口的充满异域风情的丝绸、陶瓷、银器和艺术品。以精美著称的蒂芙尼公司1937年诞生时，是一家"出售文具和高档商品的百货商店"；20年后，它转型为高档珠宝商。为了将自己的小店打造成美国奢侈品和时尚的引领者，蒂芙尼的共同创始人查尔斯·蒂芙尼吹嘘说，自己将致力于制造"比日本货更加日本货"的商品，推出的产品包括饰有葛饰北斋版画图案的纯银餐具。就这样，一件本已很时尚的产品，通过与异国情调建立联系，进一步提升了档次。

而日本的高档商品几乎完全相反。在日本，高档货并不奢华，它们总是柔软、圆润的，通常饰有褶边，或是毛茸茸的，非常可爱。更为重要的是，它身上必须散发出一种梦幻的、令人向往的洋气，这里特指美国或欧洲风格。后面这种要求可以追溯到1914年，万喜和梦二的身上。战争抑制了日本人对外国事物的迷恋，但在战争结束后，几乎从第一辆美国吉普车开进日本城市的那一刻开始，人们的这种兴趣就被重新点燃了。

辻信太郎由此涉足日本流行文化中一股新兴的强大潮流：对必需品以外的事物的渴望。换句话说，即对非必需品，对轻松、梦幻的小物件的渴望。不过，并非任何一种设计都能成功。"卡哇伊"这个概念飘忽不定，难以捉摸。他会从之后的失败中深刻地领悟到这一点。

其中一个例子就是樱桃。

辻信太郎受草莓主题系列礼品的成功的鼓舞，在同一年（1962年）推出了后续，发布了一系列一模一样的产品，只不过包装上使用的是樱桃图案。

他想着，买光他草莓系列的女孩子，应该会更喜欢这个色彩明艳的樱桃系列。他想错了。"我没有失望，确切地说，我是感到震惊。"辻信太郎回忆道，"我是说，樱桃和草莓都是红色的水果，对吧？为什么草莓好看，樱桃不好看呢？"

他知道自己需要帮助，而且是立刻。辻信太郎很有自知之明，他知道自己有商业头脑，但不擅长设计，需要请艺术家来帮忙。他找的第一位设计师是名叫水森亚土的23岁女孩。她回忆他们初次见面："他几乎像一个小女孩：'这个好可爱，你的作品真可爱！'他确实感受到了。"辻信太郎也许无法凭空创造出可爱，但当他看到可爱时，他心知肚明。

今天，水森亚土更为人所知的名字是"亚土酱"。她在日本娱乐界扮演着重要角色，她有多重身份，是插画家、歌手、演员以及表演艺术家。后来，她因为主持一档备受欢迎的儿童节目而享有盛名。在这档节目里，她和观众中间悬挂着一张半透明的亚克力板，她用双手在这块板子上作画，从她的角度反着画出故事。不过，在这一切成为现实之前，她因为创造了比辻信太郎的草莓还要畅销的形象——一只小猫——而出名。这只小猫非常流行，它帮亚土打破了作为新一代年轻女性创作者先锋的玻璃天花板。

辻信太郎选择这样一名才华横溢的年轻女子帮他设计产品，引领了当时的潮流。对于一家主要业务就是制作少女物品的公司来说，这似乎理所应当，可是我们要知道，从50年代到60年代初，大多数针对少女的作品，无论是时装杂志的插图还是新型的少女漫画，都是由男性绘制的。内藤奈就是其中一个例子。另一个例子是手冢治虫，他在1953年出版的《骑士公主》里讲述了一位年轻公主的故事，她穿着打扮得像个男孩，也像男孩一样战斗。由于《骑士公主》非常成功，此后，出版商推出了许多杂志，专门面向这批令人意想不到的年轻女性读者。但是，那时的漫画业和日本其他领域一样，是男人的世界。女性被认为是消费者,而不是创造者。编辑需要大量的漫画作品,他们甚至劝《明日之丈》的作者千叶彻弥为他们画少女漫画。

水森亚土的名气始于她创造的那些女孩,也因此引起了辻信太郎的注意。水森虽然不是漫画家,但她的卡通插画体现出了类似的风格。辻信太郎曾在其他公司生产的手帕等物品上,以及杂志文章或书里看到过水森的作品。她的作品散发着异国情调,一种独特的嬉皮海滨迷式新奇魅力。她因为没能进入艺术学院而在夏威夷的一所高中待过一年,这也影响了她的作品风格。水森亚土笔下的女孩活泼快乐,经常不穿衣服(不过身体总是会被巧妙地遮住),常常在准男友的脸颊上留下一个纯真的吻,既带有一丝挑逗,又饱含孩童的天真,像是去掉下流元素的脱衣舞表演。

在水森亚土受到的影响中,还真有脱衣舞表演,尤其是她在东京传奇的日本剧场音乐厅里看到的。这家音乐厅是无数工薪族夜间玩乐的最后一站,这里充满爵士乐和金属亮片,高抬的大腿和晃动的流苏乳贴,这一切都打着一个履行高尚使命的旗号。1952年,这家音乐厅推出名为《夏日丑闻》的节目,在宣传中提道,这场表演将致力于"满怀壮志地将裸体艺术提升到新的高度"。

水森亚土那位放荡不羁的父亲,在她才十几岁时就带她去看这家音乐厅的表演,他们是这里最早的常客之一。当时的亚土对眼前的景象感到十分不可思议,她甚至从观众席溜出来,探索起表演场地来。她在回忆录中写道:"在后台,舞者们一丝不挂,她们的屁股像桃子一样可爱。以至于后来我在美国和法国看表演时,会忍不住一直盯着舞者的屁股看。重点就在于她们的屁股,我不想看到她们的灵魂。我不想让现实破坏梦想。我想让她们像天使一般,永远可爱。"

但是,她为辻信太郎设计的不是女孩。她交给他的是一只可爱的小猫。这只小猫叫作"亚土的猫小喵"(Ado's Cat, Miitan),是凯蒂猫的精神先驱。

这个名字源自一句超级可爱的婴儿用语，意思接近于"喵喵"。1965年，辻信太郎推出了"小喵"陶瓷娃娃，销量巨大。接下来的几年内，辻信太郎又推出了五十多种带有小喵特色的产品。小喵摇身一变，成为60年代的标志性形象之一。

辻信太郎还尝试与其他艺术家合作，其中一些艺术家才华卓越，成为偶像。这些艺术家包括武藤敏子，她后来为迪士尼乐园的"明日世界"园区设计了日本馆；还有漫画家柳濑嵩，他因为创造了面包超人这个最受日本儿童欢迎的卡通形象而声名鹊起。然而，尽管辻信太郎慧眼识英才，这些艺术家的作品都远没有水森亚土的作品畅销。他为卖不出去的产品向艺术家们支付许可费，耗费了巨额资金。足智多谋的辻信太郎尝试做起其他生意。他获得了美泰公司的芭比娃娃在日本的经销权，可是进口玩具无法与价格更实惠的国产玩具竞争。他还签约成为贺曼公司[1]的日本经销商，可尽管赠送礼物的传统在日本由来已久，但寄送带有图案的贺卡的概念尚未在大众中普及开来。

辻信太郎损失惨重。他需要搞清楚是什么促成了他的成功，是什么造就了卡哇伊。

☆ ☆ ☆

直到20世纪中叶，才有人开始研究什么东西会让人们直呼"卡哇伊"。可他不是日本人。

他的名字是康拉德·洛伦兹，曾经是一个纳粹分子。从医学院毕业后，他获得了第二个博士学位——动物学博士学位，并以研究动物行为而闻名。他于1941年应召入伍，在德国军队的一个心理学专家团队服役，支持纳粹政

---

[1] 美国著名的贺卡公司，业务范围包括贺卡、文具、礼品包装等的生产，同时也涉足影视、多媒体行业。

府对优生学和种族纯粹的狂热追求，为此进行研究和提供解释。1943年，洛伦兹将研究重点转向人类依恋这一概念，他提出，一些身体和面目特征能触发人天生的呵护欲。这些特征包括：和身体相比相对较大的头、目光向下的大眼睛、鼓鼓的脸颊、粗短的四肢、"富于弹性的协调"、摇摇晃晃的动作。他将这些特征称为"先天释放机制"（innate releasing mechanisms），统称为"幼儿图式"（baby schema）。（洛伦兹在苏联的一个集中营里待了四年后，放弃了纳粹信仰，后来因为对动物行为科学的贡献获得了诺贝尔奖。）

从直觉上来讲，这种叫法有其道理。婴儿总是闹哄哄、乱糟糟的，需要不间断的关注，令人疲惫不堪，可我们还是爱他们。疼爱自己的宝宝，显然有生物学原因，但我们为什么会疼爱别人的孩子呢？为什么我们对动物也有着同样的疼爱呢——为什么越小、看起来越无助，就越招人疼爱？洛伦兹给出了一个非常直白的答案。

多年后，进化生物学家史蒂芬·杰伊·古尔德将洛伦兹的模式应用到一个不可思议的对象上，这个对象就是米老鼠。古尔德在他1979年的一篇文章《以生物学向米老鼠致意》中指出："最初的米老鼠狂妄自大，甚至施虐成性。"但是随着米老鼠性格变得柔软，它的样子也开始发生变化。古尔德用卡尺测量了20世纪30年代、40年代和70年代米老鼠的模样，引用"'稚嫩'这一特征对我们的强大影响"，说明迪士尼的艺术家们在有意或无意地用幼儿图式改造米老鼠，使其更讨观众喜欢。

《花生漫画》提供了另一个例子。这部漫画在1950年10月首次连载，那时的美国人从未见过这样的漫画。在这部连环漫画的开头有一个笑点：一只可爱的小狗公开表达了他对查理·布朗的仇恨之情。《莱尔·艾布纳》的原作者艾尔·凯普称里面的小学生是"渴望伤害彼此的恶毒小浑蛋"。在2015年《花生漫画》合辑的介绍中，《辛普森一家》的原作者马特·格罗宁回忆说，他"曾经因这部漫画中漫不经心的残忍和不假思索的羞辱而感到兴奋"。对于

《杜恩斯比利》的原作者加里·特鲁多来说，《花生漫画》"散发着50年代的疏离感"。

后来的《花生漫画》则很难与这种赞誉比肩，到那时，这群"小浑蛋"已经被简化为千篇一律的可爱形象。四腿猎犬史努比变成了像人一样用两只脚走路的动物，头与身体相比格外地大，四肢短粗，身体富于弹性、协调一致，动作笨拙——好吧，最后一点或许不至于。史努比可是一只会跳舞的狗。

正是后来更温和、更可爱的《花生漫画》，尤其是史努比，令三丽鸥公司的辻信太郎着迷。《大西洋月刊》讲述这个角色的历史时，对其"幼稚化"追溯到1966年，那时动画片《这是南瓜大王哦！查理·布朗！》将四分之一的时间都花在讲述史努比想象中的冒险上了。两年之后，也就是1968年，辻信太郎获得了授权。很有可能，他甚至对早期那个四条腿的史努比全然不知。

虽然他没能弄清楚自己的草莓图案和水森亚土的卡通形象之间有何共同之处，但他发现了另一个能够热卖的图案。不过一年时间，史努比系列产品便只手扭转了山梨丝绸中心的颓势。

辻信太郎知道，要不了多久，竞争对手生产的同类产品就会涌入市场。为什么要与他们竞争呢？正如他后来所说的，日本是"一个'赚钱'就意味着'创造东西'的国家。我只想跳过'东西'，即'硬件'，去做知识产权，也就是'软件'的生意。我怀疑周围的人都认为我疯了。"

1971年，辻信太郎在公司内部成立了一个设计部门，部门员工全部为年轻人，其中大多数是刚从艺术学校毕业的女性。《花生漫画》的接连成功，让辻信太郎给这个设计团队下达了一个简单的指令："去画猫和熊。如果一只狗都能那么火，那么这两种动物也必然有一个会火。"他计划同年在东京市中心开第一家专卖店，因此他需要这些设计师不断地设计新产品，以便货源充足。

辻信太郎将这家店取名为 Gift Gate（礼品门）。为了显露自己的雄心壮志，他故意在东京新宿区的中心选择了一个十分昂贵的地段开店——这里也是日本奢侈品零售连锁店三越百货公司和伊势丹百货公司的所在地。他是在美国旅行时从贺曼贺卡商店学到这种基本商业模式的，不过，行政管理则完全是辻信太郎风格。顾客走进Gift Gate，就像走进他的脑海。墙壁被做成姜饼屋的样子。店铺中央放着一架李伯拉斯[1]会弹奏的那种闪亮的白色钢琴。当然，周围的货架上是琳琅满目的卡片、笔记本、钢笔等各种文具，以及故事书，还有由他公司出品的所有其他卡哇伊产品。他还从贺曼学习到另一种创新，他利用这些专卖店的可控环境来测试新产品，跟踪具体到每一样产品的销量——据此挑选下一季的热卖产品。

两年后，也就是1973年，他做出一个大胆的决定：更改公司的名字。他这样做，部分是受到索尼公司的启发。辻信太郎梦想着将自己的产品推向全球市场，他知道，"山梨丝绸中心"这样的本土名字太拗口，已经不合适了。

"Sanrio是西班牙语san rio的缩写，意思是'神圣的河流'。"他解释道，"世界上伟大的文明都是从河流发展起来的，比如底格里斯河、幼发拉底河、尼罗河、黄河。这就是我给公司取名时的想法，以此强调我们创造了一种全新的文化。"这其实就是一种官方说辞。但巧合的是，"山梨"在日语里也可以读作"sanri"，而"o"听起来有点像"男人"或"国王"。因而，三丽鸥就像"山梨之王"的谐音。辻信太郎从未承认或否认这一点。"公司需要内部笑话。"他在70年代末的一次采访中被问及这个话题，如此坦言道，"如果没有，那你就完了。"

☆ ☆ ☆

终极之美。永生。深不可测的恐怖。无法解开的谜团……血流成河，指

---

[1] 美国著名钢琴家，以华丽的舞台设计著称。

尖冰冷，笑容惆怅……鲜血！生命之源！光是想一想我就打寒战！

这听起来一点也不像给小女孩看的漫画，即所谓的"少女漫画"（shojo manga），但它正是这一场景的出处。这本少女漫画叫作《波族传奇》。剧画有关血与汗，而少女漫画的重点是眼泪，它们盛在深受内藤奈风格影响的调味碟一般大小的大眼睛里，闪烁，充盈着愤怒、快乐、悲伤、羞耻等主角在这一刻所能感受到的一切情感。小流浪儿寻找失忆的母亲，或者反过来。善良的芭蕾舞女演员战胜坏女孩。失恋，然后复合。这些都是男性编辑认为女孩子会喜欢的内容。据称，这些故事卖得挺好的。然而，少女漫画的粉丝们渴望读到更有趣的内容。1972年开始连载的《波族传奇》做到了这点。

当时的日本漫画行业由男性主导，《波族传奇》是第一部引起巨大反响的女性艺术家的作品，作者名为萩尾望都。萩尾在成长过程中阅读了大量国内外科幻和奇幻作品。作为漫画家，她完全是自学成才，因为她的父母十分严厉，认为漫画不利于孩子的健康成长。她偷偷研读了手冢治虫的《卡通学院》，这是他出版的一本教程，里面详细介绍了专业漫画家使用的所有技巧，从素描、构图，到如何选择特定类型的纸、笔、墨。然而，即使在成为专业漫画家多年后，她依然选择向父母隐瞒自己的漫画事业（他们一直以为她是一名美术老师）。

从表面上来看，《波族传奇》与普通的少女漫画别无二致：线条简洁，背景细致考究，蒙太奇画面配上优美的诗句，交织出一篇关于永生之爱的露骨宣言。但是，《波族传奇》的主角并不是小女孩。埃德加和艾伦是一对年轻的吸血鬼，他们青春永驻，永远英俊迷人，月明时分会在玫瑰花园里品茶，打发漫长的岁月，偶尔也会挽着彼此的臂弯。在理想化的维多利亚时代欧洲风景中，他们寻找着鲜血和伴侣，多年后，《夜访吸血鬼》和《暮光之城》才将同性恋吸血鬼题材引入西方的青少年小说。虽然《波族传奇》并不卡哇伊——它风格黑暗，充满性暗示，但就像三丽鸥的产品深深打动小学生那样，它也以同样的方式深得青少年喜爱：将理想化的美感与西方幻想融合在一起。

值得称道的是，正是这些少女漫画界的男性审查员纵容了萩尾的幻想，虽然他们对这些天马行空的想象感到迷惑不解。她的编辑在看到《托马的心脏》——两个高中男孩之间的禁恋故事——的前几页后，立即恳求她"赶紧结束"（然而，当首次印刷的3万册《波族传奇》合辑在一天内销售一空后，这位编辑马上变得宽容了许多）。

那么，购买者都是谁呢？这个问题在1975年12月，一个寒冷冬日里东京的一个社区中心，得到了清晰的答案。这也是"日本动漫同人大会"（Comic Market，以下简称Comiket）首次在公众面前亮相。Comiket是日本首个由自费漫画杂志出版爱好者发起的大会，日本粉丝将这种漫画杂志称为"同人志"（dojinshi）。在Comiket上，这些由业余漫画爱好者构成的粉丝，会交换或售卖自己创作的作品，即同人志（它们往往是对当下流行漫画和剧画的致敬或模仿）。这在当时还是版权法尚未覆盖的灰色地带。Comiket虽然承诺给这些作品以首次公之于世的机会云云，其实一切不过是发生在东京消防厅的一个旧会议室里。活动刚开始不太顺利，组织者迟到了，他们赶去帮助摊贩摆放摊位时，参与者不得不在外面的寒风中牢骚满腹地等待了整整半个小时。

Comiket是由一群年轻人想出来的，他们大多是东京明治大学的学生，在明治大学里开办了一个名为"迷宫"（Meikyu）的漫画迷俱乐部。他们认为自己是不见容于当时日本最大的主流粉丝俱乐部"日本漫画大会"的流亡者。日本漫画大会是崇尚专业的组织，将同人漫画视作对资深创作者的侮辱。Comiket的组织者希望打破这堵臆想出来的墙。他们起初以为自己的活动可能只会吸引几十个志同道合的粉丝，因为即使是日本漫画大会，和一年一度的日本科幻大会——后者素有业界"星云奖"[1]之称——这样的大型活动，最多也只有几百人参与。

当发现活动现场被七百多名参与者包围时，他们深感惊讶。而更令他们惊讶的是前来参加的人。他们以为参与者会是与他们年龄相仿的大学男生，可是有九成参与者都是十几岁的少女，她们买卖的同人漫画以少女漫画，而不是以主流少年漫画或男性剧画为原型。其中很大一部分是纯色情漫画。在许多作品中，同人志作者们以更为露骨的方式探索了萩尾作品里没有明示的关系，以详细到近乎恐怖的笔触，描写了原作中仅止步于暗示的男性角色之间的秘密约会。当时的女性粉丝们将这种男同性恋题材称作"晏"（yaoi），日语"没有高潮，没有结束，没有意义"的缩略词。用同人迷的话来说，重点不是故事，而是"诱人的部分"，即中性化的清秀男孩们渴望彼此缠绵的时刻。她们的这类作品将在未来的许多年里主导Comiket。

萩尾望都的成功，为20世纪70年代的女性漫画家扭转局势、进一步接管少女漫画铺平了道路。她们从Comiket等粉丝文化中借用了那些通常颇为露骨的主题，并将其嵌入日益复杂、强大的主流作品里。专业漫画家和粉丝之间不再横亘着一堵墙，从这一刻起，他们将会对话。

接下来的几年内，同人爱好者的数目尽管依然稀少，却成为一股不断增长的亚文化力量。与此同时，更加年轻的一代女性读者则会用零花钱为自己喜欢的形象埋单。她们在自己的主张下成为消费大军。至于三丽鸥公司创始人辻信太郎，这位永远稍稍领先于时代潮流的商人，早就以优雅的姿态准备好了迎合她们的消费需求。

事实上，三丽鸥时代的第一个成功的原创卡通形象不是猫，也不是熊，

---

[1] 美国科幻和奇幻作家协会（Science Fiction and Fantasy Writers of America, SFWA）设立的奖项，是美国奇幻及科幻文学界的最高荣誉之一。

而是一个扎着辫子的金发小女孩，由一位笔名为前田洛可的20岁设计师设计。前田从艺术学校毕业后做的第一份工作，就是在三丽鸥做设计师，她已经设计过一些颇为成功的苹果图案——带有三丽鸥最早的草莓系列产品的复古风格。1974年，她为一款托特包设计出了这个小女孩形象。包的正面是小女孩图案，图案下面是"Love is"（爱是）两个单词；背面是小女孩的背影，下面写着"a little wish"（一个小愿望）。这款手提包看上去清新可爱，英文字母则为它增添了几分洋气，顾客争相购买。包上面的小女孩头圆圆的、眼睛低低的、脸蛋鼓鼓的、胳膊短短的，看起来像是一个蹒跚学步的小嬉皮士——总结起来就是水森亚土笔下嬉戏的小天使，加上一点查尔斯·舒尔茨[1]风格。这个卡通形象对三丽鸥至关重要：即使你从未见过她，也能一眼看出这个没有嘴的金发小姑娘有着典型的"三丽鸥风格"。

  辻信太郎不喜欢这个卡通形象。他说："老实讲，我跟很多人说，我觉得它不好，我深信这个图案不会有人买。"他既不喜欢这个小女孩，也不喜欢在设计中掺杂英文字母。如果说他的不喜欢惹怒了前田，那么她也没有表现出来。托特包刚一上架，她就为自己创造的小女孩加了一个男朋友，还为他们编了一个背景故事：女孩叫作帕蒂，男孩叫吉米，他们来自堪萨斯城（并没有具体说明是密苏里州还是堪萨斯州的堪萨斯城）；帕蒂喜欢运动，吉米喜欢看书。无论是有意为之，还是单纯因为文化渗透，三丽鸥的第一对明星卡通形象遵循了数十年前竹久梦二和卡哇伊最初的开创者所奠定的模式：在日本气质上加一点外国风情。帕蒂和吉米在20世纪70年代成为三丽鸥最畅销的卡通形象。1977年《朝日新闻》的一篇文章在介绍三丽鸥时，并没有说它是凯蒂猫的公司，而说它是"因帕蒂和吉米而成名的三丽鸥"。这篇文章向成年读者解释道："几乎每个女学生都知道这对形象。"将帕蒂和吉米描绘为一缕阳

---

[1]《花生漫画》作者。

光，照进了学生们整天应对学校考试的沉闷日常。

当然，前田不是三丽鸥唯一的卡通形象设计师。当帕蒂和吉米出现在前田的桌面上时，她的一位同事正默默地创作属于自己的卡通形象。她的名字是清水裕子，是辻信太郎招募的另一个刚从艺术学校毕业、二十出头的女设计师。因为清水喜欢猫，所以她的作品更接近辻信太郎最初对动物卡通形象的设计要求。"我当时想，如果有只猫能像人一样说话，像人一样舔冰淇淋，像人一样逛街，不是很有趣吗？"数年后，她在为三丽鸥的内刊《草莓报》写的一篇文章中解释道，"我第一幅设计稿是一只用吸管喝牛奶的小猫。我画了两种，一种是正面，另一种是侧面。那时我刚来公司，把这两幅画拿给我的助手看，她指着侧坐着的那幅，大声说：'就这张！这张太卡哇伊了！'"看来，即便是行业专家，也无法定义什么是"卡哇伊"——卡哇伊是你见到才会知道的东西。

然而辻信太郎也不喜欢这个形象。"我只觉得还可以。"他在接受采访时经常这么说，面带微笑，摇着头。于是，这个想法在当时就作为备选，而被暂时搁置了下来。直到第二年，也就是1975年，这只还没有名字的小猫才成为同款塑料零钱包里最热销的那个。

这只小猫的成功令所有人颇为意外，尤其是它的创造者。"它的销量远超预期，"清水裕子回忆说，"连我都震惊不已。"参照帕蒂和吉米成功的例子，清水赶紧为这只猫创造了一个背景故事。她借用《爱丽丝漫游奇境》一书中主人公宠物猫的名字，给这只猫取名为"凯蒂"。

被当今流行文化历史学家称为"第一次凯蒂猫热潮"（和流行病学家确定疫情暴发时间的方法一样）的现象，发生在1977年。三丽鸥公司在新学年伊始推出的一系列凯蒂猫产品，成了当时小学女生的必备品。三丽鸥的产品，及其竞争对手效仿它的山寨产品，很快使文具店里的同类产品销售一空，新顾客不得不在 Gift Gate 里寻找更为可爱的替代品。三丽鸥生产的"凯蒂猫为那些疲于应付考试和补习班的孩子提供了能让他们产生共鸣的梦想和幸福"。当年晚些时候,《朝日新闻》上的一篇简介这样指出,对于这家公司能在因通货膨胀而经济状况恶化的情况下年收益翻一番,也表示惊叹。随后,日本社会出现了小范围的抵制,全国家庭主妇联合会的一名发言人谴责了这一狂热,称带卡通形象的文具完全没有必要,且价格昂贵。

讽刺的是,清水裕子未能见证,至少未能在三丽鸥内部见证这次抵制:早在一年前,也就是1976年,她便结婚成家,然后离开了三丽鸥。她创造了如此经典的设计,却未等事业腾飞就放下画笔,这似乎令人感到不可思议,但在日本社会这是惯常做法:女性怀上孩子后,理应放弃事业,专注于家庭事务(因此,才会存在"全国家庭主妇联合会"这种组织)。尽管辻信太郎在录用女性职员方面非常开明,但他并没有反抗这种习俗。在他看来,这种习俗使他的公司人员能够经常性流动,从而不断被注入新鲜的年轻血液——新员工的年龄更接近三丽鸥的客户群。日本当时根本没有《平等就业机会法》,这种女性人才边缘化的情况在当时的职场非常普遍。

清水裕子之前的助手米洼节子——说清水裕子最初绘制的形象非常卡哇伊的那个助手——在凯蒂猫热潮期间负责凯蒂猫的设计。她进行了一系列的创新,比如第一次画出了站立的凯蒂猫,不过除此之外,她特意严格遵循清水的绘画线条,在凯蒂猫的脸部使用影印模板以确保一致性。不知道是因为这种保守的绘画方式,还是因为小孩子的喜好在不断变化,第一次凯蒂猫热潮在1979年左右降温。米洼节子借此机会宣布退出职场,因为她也想建立自己的家庭。要说凯蒂猫的创造者对这个卡通形象的魔力有多不清楚——三丽鸥甚至没有为凯蒂猫换一位新的设计师,米洼节子的离开,使得凯蒂猫陷入了"卡哇伊前途未卜"的境地。凯蒂猫产品的销售量每况愈下,对此,设计团队毅然决然地将重心转移到一对更有前途的新卡通形象身上,他们叫作双子星,这对双胞胎与帕蒂和吉米风格相似,都是天使般的小孩子。凯蒂猫,再见。

前田洛可和清水裕子等艺术家，显然都在其作品中挖掘出了一些东西，可是她们的作品有些成功了，有些失败了，即便是那些深受欢迎的，也会过气。由此可见，没有人真正知道为什么某一种卡通形象会赢得三丽鸥顾客的欢心，甚至连三丽鸥自己的员工，乃至三丽鸥的老板都不知道。他们只知道，卡哇伊就等于受欢迎。

虽然三丽鸥的设计师们当时并不知情，但这种卡哇伊的设计，在一个完全不同的领域为他们的同行带来了福音。而卡哇伊在这个领域的成功应用，率先说明了它不仅仅是女孩或小孩子的东西。事实上这种运用十分成功，世界各地的许多人都是从这种运用中，而不是三丽鸥的产品中，初次体验到了卡哇伊的感受。这个领域就是电子游戏。

☆☆☆

宫本茂产生这个想法时，正一丝不挂。这很正常，因为他当时就坐在浴缸里，准确地说，是坐在一种在日本司空见惯的传统公共浴池里，你用肥皂把自己冲洗干净之后，再进入浴池，和其他人一起泡澡。不过当时宫本茂只身一人，整个浴池都由他独自享用。这间浴室位于一家工厂内部，这家工厂曾经生产传统日本纸牌。由于生产过程中需要蒸汽，锅炉中的一些热水会被输送到浴池，犒劳在那里工作的工人。如今这里已经没有多少工人，浴室也变得空空荡荡。此时是1981年，宫本茂的雇主任天堂公司已经从纸牌转型到电子游戏。

这次转型不是很顺利。任天堂生产的街机游戏是那些更为畅销的游戏的衍生版本，没有一款吸引玩家。与此同时，任天堂的竞争对手却生意兴隆。无奈之下，任天堂的总裁只好对这位头发蓬乱的29岁年轻人委以重任，让他设计出一款热门的游戏。

宫本茂一点编程经验都没有，他其实是个平面设计师。但这点将会成为令人意外的优势。那个年代的电子游戏和我们今天熟悉的电子游戏相比，看起来大不相同。当时没有三维图像技术，也没有电子舞曲配乐。那时的电子游戏非常粗陋，玩家必须将屏幕上粗糙的正方形和长方形想象成球拍和球、汽车或宇宙飞船等真实物体。宫本茂进入这个行业时，电子游戏技术已经得到一定程度的发展，能够设计出玩家可以识别的形象。仅此而已。

宫本茂面临着与三丽鸥设计师大致相同的问题。三丽鸥虽然不同凡响，但也不过是一家铅笔、文具、餐具等廉价商品的供应商。其不寻常之处在于能够利用可爱形象的力量，使这些原本稀松平常的日用品在竞争激烈的市场上脱颖而出。宫本茂知道，他也需要一个能让他的游戏脱颖而出的形象。然而，三丽鸥的设计者只受制于自身想象力，宫本茂的雄心壮志却受到非常现实的因素的制约，即那个时代计算机和电视技术的限制。

例如，他的游戏主人公需要被放进只有16像素的方格中。艺术界的传统观点认为，通常人的身体是头部的8倍。然而，16×16的矩阵空间不足以呈现真实比例。点数太少了，如果宫本茂遵循解剖学设计原则，那么主人公的脸最终只会有两个像素大小，根本无法被识别。

冥思苦想数周后，他终于有了灵感：他不需要遵循真实比例！他完全可以设计出非写实的主人公，一种被压扁了的形象，一种卡哇伊的东西。

这个决定一旦做出，其他一切就顺理成章了，宫本茂将他的主人公简化，只保留最基本的元素。他让这个形象蓄着小胡子，这样他就不需要嘴巴；给他戴上帽子，这样他就不需要发型；让他穿上红色工装服，这样他就不必画手臂，也能让他显现出形状。和凯蒂猫一样，最终形象使用了最少的元素，这样用户就能用他们的想象力，对其余部分进行填充。"他是将卡哇伊视角用于游戏角色的第一人。"任天堂娱乐系统设计师上村雅之这么告诉我。马力欧就这样诞生了——早在1981年发行的《大金刚》中，这个角色只是被简单地称为"跳人"（Jumpman）。

马力欧在凯蒂猫热潮消退之际被推出，绝非巧合。他们具有同样的文化属性，这种文化现在已经蔓延至全球各地。

《大金刚》在国外大受欢迎，不仅仅因为这款游戏制作精良，也在于其独特的卡哇伊设计，与美国游戏制造商生产的《导弹指令》和《战争地带》等军事主题游戏形成鲜明对比。这些差异不光是表面上的。《大金刚》不仅看起来卡哇伊，它几乎就是卡哇伊的化身。这款游戏没有激光器，没有宇宙飞船，没有爆炸，只有一个小卡通人跑跑、跳跳、爬爬，除了倾斜的油桶和简单的重力等生存威胁之外，他没有任何敌人。反面人物大金刚也证明了，就连一只逃跑的凶猛大猩猩，卡哇伊设计都能使其变得可爱无比。

西方游戏玩家将日本公司制作的《大金刚》，以及其他卡哇伊风格的游戏，统称为"可爱游戏"。起初，业内人士对这些看上去和听起来都与美国制作的游戏大不相同的日本游戏嗤之以鼻。"他们的游戏在这里吃不开，"美国《装甲攻击》和《星堡》等热门游戏的创作者蒂姆·斯凯利曾在1982年这样告诉一位记者，"我预测他们在美国会失去许多生意。"结果并非如此。《吃豆人》《打空气》《青蛙过河》等可爱游戏的盈利，很快就大幅超过美国游戏。这是日本最早在美国取得的国际流行文化胜利之一。事实上，要不了几年，美国整个游戏产业就会玩儿完了——不过这是后面一章要讲的故事。

1978年，22岁的山口裕子加入三丽鸥。当时正值凯蒂猫热潮。没人意识到这只小猫将会成为一股多么巨大的文化力量，她更是如此。

作为一名美术生，山口裕子对三丽鸥的产品并没有特别的钟爱，她的梦想是在日本蓬勃发展的广告业工作。可是，她敏锐地察觉到年轻女性在日本职场面临的重重障碍，她知道经营广告公司的男性永远不会让女性担任领导。"我加入三丽鸥，不是因为我想做卡通形象设计，而是因为我想发掘自己的潜力。"山口裕子在多年后解释说。

虽然凯蒂猫刚面世时，辻信太郎对她没什么热情，但在此后的几年里，这位三丽鸥公司的总裁逐渐感受到了她的魅力。（毫无疑问，凯蒂猫热潮期间的日进斗金起到了作用。）山口裕子回忆说，当辻信太郎得知设计团队打算放弃凯蒂猫的设计时，他一反常态，勃然大怒。她记得他大声喊道："她是友谊的象征，你们不许放弃她！"他命令设计部门停止手头的项目，举行一次新款凯蒂猫概念设计的内部竞赛。

每位设计师都递交了自己的设计，只不过最终是山口裕子的设计胜出了。她的设计非常大胆：凯蒂猫坐在钢琴旁，一家人满怀爱意地相伴左右。这幅温馨的画面深化了此前凯蒂猫设计师所暗示的背景故事。1980年，山口裕子获得凯蒂猫首席设计师一职。对她来说，这场胜利令她喜忧参半。"我担心一旦被任命为凯蒂猫形象负责人，就不能画其他东西了。"2002年接受采访时，她解释道。在她的回忆录里，她更加直率："甚至就算他们告诉我'凯蒂猫现在是你的了'，我也对她提不起劲。她的头太大了，比例完全失调，无论穿什么衣服都不好看。她还没有表情。在我看来，她那对耳朵就像是恶魔的角……我看着她，心想：'我怎么才能让她再次焕发光彩呢？'我不知道。我真的毫无头绪。"

山口裕子就任这个职位时，正值日本社会中的女性角色发生深刻变化。20世纪80年代初标志着日本大众媒体所谓的gyaru（辣妹）群体的崛起。这个词源于英语中的gal[1]（女孩）一词。1979年，随着泽田研二的一首叫作《哦！女孩》的歌曲火了起来（这首歌的副歌宣称"每个女人都是超级明星"），这个词也进入了日本词典。和英语一样，日语中也充斥着各种各样称呼女性的方式，有客观的onna（女人）或josei（女性），也有差别细微的onna-no-ko（小

---

[1] 这个词在日语里指年轻的女性，特别是性格开朗、善于交际，在流行和时尚方面品味相通的一类女性。

女孩)、musume(女儿)、ojosan(年轻女士)、shojo(少妇)、obasan(中年妇女)等。随着当时女大学生和毕业生的增加，日本人需要一个新名词来称呼这些蔑视社会期待、不想结婚生子、只想好好玩乐的女性。

当时的日本成年人认为，这种新兴的自我中心主义十分可耻。记者山根和马言辞犀利地描述了这个群体。他在1991年出版的《Gal结构》一书中写道："如果gal(女孩)是一种动物，那她会是猫，不是黄鼠狼，也不是狐狸。因为猫会将爪子隐藏在可爱的脸庞和呼噜声背后，同时拥有不让自己挨饿的直觉。"

这些年轻女性出生在20世纪60年代初，是三丽鸥最早的客户。到80年代后期，日本经济实力达到顶峰，她们已经成为年轻人，但对精美物品的喜爱不减，正好契合这个泡沫时代的浮华与过剩。出版商们纷纷推出新杂志，比如《Gal生活》《胡萝卜Gal》《粉红后花园》，里面充斥着供年轻女性尽情享受的精彩故事。80年代，松田圣子等光鲜亮丽、超级可爱的偶像明星首次在荧屏上出现，推动了新兴的卡拉OK现象，并预示着支配当今日本娱乐界的AKB48[1]等大众偶像团体的涌现。同一时期，村上春树的"纯爱"小说《挪威的森林》，使作家成为超级明星。也是在这个时候，一位笔名为吉本芭娜娜的24岁女性，以《厨房》一书震撼了由男性主导的文学界，这本出人意料的1988年畅销书讲述了一名女大学生的琐碎生活。

随着gal群体的卡哇伊品味逐渐主流化，她们在社会中掀起了"用婴儿语气说话"的风潮，催生了像burikko(形容装腔作势、费尽心机装可爱的人)和bodikon(泛指注重身材和紧致皮肤的时尚)这样的俚语。gal群体会在白天买奢侈品，晚上和帅哥泡夜店。"gal是年轻淑女的反面，她们性感贪玩、随便轻浮，无论对什么都是一副跃跃欲试的样子。"社会学家难波功士（Koji

---

[1] 日本大型女子偶像组合。

Namba）这样写道。然而，80年代后期gal群体的种种行为只是个开端。

到了20世纪90年代，新一代年轻女性在gal群体的启发下，在一种长期受男性品味支配的文化中成为时尚的领军人物。她们欣然接受小女生和孩子气的东西，将其视为独立和权力的象征。把使用三丽鸥的产品当作一种无声的暗号，彼此形成默契，引领这种备受争议的性感可爱时尚潮流，热衷于装饰寻呼机、早期数码相机以及用于发送信息的手机等小玩意儿。日本青少年和年轻女性毫不掩饰地拥抱内心孩子气的一面，与此同时疯狂追求任何能扩大他们社交圈的新生事物，在不知不觉间成了全球时尚的引领者。山口裕子将成为这股社会浪潮的弄潮儿，借此机会将凯蒂猫这个日本小孩子曾经喜欢的形象，打造成为每个人都喜爱的国际偶像，并在此过程中将卡哇伊文化全球化。不过，这也是一个在后面的篇章里将会继续讲述的故事。

与此同时，那个引发了这一切的凯蒂猫塑料零钱包怎么样了呢？不可思议的是，对于意义如此重大的产品，三丽鸥竟然没保留一件样品。20世纪90年代初，职员们曾齐心协力在三丽鸥众多办公室和Gift Gate门店储藏室中寻找，结果一件都没找到。他们以为永远也找不到"小钱包"了。然后出现了一个奇迹：一位女士曾在儿时收到过这样一件礼物。她听闻三丽鸥公司正在寻找这种零钱包，就将自己的样品捐赠给了这家公司。直至今日，这件样品仍然是世界上仅存的1975年款"小钱包"。这个零钱包目前存放在三丽鸥东京总部，被锁在一个保险箱中（1998年，三丽鸥公司生产了限量版的仿制款"小钱包"，这种仿制款如今也已成为一种收藏品）。

辻信太郎对创作过程基本上不予干涉，他将大部分决策权交给了主要由女性构成的设计团队。20世纪70和80年代初的日本仍然是一个由男性主导的世界，然而辻信太郎仍逆势而行。到了1979年，三丽鸥的新员工中有七成是女性。虽然三丽鸥的高级管理层仍完全由男性构成，但是像三丽鸥那样，给予年轻女性提出、创造和管理她们自己的设计路线的充分自由，在当时的日本商界已经是创举了。

辻信太郎在这方面的先进性，也许可以追溯到水森亚土等人从他身上看到的"小女孩"的一面。三丽鸥的二把手特里·荻洲曾经提及自己在20世纪70年代末去过辻信太郎在东京的家。当时，他老板的卧室门开着，他瞥了一眼，惊奇地看到在一张床上铺着凯蒂猫的被子，被子上放着一对双子星枕头，枕头中间搁着一只泰迪熊，天花板上还挂着一串婴儿风铃。这个房间看起来完全不像一位年近五十的已婚CEO的卧室——它更像是一间育儿室。这个来自山梨县的无依无靠的小孤儿，已经成长为每天都像是在过生日的男人。他的个人品味也许有些古怪，但在"想要逃到自己的私密世界中去"这一点上，他绝不孤单。

第五章

插拔

——Walkman 1979

在改变人类感知方面，索尼Walkman所做的比任何虚拟现实设备都要多。

——威廉·吉布森

1983年，史蒂夫·乔布斯在参观日本工厂时非常我行我素。彼时他刚刚创造了一种富于革命性的个人电脑系统——麦金塔系统，迫切需要找到一家供应商，为他生产3.5英寸软盘驱动器。然而，他却穿着牛仔裤和运动鞋与西装革履的日企高管及白领属下会面。他们送他精心包装的礼物，他却无动于衷，常常做出令人难以想象的失礼行为，比如在会面过后将礼物遗留在桌子上。当工程师们捧出他们眼中的公司珍宝，乔布斯却嗤之以鼻道："这根本就是垃圾！任何人都能造出比这更好的驱动器！"

唯一的例外，就是索尼。这位硅谷神童与索尼公司的联合创始人兼董事会主席盛田昭夫会面时，盛田昭夫62岁，容光焕发，乔布斯28岁，稚气未脱。可以毫不夸张地说，乔布斯是索尼的粉丝。苹果公司成立后，有几年与索尼公司同在库比蒂诺的一座大楼里，乔布斯特意定期到索尼公司看最新的产品目录。因为对他们的字体和版式十分感兴趣，他甚至收藏了索尼公司的信纸。甚至有人认为他痴迷得过了头。在这次会面过程中，年轻的乔布斯不断询问年长的盛田昭夫，对索尼公司的产品、工厂，甚至连他们员工穿的制服都充满好奇。盛田昭夫像一位和蔼可亲的叔叔，耐心地回答着每一个问题。

会面结束时，他也赠送给乔布斯一份礼物。它叫作Walkman（随身听），是一种个人立体声音响系统。"有了它，你就可以随时随地听音乐了。"盛田昭夫解释道。

这一次，乔布斯终于记得将礼物带走。乔布斯素来喜好音乐，他是鲍勃·迪伦的铁杆粉丝，与琼·贝兹有过短暂恋情，曾经用最好的设备精心组装过一套顶级家庭音响系统，他还始终坚持给麦金塔设计室配备高保真音响系统。Walkman并非很好的高保真音

第一款索尼随身听（TPS-L2）

响系统，以当时的科技，这样的体积是提供不了像音乐会、立体声音响这种能与周围人共享的公共听觉体验的。但它却标志着我们今天习以为常的、随时随地的个性化听觉体验的到来。很少有人预料到这项创新会带来天翻地覆的变化，但乔布斯就是其中之一。

回到家后，乔布斯也没有听他的Walkman，他所做的是将它拆开，审视每一个，哪怕是最小的零件，看在光滑的塑料和金属外壳中，这些小部件是如何组合在一起的。乔布斯不需要戴上耳机就知道它非同凡响。它的小杠杆、齿轮、绞盘、小马达，以一种全新的炫酷方式组装在了一起。这家来自日本的公司和它头发灰白、和蔼可亲的董事长，破解了让高科技变时髦的密码。

"他不想成为IBM，也不想成为微软。他只想做索尼。"约翰·斯卡利回忆道。那时，他刚刚被乔布斯从百事公司挖到苹果公司做首席执行官。要知道在当时，用乔布斯这样的眼光看待索尼的美国商人寥寥无几——事实上，在很长一段时间里，根本没人这么看。然而只要你用心寻找就会发现，征兆早已出现。

1958年1月24日，《纽约时报》头条写着"4000台微型收音机在皇后区失窃"。这明显是团伙作案。傍晚时分，这个犯罪团伙从附近的铁路货场潜入位于果园街的德尔莫尼科国际仓库，匪徒爬上一辆货车，接着跳上车库屋顶，从二楼的窗户爬了进去。

将门撬开后，他们进入仓库内，开始从堆积如山的箱子里一丝不苟地寻找战利品——上一个节假日人们的必备单品，五颜六色、小巧的索尼TR-63晶体管收音机。他们将400箱收音机装在木质托盘上，然后砸破了4道门，乘坐货梯到达位于一楼的装货平台，一辆卡车已经等在那里。由于当时货场和企业正忙，这些盗贼居然在众目睽睽下将这些箱子装上卡车，堂而皇之地开出货场，消失在暮色之中。和他们一起消失的，还有价值16万美元的晶体管收音机。这是美国历史上同类盗窃案中，单次涉案金额最大的一起。警方询问了五十多名目击者，没有一个人看到或者承认看到这起犯罪。罪犯一直没有被抓到，甚至从未被指认。

你可能会自然而然地以为受害者一定愤怒不已，可事实上他们十分欣喜，只是不露声色。随后几天，报纸文章和电台节目一次又一次地强调，只有一家公司的收音机遭窃，这家公司就是索尼。《纽约时报》上的那篇报道读起来像是企业发布的媒体新闻稿："德尔莫尼科集团称自己是日本索尼收音机的唯一进口商和经销商。失窃收音机每台价值40美元、1.25英寸厚、2.75英寸宽、4.5英寸高。据警方称，20箱（其他品牌的）收音机被留在原处，连同数万美元的其他电子设备。"这样的宣传拿钱都买不到！至少在接下来的几天，光天化日下盗匪破门而入，专挑高科技袖珍收音机下手的故事迅速流传开来，纽约人无不对此津津乐道。几周后，商人们纷纷拿索尼公司在纽约市的代表打趣，问他如何才能如此恰到好处地遭窃。他给出的答案是，这并非出自索尼公司的筹划。他们目前正想方设法提高产量，以补上失窃的那4000台收音机带来的空缺。事实上，在当时，他们的"可放进口袋里的"晶体管收音机，这种世界上尺寸最小的收音机，其销售速度——包括这一次失窃之后的——已经超过了索尼公司的生产速度。

3年前，盛田昭夫就曾拜访过一轮美国各路零售商，当时他才34岁。百货公司的采购员当面讥讽他："美国人个个都想要大收音机！我们的房子大、房间多，谁需要这些小玩意？"面对这样的讥笑，盛田昭夫一次次平静地回答："是的，你们的房子大，每个家庭成员都有自己的房间，但在他们自己的房间里，他们可以打开这个小收音机，想听什么就听什么。"那起盗窃案确实是一次不折不扣的犯罪，但也是一次证明。伤亡惨重的美日战争结束才10年，两国都刚刚摆脱战争的阴影，现在，美国人就对日本的收音机求之若渴，甚至不惜去行窃。

至于为何会如此？故事要从第二次世界大战说起。"二战"期间，盛田昭夫遇到了井深大，后来他们一起创办了索尼。当时两人都被分到一个特殊的海军工程小组。盛田昭夫出生于富裕的清酒和味噌制造商家庭，在名古屋养尊处优的环境中长大。他先是攻读物理，后应征入伍，加入海军的研究部门。井深大比盛田昭夫大13岁，经营一家生产精密测量仪器的公司。作为一位技艺精湛的电气工程师，井深大在这个研究小组担任组长。他们的任务之一是设计热追踪导弹——这种尖端武器直到战争结束几十年后才成功问世。当时日本物资匮乏、人力短缺，这项任务徒劳无功。可眼看着就要战败，军方只能孤注一掷。

他们的研究场所被刻意弄得毫不起眼，位于东京湾口附近的三浦半岛崎岖的山丘之间，离大城市很远。尽管如此，他们还是很难集中精神工作。一架架B-29在轰炸了东京或邻近的横滨后返回，从他们头顶飞过，空袭警报不断响起，打断他们手头的工作。盛田昭夫和井深大不止一次看到被防空炮击中的美国轰炸机燃起大火，在空中划出一道弧线，掉落到大海之中。

战争结束后，两人分道扬镳。盛田昭夫回到家乡，井深大去了东京，在那里成立了自己的实验室，也就是后来的东京通信工业株式会社，简称"东通工"。当时招聘员工并非易事，东京城一片狼藉，居民食不果腹。就像小菅利用锡制废品制造小吉普玩具一样，井深大和最初招录的7名员工在垃圾场和黑市搜寻零件，做成一只自动电饭煲，接着又做了一台面包机——两种机器的性能都不足以使其作为商品销售。最终，井深大想出了公司的第一款热门产品：这种设备能让普通调频收音机接收短波，从而让听众得以收听国际广播。由于几乎买不到任何组件，这些设备是由从黑市上淘来的真空管组装而成的，外壳是用废木料制成的。尽管如此，这款产品在渴望收听国外新闻的市民中依然广受欢迎，全国性报纸《朝日新闻》甚至为此刊登了一篇井深大的简介。盛田昭夫看到这篇报道后，立刻乘火车回到自己往日的师父身边。没过多久，他就说服父亲向这家公司投资19万日元。战后多年，日本经济元气大伤，对于普通日本人来说，这是一笔不可想象的数目，远远超过了一位高薪白领的年薪，而且还是一次性给付的。

当时东通工专注于生产短波适配器和留声机替换部件，虽然得到这笔不小的资金，早期还是入不敷出。由于美国军人给日本当地人带来了摇摆乐和爵士乐这些标志着新时代的音乐，东通工的产品在当时的日本家庭、餐馆和酒吧中深受欢迎。

东通工公司位于东京御殿山一带，靠近品川。很久以前，这片高低起伏的林地是日本贵族的度假地。葛饰北斋1832年创作过一幅描绘此地景色的浮世绘，在这幅春景图中，人们在高处观赏着樱花，下面是瓦片屋顶，那时的东京房屋低矮，建筑材料主要是纸和木头，远处，蔚蓝色的天空下，富士山清晰可见。1947年，这一带和东京其他地方一样，饱受战争摧残，满目疮痍。东通工的办公地点在一个年久失修的旧仓库，下雨时，员工们甚至需要在办公桌上撑起雨伞；而当天气晴朗时，他们走在路上，头顶是刚洗过、正在邻居家的晾衣绳上迎风飘舞的尿布——这是战后婴儿潮最初的征兆。公司只有一辆车，井深大和盛田昭夫——公司仅有的两个持有驾照的雇员——为了运送货物，他们用收音机同美国大兵换取从军用吉普车里偷偷抽出的汽油。

东通工的首个原创产品是录音机。井深大在参观NHK——日本一家全国性的广播电视台，后被美国占领军控制——时，看到一只美国产录音机的模型，由此萌生了制作录音机的念头。井深大说服美国人允许他的工程师来看看这台外国的录音机，然后开始自己制造。由于战后原材料短缺，井深大买不到塑料录音带，于是他和一位名叫木原信敏的足智多谋的工程师，将长条状的日本和纸固定在实验室的地板上，然后手动涂上含有磁粉的胶水，这种磁粉是木原信敏在公司厨房里用一只铸铁煎锅制成的。1950年推出的G型录音机虽然简陋，但设计巧妙，为后来其他型号录音机的问世开了先河，是公司打造消费电子产品帝国的一块基石。不过，使东通工名扬四方的首个产品，还属那款袖珍晶体管收音机。1957年12月，该公司用"索尼"这一全新品牌名发布了这款收音机。

盛田昭夫和井深大发明了Sony（索尼）一词，借用了拉丁语里的"sonus"（声音），而且加上了听起来非常阳光的单词"sonny"——取自从美国军人那里学来的表达"sonny boy"（可爱的小男孩）。"Sony"这个单词十分简洁，在不同语言中都易于发音，而且还有一点特别的好处：它听上去一点都不像日语，也许这正是其妙处所在。

今天，每当提及晶体管，我们想到的主要是集成电路和计算机，但晶体管最早广泛用于商业用途，就是制作袖珍收音机。在1947年贝尔实验室发明首个晶体管之前，复杂的电子设备使用的都是真空管，这种真空管体积庞大、容易破碎。因而，那时的收音机也是非常沉重、和家具一般大的电器，只能放在一个固定的位置，想听的人不得不凑在它周围。晶体管则简单便宜、小巧高效，若能大规模生产，有望为电子产业带来根本性变革。然而，技术障碍也是显而易见的，这不禁让人担心晶体管根本无法走出实验室。

井深大是在1952年的美国行期间得知晶体管的存在的，他立刻看出了这项新发明的潜力。第二年，他派盛田昭夫前往贝尔实验室所属的美国西电公司去协商制造晶体管的许可权。尽管有来自创造晶体管的那批科学家的技术支持，索尼的工程师们还是很难制造出质量可靠、可以批量生产的产品。经过多年的反复摸索，他们基本上是从头开始，重新创造了晶体管。事实证明，他们的实验工作十分超前，其中一位成员，物理学家江崎玲于奈，后来还因为在此项目过程中的发现而获得了诺贝尔奖。

索尼并不是第一家将晶体管收音机推向市场的公司。生产第一台晶体管收音机的公司名为Regency，是美国印第安纳波利斯市的一家小公司，这家公司生产的3×5英寸TR-1型收音机于1954年圣诞节在美国上架。由于晶体管的产品缺陷率很高，工厂生产的晶体管多数都不能用，Regency公司只好将这款收音机的零售价定为49.99美元——相当于现在的四百多美元。更糟糕的是，它的音质比普通的真空管收音机还要差。尽管如此，Regency公司第一年还是卖出了10万台，对于一个新产品来说，这个数字并不低，但对于一个拥有9300万台收音机的国家来说，就显得微不足道了。反倒是索尼1957年底推出的"可放进口袋里的"TR-63型收音机，使晶体管收音机的使用成为一种大众社会现象。

这款收音机只比一包香烟大一点，但要说"可放进口袋里"则不无夸张。在日本，盛田昭夫专门为他的销售人员量身定制了一种特别的衬衫，巧妙地将这些衬衫的口袋做得偏大。不过，这款收音机还是明显比Regency公司的那款小，而且还便宜10美元。此外，它还有黑、红、黄、绿等各种有趣的颜色。没过多久，这种袖珍收音机就成为热门产品，它是战后大众的首个必需电子产品。人们不停地谈论着从海滩男孩[1]到范·莫里森[2]的歌曲，晶体管收音机就是那一代人的iPod，一种日本制造的快乐与独立的象征。TR-63以及后来的TR-610问世不到两年，索尼以及其他日本公司每年向美国出口的晶体管收音机数量就达到了600万台。这种现象在1959年达到顶峰，美国人在那

1957年从日本空运至美国的一批TR-63收音机

---

[1] 20世纪60年代的美国迷幻摇滚乐队。
[2] 英国北爱尔兰的著名全能创作型歌手，出生于1945年。

一年购买了4700万晶体管收音机。几乎每个美国家庭都至少拥有一台,许多家庭甚至拥有多台。仅仅十年多的时间,一项技术成就转变成了一种稀松平常的商品。

至于晶体管,它后来成为人类历史上制造最广泛的物品。一块现代计算机芯片可包含多达数十亿晶体管。据半导体行业分析师吉姆·汉迪估计,自1947年晶体管问世以来,人们生产的晶体管共有13个百万的六次幂那么多——一个百万的六次幂后面有20个零,也就是说,地球上的晶体管远远多于银河系中的恒星。

尽管盛田昭夫并非20世纪50年代中期在美国做生意的唯一日本人,但他们经营的公司大多是专门帮助制造商将产品出口到国外的老牌日本外贸公司。作为日本企业在国外的"代言人",这些公司负责运输、清关、物流、配送,对于那些没有国外贸易经验的公司来说,是得力助手。当然,与这些业务强、人脉广的中间公司结盟也能赚到钱。不过,家境优渥的盛田昭夫想要的不仅是经济回报,还是拥有这样一家属于自己的公司。于是他独辟蹊径,暂别家人,独自搬到纽约市,决心在没有任何贸易公司帮助的情况下,掌握美国商务惯例。他这个级别的日本高管,背井离乡、从头学习,实在是闻所未闻。

果不其然,一开始很艰难。盛田昭夫几乎不会说英语,而且由于20世纪50年代国际汇款很困难,他身上几乎没有现金,只能住廉价旅馆,靠自动售货机解决三餐——在快餐时代到来之前,这种自动售卖设备一度十分新奇。不过,盛田昭夫学习能力很强,他在结交朋友和生意伙伴的过程中,汲取了他们的建议和知识:最好在高级餐厅吃饭,以便了解那里的服务;住高档酒店里最便宜的房间,比住廉价旅馆中最好的房间更好;你是一家知名公司的脸面,形象很重要。

不过,他不介意做苦力。1960年,当三万台最新的晶体管收音机运到纽约的一家仓库时，盛田昭夫脱下西装，换上工作服，帮忙从卡车上卸货。辛苦了一天后，一名工人不小心触发了防盗警报。安保公司派保安立即赶往现场，将盛田昭夫和他浑身脏兮兮的员工包围了起来，这无疑让他们担心起自己那晚是不是要在监狱里度过。幸运的是，有另一位员工赶往现场，他知道保险箱的密码，那里面有所有能证明他们身份的文件。不过这次事件至少让他们知道了，警报器是能正常工作的。

即便如此，盛田昭夫还是很喜欢美国。他喜欢这里开放的氛围、前卫的观念，以及纽约市那令人目眩神迷的活力。虽然他每天的工作时间很长，但也充分享受了空闲时间：听音乐会，参观博物馆，观看百老汇的演出（比如《窈窕淑女》），在高级餐厅用餐。不过最重要的是，他走遍了整个城市。最喜欢的地方是第五大道，在这里，他可以沉浸在当时美国顶尖的奢侈品供应商所营造的氛围之中：蒂芙尼，卡地亚，萨克斯第五大道精品百货店，波道夫·古德曼精品店。没过多久，他产生了一个想法——索尼也要在这里开一个展销厅。当他环顾四周寻找合适场所时，他注意到有许多国家的国旗在这条大街上飘扬，可他却看不到一面日本国旗。珍珠港事件后，日本国旗便被全部撤下来了。

晶体管收音机和录音机一直是索尼的主打产品，可盛田昭夫想要一款真正的旗舰产品，以此向世界宣布索尼展销厅的诞生。幸运的是，井深大带领的那群工程师正热火朝天地努力研发公司的最新产品。TR-63晶体管收音机问世后没多久，井深大就让他的研发团队将同样的技术应用到电视上，成功将正常大小的电视机缩小成13磅重的（半）便携式电视机。TV8-301的诞生巩固了索尼公司作为小型时尚消费电子产品生产者的声誉。这款电视机外壳呈椭圆形，非常现代化，既有点未来主义风格，又很经典，不过它价格昂贵，非常容易出故障，被戏称为"脆弱的小宝宝"。井深大对其进行改进，在此基础上创造了一款更持久耐用、价格适中的电视机，即TV5-303。一款最适合纽约展销厅开业仪式的产品。

第五大道上的索尼展销厅开业那天，一片混乱，四百多名宾客和当地政要挤在狭小的空间里，蜂拥而至的人们在街道上排起了长长的队伍。在店铺正面索尼标志上方、星条旗的旁边，日本的太阳旗迎风飞舞。这是二十多年来，日本国旗第一次在这座城市飘扬。即便有人曾担心战争带来的敌意，在接下来的几天里，这些情绪也烟消云散了，因为有成千上万的纽约人远道前来，只为看一眼世界上最小的电视机。

展销厅只是个开始。私下，盛田昭夫将第一台TV5-303送给了弗兰克·辛纳特拉，开创了向美国名人示好的先例，在未来的几十年里，这种做法将一直持续下去。作为工程师的井深大将"迷你"视为令人着迷的技术难题，想方设法去攻克；作为经销商的盛田昭夫则敏锐地察觉到它将个人电子产品提升为一种时尚形式，乃至一种新型生活方式的潜力。

通过结交富豪戴维·洛克菲勒、《时尚》杂志主编戴安娜·弗里兰、时装设计师比尔·布拉斯、摩城音乐[1]词曲作者吉米·莱文和作曲家伦纳德·伯恩斯坦等名人雅士，盛田昭夫强化了索尼高科技产品与美国文化精英之间的联系。他越来越多地将宝贵的空闲时间花在研究美国的报纸和电视广告上，他还将百老汇和时代广场上华丽的招牌拍摄下来，为在日本推广索尼产品寻求灵感。后来，当看到恒美广告公司为大众甲壳虫轿车制作的经典广告"Think Small"（想想还是小的好）之后，他雇用了这家广告公司，让他们负责打造索尼在美国市场的形象。他们展开了一轮前卫的纸媒宣传，在这些广告中，普通男女在各种看似不可思议的地方看"微型电视"：有人坐在理发椅上，有人在垂钓用的独木舟中，甚至有人在裸体营地中看。先进的产品、时髦的消费

---

[1] 起源于20世纪60年代的底特律，起初为一家黑人唱片公司，后发展成为一种音乐流派，影响了后来的美国流行音乐文化。

者、巧妙的广告，三者的结合为向普通消费者推销高科技产品建立了新范例。索尼比其他任何一家公司都更努力地向全球消费者的意识里灌输"电子产品越小越好"的理念，这将对我们听音乐的方式产生极其深远的影响，它还将改变流行文化，催生新的反主流文化。

便携式晶体管收音机改变了音乐文化，使年轻听众摆脱了父母的桎梏，让他们能够在自己私密的房间里肆意"摇滚"。"它打开了我的世界，我可以开着收音机睡觉，整宿地听音乐。"工程师史蒂夫·沃兹尼亚克这样说道，他后来在苹果电脑公司做乔布斯的合伙人，担任井深大之于盛田昭夫的角色。他们听的音乐形式新奇，歌名令成年人迷惑不解，比如1954年的《全天候摇滚》，这是第一首名字里带有"摇滚"字样的歌曲。未来，美国年轻人将通过他们的音乐选择，为一场意识形态革命构建背景音乐，其中最明显的是抗议摇滚乐，这种音乐形式鼓舞了60年代的学生运动积极分子。然而，尽管便携式收音机带来了一种全新的独立感，听众的选择仍然完全局限于电台和DJ。而且，这种情况还会持续很多年。

据官方说法称，Walkman的创意诞生于井深大和盛田昭夫1979年初的一次谈话。"一天，井深大拿着一台便携式立体声磁带录音机和一副普通大小的耳机走进我的办公室，这个创意就在那时诞生。"盛田昭夫在他的回忆录中这样写道，"我问他在做什么，他解释说：'我喜欢听音乐，但我不想打扰别人，又不能整天坐在音响旁边。这是我的解决办法——随身带着我的音乐，可它太重了。'"井深大选的是当时索尼生产的最小的录音机——TC-D5专业录音机。这款录音机专门为唱片业专业人士设计，早餐麦片盒大小，不装电池也有将近5磅重，因此需要使用笨重的尼龙挂绳。

盛田昭夫回想起最近的一次美国之行，当时他看到（更准确地说，是听到）一种新的现象席卷纽约市：boom box，即他自己以及竞争对手公司生产的装电池的便携式录音机。这些录音机比TC-D5还要大,有些甚至比它的两倍还大,它们价格不太贵,声音非常非常大。让人意想不到的是,在20世纪70年代末,这种录音机受到了内城区青年的钟爱。他们将这种音响放在肩头,扛到街上,或是放在角落,然后开始斗舞,这些录音机提供了一种新的旨在挑衅的城市背景音。嘻哈乐史学家阿迪莎·班佐科写道:"当时,黑人在社会里无法让别人听到自己的声音,而当他手里提着boom box时,你就不得不听他说话。"尽管评论家们将其贬为"贫民区冲击波",盛田昭夫却从中推断出,人们想随身携带自己的音乐。于是,他指导自己的员工制作了一台微型立体声盒式录音机的原型机。

事实上,这个故事更为复杂。据索尼公司的几位内部人士称,原型机早已存在,是一位不知名的年轻索尼工程师出于兴趣做出来的。井深大的要求只是使这个一时心血来潮的个人项目恢复了生命。录音机研发部门很快以一种叫作Pressman的现有产品为基础,将它改造成了一件更为精致的样品。Pressman是专门为记者设计的,供他们将采访和新闻发布会录到磁带上,然后用一个很小的内置扬声器回放单声道音频(阿波罗宇航员携带了一个与索尼录音机类似,但出现时间更早的设备,以便在登月任务过程中进行记录)。索尼研发部门的改造包括:通过一副耳机回放两个声道的立体声音乐,几乎去掉了所有非播放音乐必需的功能,并将内置扬声器和录音功能全去掉了。

这在管理层引起了极大的恐慌。尽管井深大和盛田昭夫热情满满,这一理念却颠覆了数十年来的传统认知。它是录音机,却不能录音;是便携式的声音播放设备,却没有扬声器;更令人惊奇的是,它作为一种消费产品,却迫使用户戴耳机。你知道在1979年都是些什么人戴耳机吗?报务员,潜艇声呐操作员,还有飞行员。除了一些疯狂追求音质的发烧友,没人戴耳机,而且这些人并没有引领潮流(至少暂时没有)。雪上加霜的是当时社会对残疾人有一种偏见:在日本,任何一种你放在耳边辅助听力的东西,包括耳机,都会和听力障碍或耳聋联系在一起。（也许在其他国家亦如此。1960年，在《生活》杂志上为珍妮丝晶体管收音机所做的广告中，强调的是"私人收听附加装置"，而不是"耳机""耳塞"等字眼。）因此，在索尼谁都不愿意通过这款产品，井深大和盛田昭夫最终没能使其投入生产，由此可见，他们自己也拿不准。

不过，我们必须了解当时耳机的式样。这些耳机主要由塑料和橡胶制成，非常复杂，比起音响设备更像一副耳罩。幸运的话，每只和冰球一般大小；倒霉的话，它的大小将会接近切成两半的垒球。或许，这只是它们给人的感觉：一副普通耳机的重量从400克到1磅不等。[每只苹果无线耳机（AirPods）只有4克重。]如果你待着不动还好，但是这样就达不到便携立体声系统的真正目的。

然而，耳机是这个项目的关键，或者说，它们就是这个项目本身，甚至比Walkman还关键。虽然录音器的尺寸一直在缩小——TC-D5专业录音机以及Pressman就是证明，但是绝大多数耳机仍然体积巨大。20世纪70年代中期，由于耳机生意很小，我们甚至很难获得统计数据。如今，耳机产业每年盈利100亿美元，远远超过了音乐播放器本身。iPod的销量已经下降到苹果公司从2014年起不再公布其销售数据的程度；然而同年，他们以32亿美元收购了耳机公司Beats by Dr. Dre，这是苹果历史上最大的一次企业收购（讽刺的是，Beats by Dr. Dre是通过成功说服年轻消费者，他们想要的是笨重的70年代式耳机而不是尖端的耳塞，从而声名鹊起的）。

所以，Walkman的成功，取决于为便携盒式录音机配上同样便携的耳机。事实上，索尼的另一个部门已经在研发轻便的耳机了。与标准耳机的不同之处在于，这种耳机是"开放式的"，用一层一层的彩色泡沫垫固定在耳朵上，而不是将耳朵塞进一堆塑料和橡胶中。这种耳机比一般耳机更简单，生产成本更低。最出色的地方在于重量：它只有50克重，是普通耳机的八分之一。

为盒式录音机配上这种小巧的耳机，是这一产品的转折点，使"随身听"从梦想变成现实。索尼设计师黑木靖夫回忆道："我第一次听时，非常震惊。这么小的东西怎么能发出这么大的声音？如今大家都知道耳机是什么样的声音效果，但在当时，你根本无法想象，突然之间，贝多芬的第五交响曲就在你两耳之间响起。"

第一批生产模型，官方称之为TPS-L2，以现代的便携音响标准来看，它又大又丑，尺寸和一本平装书差不多，甚至比老式的TR-63晶体管收音机都要大，根本无法装进口袋。用户必须使用配备的皮革套，将其夹在裤带或腰带上。更不可思议的是，这款随身听有两个耳机接口，既可以独自听，也可以两人一起使用。这点是盛田昭夫亲自要求的，他发现了一个我们今天习以为常的方面：戴着耳机无法交谈。为了破解用耳机听音乐的孤立性，他命令总工程师再加一个耳机插孔和一个鲜橙色的按钮，将其称作"热线"，能将音乐静音，这样共同使用者就可以通过内置麦克风彼此交谈，这是那款专门为记者设计的录音机剩下的为数不多的组件之一[为了暗示其浪漫特征，黑木靖夫将第一批随身听上的这两个耳机插孔戏称为"GUYS & DOLLS"（红男绿女），不过这种称法很快被改成了更加直接的"A孔"和"B孔"]。

然而，盛田昭夫还有一个更大的担忧：好卖吗？尽管他个人很喜欢TPS-L2，但他担心预算以及细节，因而叫来了各部门负责人，让他们说说在他们看来能卖多少。没有人能说清楚。以前从未有公司发布过这样的产品。

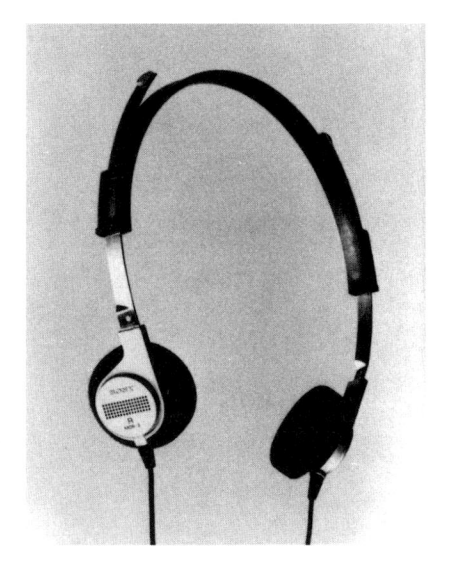

第一代Walkman附带的"羽量"耳机，在当时小巧得惊人

盛田昭夫只好默许了黑木靖夫召开焦点小组会议的请求。此举非同寻常。盛田非常不信任客户调查，索尼也以开发新产品时从不咨询消费者而自豪。

盛田昭夫在回忆录中写道："公众不知道什么可行。我们知道。"

然而现在，他第一次听取公众的反馈。5只装有近期热门歌曲磁带的原型机被交给测试者，他们的年龄段从中学生到大学生不等。在接下来的十天里，有一百人前来参加测试，黑木靖夫注意到两点：一是这些年轻男女会对这部机器本能地做出反应，还没得到任何说明，他们就知道怎么操作；另一点是，5个人中至少有一位会很快沉浸在音乐中，跟着音乐节奏晃头，用脚轻轻打拍子。单凭这些无法确定成败，但不管怎样似乎有希望。黑木根据当时日本学生的数量做了一个销售量估算。他保守估计，在新奇感退去之前，他们可以卖出六万部随身听。然而事实上，工厂一时之间无法生产出那么多。盛田昭夫下令，第一批只生产3万部。由此可见，人们当时对这款产品的期待有多么低。相较之下，1957年生产的第一批TR-63晶体管收音机是10万台。深受欢迎的产品，如特丽珑系列电视机，年产量达数百万台。

黑木靖夫建议将这个设备命名为"热线"，因为它具有一个用户与另一个用户对话的功能。营销团队的负责人河野通立即反对。"这是功能，不是产品名字。"他反驳说，"还是管它叫'Walkie'吧。"这个团队甚至设计了一个标志——一个长出了小脚丫、正在走路的字母"a"。后来他们得知东芝公司已经取得了"Walkie"这个单词的版权，但是河野通还是不想放弃这个词。他将"Pressman"和"Walkie"合在一起，形成"Walkman"一词。"这是第一款便携式立体声音响，我知道这个产品很让人费解。"在东京市中心的一家咖啡厅里，他边喝咖啡边这么告诉我，"我想要一个能告诉消费者它是什么的名字。"盛田昭夫对这个名字并不热情，可他没有更好的选择。那就叫Walkman吧。

索尼公司在东京著名的代代木公园举办了一场新闻发布会，却没上任何新闻头条。索尼公司还制作了一则怪异的广告：一个身着紧身衣的白人金发女郎用耳机线牵着一个日本男人。但这个广告没能激起国民的热情,至少没有激起他们对这款电子产品的热情。索尼公司没有为这款产品制订宏大的宣传计划,只是试图用有限的资源尽可能地博眼球。"我们拿到的预算也做不了什么。"河野通叹息道。这款将会改变我们聆听方式的产品,在1979年7月问世时得到的反应却是一片寂静。

1979年随身听问世时,日本和西方都开始了一段惊心动魄的旅程。伊朗石油危机导致全球油价飞涨,从而引发混乱。美国人惊慌失措,加油站人满为患,政府对燃油进行严格配给,加油站外顾客排起长队。一时间,阴谋论四起,人们怀疑这场危机是新闻界、石油公司和政客联手酿造的。公众怒气冲天,诉诸暴力。两千名愤怒的卡车司机占领了宾夕法尼亚州莱维敦市的中心地带,他们点燃轮胎和车辆,堵住主干道,以此抗议油价疯涨。

在太平洋另一边,日本经济蒸蒸日上,已成为全球汽车和电子产品的顶级供应商,尽管激起了美国汽车工人、商人和决策者们的不满,但他们制造的产品深得消费者欢心。日本之所以能在1978年跃升为世界第二大经济体,在很大程度上得益于这些出口商品。这对于一个30年前,几座主要城市均惨遭轰炸的国家来说,是一项不可思议的成就。过去10年里,学生抗议声势浩大,难以遏制。警方未能做到的,如今的社会繁荣做到了:经济快速增长,通货膨胀率低(只有3.8%,而当时的美国是13.3%),失业率低,就业保障高,日本公民的生活简直令人艳羡。战后重建的全新大城市,孕育着各种新潮流和时尚。城市居民大多生活富裕,受过高等教育,拥有可支配的收入,具有休闲的愿望(尽管一直忙忙碌碌的公民几乎没有享受空闲的时间)。由于城市拥挤不堪,生活压力巨大,日本公民极度渴望快速的娱乐形式。这种独特的处境使他们能够轻松体会到Walkman等"造梦"设备的魅力。卡拉OK机帮助成年人实现当专业歌手的幻想,而Walkman能够随时随地提供一种个人专属的声音世界。随身听面世时，日本的创造者们正在完善另一种娱乐形式——电子游戏。这并非巧合。

是美国人发明了这项新的休闲方式。1972年9月，第一款热门街机游戏《乒乓》首次出现在加州森尼维尔市一家破旧的酒吧中。这款游戏的设计者是艾尔·奥尔康，硅谷新创公司雅达利的一名工程师，这家公司的名字源自日语，是围棋中"将军"的意思。

即使以当时的技术标准来看，《乒乓》也是一款简陋的游戏。这款游戏的玩法是在黑色的电视屏幕上，用一对发光的长方形"球拍"，将一只方形"球"打来打去，唯一的规则是要"投币"和"避免丢球，获得高分"。只需投一枚25美分硬币，两位玩家就能在电子乒乓球游戏中对战了，这是第一种公共虚拟体育比赛，大型专业游戏比赛的时代在几十年后才到来。

尽管简陋，《乒乓》还是极其容易让人上瘾。在接下来的两年里，雅达利将数千台《乒乓》游戏机运到美国各地的各类营业场所，这款游戏很快成为有史以来最赚钱的投币游戏之一。一台弹球游戏机每周能收入50美元就已经不错了，而《乒乓》游戏机可以挣到200美元。唯一的问题是，这款游戏需要两个人玩。雅达利的联合创始人诺兰·布什内尔由此萌生了制作单人版游戏的想法，并将其命名为《打砖块》。这款游戏本质上是翻过来的《乒乓》，玩家需要在游戏里用球拍和球打掉屏幕上方的砖头。

到这时，游戏制造商已经不再使用早期的硬接线设计，转而使用可编程的集成计算机芯片。当时正值芯片开发的早期阶段，这些芯片价格昂贵，而且容易烧坏，因而需要不断替换。为了降低成本，布什内尔向员工提出挑战，让他们设计出使用更少芯片的版本。他将50个芯片定为基准，设计师每减少一个芯片，就会获得一笔丰厚的奖金。

根据一则硅谷传说，一个名叫史蒂夫·乔布斯的年轻员工报名参加了这项挑战。他刚从印度朝圣归来，据说还穿着深黄色的长袍，剃着光头。他自己并没有做任何设计工作,而是将其外包给了大名鼎鼎的史蒂夫·沃兹尼亚克,也就是童年时每晚为晶体管收音机着迷的那个人。沃兹尼亚克那时23岁,已经成长为一名出色的电子工程师。白天他在惠普公司工作,晚上和乔布斯待在一起,有时在车库里,有时在雅达利的办公室中。(布什内尔2015年发表在社交网站Reddit上的一篇文章中说:"我知道乔布斯和沃兹尼亚克是好朋友,并且沃兹白天在惠普工作。如果我让乔布斯上夜班的话,那就相当于花一份钱得到两个史蒂夫。")

尽管没有设定截止日期,然而乔布斯还想再休一次假,所以只留给沃兹尼亚克四天的时间来完成这个项目。沃兹尼亚克连续工作了72个小时,将《打砖块》的设计减少到25个芯片,为乔布斯赢得了5000美元的奖金。然后,乔布斯只付给沃兹尼亚克750美元的酬劳。沃兹尼亚克并不知道这项挑战的细则,直到布什内尔随口问他打算如何花掉这笔意外之财时,他才知道乔布斯骗了他。不过,沃兹尼亚克别出心裁的方案非常复杂,无法被运用到大规模生产中。最终版本的《打砖块》使用了100块芯片。

布什内尔知道日本有着漫长的投币娱乐历史。从弹球游戏到需要技巧的机电游戏在这个国家都很流行。至于弹球盘这种20世纪30年代在日本本土发明的游戏,到了40年代末已经因价格亲民而广受欢迎。它是一种使用垂直嵌墙弹球机的赌博方式,玩家将小钢球弹射入箱型的游戏机中,如果穿过了钉子空隙进入特定的孔内,则可滚出很多钢球,以换取奖品。不过更多时候,玩家们会悄悄用钢球换现金,尽管这样做不合法,但当局一直睁一只眼闭一只眼。游戏故意将风险设置得很低,运气好的玩家玩一整天能赚几百美元。但对运营商来说,利润更加可观。据估计,今天玩弹球盘游戏的日本成年人依然众多,这一产业约占日本国内生产总值的4%——这个比例甚至超过了美国拉斯维加斯和中国澳门所有赌场的总和。

《打砖块》当然不是一种赌博形式,它只是一款电子游戏。不过,布什内尔认为，在科技发达的日本，人们也许会像美国人一样痴迷于街机游戏，于是他与东京一家名为"南梦宫"（Namco）的娱乐公司建立了合作关系。南梦宫由一位造船工作室出身的企业家于1955年成立，这位企业家叫中村雅哉，而公司名字Namco是从Nakamura Manufacturing Company（中村制造公司）演变而来的。南梦宫专门为游乐园和百货公司屋顶设计儿童游乐设施，顾客可以在购物时将孩子送到这些游乐场所。

中村雅哉很快意识到雅达利产品的价值。1976年，他收到第一批《打砖块》游戏机（它们在日本被称作Burokku Kuzushi）。随着这些神秘的"电视游戏"（当地人的叫法）每天盈利数千日元的消息在整个娱乐业传播开来，它们开始在酒吧和咖啡厅大量涌现，日本人后来将这一现象称作"打砖块热"。

但存在一个问题，雅达利只向日本运送了几十台《打砖块》游戏机，其余都是伪造的，是在与黑帮有瓜葛的日本作坊里非法生产的。也许这并不令人意外。这种以现金为基础，需要投25美分硬币（更确切地说是100日元硬币）的机器，其商业模式与弹球盘非常相似，而弹球盘这个行业本身就与黑帮联系紧密。顾客的硬币越来越多地被用来玩电子游戏，而不是投入黑帮的弹球赌博机，这点难逃他们的注意。中村雅哉的解决办法是以毒攻毒，他让自己未经许可的仿造游戏机充斥了市场。这个办法令布什内尔勃然大怒，却成功保护了南梦宫公司的市场份额。在未来的几十年里，仿造游戏的问题将继续困扰日本游戏市场。

并非所有涌入市场的《打砖块》仿造游戏机都来自黑帮，也并不是所有仿制品都一模一样。有些野心勃勃的程序员做出了一些改变，甚至对游戏机的基本运行原理进行了微小改进。其中改变最为彻底的，则催生了一个全新的游戏，比如西角友宏的《太空入侵者》。这款游戏于1978年夏天发布，这是电子游戏从弹球和打砖等简单娱乐转变为电影游戏的转折点。在西角友宏的游戏中，球拍不见了，取而代之的是一艘小型宇宙飞船；砖块不见了，从屏幕上方掉落的是太空生物。你不再是一个在烟雾缭绕的里屋转动旋钮的默默无闻的工薪族，而是星际飞船的飞行员，或者，也可能是坦克指挥官？屏幕下方穿梭的单色菱形块给人留下了阐释空间。无论你变成了什么，你不再是你，而是一个英雄，保卫城市，抵抗一拨接一拨的外星人入侵。这些在你头顶出现的外星人，就像那些促使你躲在这里逃避的最后期限。

这款游戏有响应控制和可爱的图形，那些参差不齐的小外星人可以说是电子游戏世界里最早的可识别字符。它还让玩家感受到了沉浸在另一个世界的新奇感。种种一切，使《太空入侵者》轰动一时。球拍和球过时了，"入侵者游戏间"（后来游戏厅的原型）流行了起来。这款游戏大受欢迎（而且利润丰厚），开始在任何能容纳这种桌面形状和大小的设备的地方大量涌现（美国游戏厅中的落地式游戏机是后来才出现的）。咖啡店撤掉了原有的塑料桌，换成《太空入侵者》桌面，有些甚至开始免费分发招牌饮料，因为顾客在游戏上花的钱远比在饮料上的多。由于这些机器吸入了非常多的硬币，日本的一百日元硬币甚至开始出现短缺。

随着《太空入侵者》游戏热潮的持续，与之相关的社会问题开始登上新闻头条。一则新闻报道对此解释道："批评者说，这些嘈杂的太空入侵者剥夺了地球人在夜晚的睡眠，破坏他们的视力，教唆青少年犯罪，损害日本人的道德品质。"日本各地儿童沉迷于这款游戏，为了满足这一需求，甚至不惜偷钱、从商店里偷东西。在最严重的时候，仅一周时间就有五十名东京中学生因撬开机器，或使用硬币大小的金属片偷玩游戏而遭到拘留。东京警察局向家长发出警告，要求他们让自己的孩子远离这种游戏。放学后，家长会（PTA）团体成员开始在街上巡逻，以便在孩子溜进"入侵者游戏间"之前拦住他们。

在1978年的一段时间里，人们会感到整个日本社会似乎都被《太空入侵者》游戏机所充斥。从某种意义上来说，确实如此。这种游戏机在日本境外变得同样受欢迎。《太空入侵者》出口到了世界各地，这股热潮席卷了一个又

简单且有辨识度的"太空入侵者"形象是电子游戏时代的第一个超级巨星

一个国家和城市。

据估计，到1982年为止，全世界玩家往这种游戏机里投了10亿枚25美分硬币。小菅的玩具吉普车从未走出美军占领时期的日本边界，日本出口动漫在西方仍然很少见，卡拉OK机热潮依然只存在于本国，凯蒂猫当时才刚得到国外儿童的喜爱和关注。《太空入侵者》则大不相同，它是第一个席卷全球的日本创造物。尽管那些钟情于卡哇伊游戏的反对者仍对这款游戏心存疑虑，但《太空入侵者》确实为"吃豆人热"和"大金刚热"铺平了道路。虽然在日本，游戏机一般局限在游戏厅和咖啡馆中，但在国外，它们开始在超市、便利店，甚至牙医办公室和殡仪馆等令人意想不到的地方出现。除了礼拜场所，几乎没有地方能够抵挡得住《太空入侵者》和《吃豆人》游戏机发出的具有强烈诱惑力的声音。

就在《乒乓》游戏机在那间烟雾缭绕的酒吧首次亮相十年后，来自日本的游戏设计师们已经与美国人展开了激烈的角逐。

"我们刚从巴黎回来，那里每个人都戴着它们。"1981年，当有人问他头上戴着的奇怪装置是什么时，安迪·沃霍尔[1]兴致勃勃地这样答道。那是一副非常小的索尼耳机，连着他插进裤子后袋里的TPS-L2随身听。沃霍尔总是走在潮流的最前沿，和乔布斯一样，他本能地意识到这不仅仅是另一款电子设备。在接下来的几年里，在这位波普艺术家的生活照中，我们能看到他会在街上戴着这种与众不同的耳机，甚至在和作家威廉·S.巴勒斯等名人共进晚餐时也不肯将其摘下。

---

[1] 20世纪重要艺术家，波普艺术的倡导者和领袖。

Walkman的时代来临了。这得归功于盛田昭夫。目前需要解决的基本问题很简单。私人便携式音乐收听是一种全新的概念，很难解释清楚，你必须亲自体验。

卡拉OK机的发明者通过雇用酒吧女招待在潜在顾客前用这款机器唱歌，向全世界介绍了卡拉OK机。现在，索尼也要使用类似的办法。他们雇用年轻时尚的情侣，让他们故意用Walkman听着音乐，在东京时尚的银座街头闲逛，让路人间接感受一下索尼耳机带来的体验。

这个项目持续了数月，最终大功告成。首批3万只随身听于7月投入市场，到9月就销售一空，并出现暂时的短缺。很快，盛田昭夫每个月都将产量翻一番，后来增加到了3倍。不过，短缺对公司有利。它将一只很小的立体声音响从商品变成了人们梦寐以求的地位象征。电影明星们在时尚杂志和电视节目中炫耀着他们的Walkman。"昨天，东京还没有一个人用Walkman。今天，我们每个人都在用。就是那么快。"彼得·巴拉坎说。他是音乐界的一位资深人士，当时旅居日本。

在日本，Walkman首先在学生和其他年轻消费者中间流行起来。但在西方，情况有所不同。尽管TPS-L2直到1982年2月才到达欧美，但当时的社会名流已经很熟悉索尼的这款产品了。和往常一样，盛田昭夫像糖果一样把它们分发给来访的名流。柏林和纽约爱乐乐团在日本演出时，团里的每位成员都收到了一台。运动明星维塔斯·格鲁莱提斯和比约·博格在网球巡回赛时收到了这份礼物。很快，电影明星和摇滚乐手在日本巡演时，也会收到这份礼物。民谣音乐人保罗·西蒙高调地带着他的Walkman参加1981年格莱美颁奖典礼。Walkman很快成为好莱坞的礼品标配之一。迪斯科女王唐娜·莎曼将它们作为圣诞礼物，送出去几十台。并不是所有人都对这一转变感到欣喜。曼哈顿高级百货公司巴尼斯的经理在接受采访时说，这些设备是"80年代的流行病"。

沃霍尔本能地抓住了随身听另一个令人意想不到的方面：让人看到自己带着一部，甚至比你用它听什么还要重要。当你真的在听时，很可能你听的东西并没有那么时髦——沃霍尔本人几乎只听歌剧。《华尔街日报》热情地称之为"中产阶级和上层阶级对手提录音机给出的应答"，因为最早的使用者是富裕的白人，他们接近中年，只听"最轻柔的感伤音乐和古典音乐"。不过，这种情况很快就会改变。

1981年，当时尚未出名的温哥华作家威廉·吉布森带着随身听在市区闲逛。他正在听快乐分裂乐队[1]，这是他第一次听他们的歌。多年之后，他写道："它赋予了温哥华一种奇特而宏伟的极权主义色彩，我之前对温哥华从未产生过这种感觉。一整个月时间，我都没把它摘下来。"一次外出时，他看到一张宣传苹果台式机的海报，想着，如果用随身携带的 Walkman 就能获取这台机器处理的信息，会如何？

吉布森领会了随身听的沉浸式体验将会对人类意识产生的深刻改变。不过，绝大多数人还是对使用索尼的这款新产品存有疑虑。盛田昭夫试图通过为早期的 Walkman 配上两个耳机孔以及"热线"功能，先发制人，解决他所预测的这款索尼新发明会招致的最严重批评——它的孤立性。他的预测是对的。最早的日本广告里着重强调了使用这款设备的情侣。"让每一条街道成为天堂。"其中一则广告这么唱道。画面中有两位女士，她们看起来像是刚结束辛迪·劳帕[2]《姐妹们只想疯玩》（1983）音乐录影带的试镜。然而，很快索尼就发现，在日本及世界其他地方，大多数用户并不喜欢与人分享他们选择的音乐。他们想要逃离这个世界。"屏蔽汽车喇叭，听帕瓦罗蒂，很舒服。"沃

---

[1] 20世纪70年代的一支英国后朋克乐队。

[2] 美国著名歌手、演员、制作人，是为数不多同时获得美国娱乐界三大奖项（艾美奖、格莱美奖、托尼奖）的艺术家之一。

霍尔1981年在接受《华盛顿邮报》的采访时这么说道。

日本音乐学家细川周平将这种自愿的孤立称为"随身听效应"（the Walkman Effect）。他的研究证明，戴上耳机听自己挑选的音乐，意味着逃离自古以来将城市居民捆绑在一起的共同声音背景：汽车声、施工声、警笛声，以及无意中听到的谈话片段。此外，细川周平指出，借助声音逃离世界的做法还带有自恋成分。将日常生活配上音乐容易令人上瘾。随身听与其说是将世界与人隔离开来，不如说是将熟悉的街道变成虚拟的电影场景。如果卡拉OK机能让你在一首歌的时间里成为舞台上的明星，那么Walkman可以使你在播放一盘磁带的时间里成为日常生活中的明星——至少在一面磁带的时间里，直到你需要翻面为止。

对一些美国人来说，随身听最令人担忧的地方其实是索尼的商标。沃霍尔这样的潮流引领者，以及乔布斯这样的技术控，属于为数不多不惧怕日本产品入侵的例外。本应一败涂地的日本竟能重新崛起挑战他们的国家？这让美国人难以理解，战后高高在上的态度变成了愤怒的情绪。经济学家在发表在报纸上的评论文章里，将日本的商业行为比作对珍珠港的袭击。《日本第一》（1979）和《日本权力构造之谜》（1989）等学术书籍悄然登上畅销书排行榜。随着日本汽车和消费类电子产品涌入并充斥美国市场，抨击日本的言辞变得越来越夸张，最终酿成了悲剧性的后果：底特律两名失业汽车工人将一名中国人误认作日本人，高声喊着"都是因为你这个小畜生，我们丢掉了饭碗！"将他活活打死。

在日美关系僵化的这段时期，盛田昭夫坚持低调行事。他早已回国，卸下了日常职责，担任董事会主席。索尼野心勃勃地收购了哥伦比亚唱片公司，也就是布鲁斯·斯普林斯汀的专辑《诞生在美国》的老东家；后来又收购了哥伦比亚电影公司，引发了美国民众的担忧。其他日本公司也在收购美国的老牌企业，比如三菱收购洛克菲勒中心，任天堂收购西雅图水手棒球队,这激化了美国民众原本的紧张情绪,令他们愤怒不已。美国公司则竭尽所能地煽动这种情绪。"想想几年后,到了12月,全家人要去裕仁中心看圣诞树!"1990年通用汽车的一则广告添油加醋地说道。

大众娱乐也不例外。雷德利·斯科特1982年执导的电影《银翼杀手》描绘了一幅被来自日本的霓虹灯所笼罩的衰败的美国景象,在摩天大楼一般高的电子屏幕上播放着广告,搔首弄姿的艺伎正在服用各式各样的药物。接着,威廉·吉布森创作了《神经漫游者》,这部小说发表于1984年,故事背景设置在不远的将来,在日本超级公司占领下的美国。这部小说获得了星云奖,令一代人初尝"赛博朋克"这一新题材所带来的乐趣。过去好莱坞电影里经常刻画的坏蛋,如今变成了富士通先生(Mr. Fujitsu)那样的恶魔工薪族,正是这位冷酷的日本老板,在电影《回到未来2》(1989)中,通过一封电报无情地开除了迈克尔·J.福克斯扮演的马蒂·麦克弗莱(Marty McFly)。

1993年的电影《旭日追凶》标志着这种伪装成娱乐的煽动行为的高潮。这部电影根据畅销书作家迈克尔·克莱顿的一部小说改编而成[他以《侏罗纪公园》(1990)和《西部世界》(1973)出名],描述了洛杉矶被无法无天的日本公司和凶神恶煞的黑帮分子分割,而美国人沦为卑微的口译员、违法乱纪的警察,或是肮脏的妓女。在"X一代"[1]的成长过程中,周围的成年人总是在说,这一代人的未来掌握在一个高科技帝国手中,在这个帝国里,人类的需求远不及冷漠无情的日本大公司重要。听到这话,"X一代"们也只是耸耸肩,拿起任天堂手柄,或是在录像机前面排队等着观看下一部动漫,与此同时,按下Walkman上的播放键。

美国民众的怒火大部分集中在日本汽车、电视和电脑等产品上,因而Walkman得以幸免。部分原因在于,Walkman代表着一种技术突破,在西方

---

[1] 出生于20世纪60年代中期至70年代末的一代人。

几乎没有能与之竞争的产品。但更重要的原因是，Walkman虽然是一款成功的产品，但它只是用户播放自己喜爱的音乐的工具。它能给人带来熟悉和舒适的感受。即便是深爱这个设备的粉丝，也不必去消费日本制造的内容产品。Walkman的市场营销奇才黑木靖夫哀叹着"硬"技术和"软"技术之间的这种差异。他感到，日本虽然掌握了用冰冷坚硬的机器让全球消费者为之掏腰包的技能，却没能用歌曲或故事等软文化产品真正抓住全球想象力。

这将会改变。事实上，一切都将改变。

1989年，日本TBS电视台为了庆祝建台四十周年，想出了一个主意：付给苏联1400万美元，将一名记者送往和平号空间站。这个创意得到了大力宣传和大量赞助，其目的是通过从太空持续播送一周的系列特别节目，提升日本第二大电视台的形象。一家日本电视台，还不是第一大的电视台，竟然能筹到资金，砸钱进入一个冷战时期超级大国的太空项目，由此可见当时的日本已经变得多么富有。

TBS电视台数百名雇员申请上太空，苏联太空飞行医生最终从中筛选出了两位候选人：一位是菊池良子，她是一名26岁的摄影师，喜欢爬山、骑自行车、滑雪；另一位是秋山丰宽，他是一名48岁的资深编辑，长期加班，每天要抽4包烟。这是20世纪80年代末的日本，当时统治世界的是工薪族。所以TBS后来选择了秋山丰宽，这令人意外吗？

这是人类历史上第一次商业太空飞行。1990年12月2日，日本首个进入太空的人在联盟号运载火箭的助推下，从一个四周都是美能达广告牌的发射台升至太空，火箭外壳上极不协调地装饰着一家日本电子制造商、一家信用卡公司和一家卫生巾制造商的标志。当他们进入太空轨道，与空间站对接后，俄罗斯宇航员十分配合地脱下他们的宇航服，换上TBS的T恤衫。这是一名工薪族的一小步，一个企业品牌的一大步。

6天后,这名工薪族太空人回到了地球。他刚返回,就赶上日经指数的一次暴跌。日本股市早就处于自由落体状态,到那一年底,累计亏损两万亿美元。日本在全球经济中的影响力巅峰时刻——"泡沫时代"结束了。"失去的二十年"开始了。

第二部分

九十年代

东京证券交易所股价震荡、暴跌……**再见了，日企**……绝无仅有的协同效应。前所未有的娱乐体验。尽在任天堂超级红白机！……**在网上，就算你是一条狗也没人知道**……加油，冲啊，超凡战队！……掌握下一代商用电脑和通信技术的是美国，不是日本……我是代表正义的美少女战士！……**现在在美国有很多人对日本流行文化感兴趣，我搞不懂这是为什么**……对于和我一样对真实的女生不感兴趣的男人来说，《虚拟偶像》(Virtual Idol)杂志就是最适合我们的……26岁，长相漂亮，开宝马车，拿2800美元的香奈儿手包，在银行当柜员。未婚，生活幸福，和父母住在一起。她就是人们口中的"单身寄生族"……罗杰·埃伯特（Roger Ebert）说，日本动画解放了人们的思想……**日本这些在社会面前畏缩不前的孩子，或许预示着一种新的生活方式**……**皮卡皮卡？**

第六章

女学生帝国
——凯蒂猫走向世界

国家分崩离析之际也正是了解一国的最好时机。潮水退去,岸上一切皆清晰可见。

——美国财政部长蒂莫西·盖特纳,1990年于日本

——绘文字(emoji)翻译

新千年之交，日本经济一幅颓败萧条的景象。失业率超过15%，数以百万计身体健全的公民没有工作。青少年深知等待他们的是什么样的未来，并为此痛苦不已，心灰意冷，公然反抗他们的父母和老师。日本政府为了防止出现20世纪60年代的那种社会动荡，推出了一项大胆的计划，即《新世纪教育改革法》。此后，每年都会随机抽取一个高中毕业班，将他们送至荒岛：被军队包围，因而无处可逃；戴着可遥控爆炸的项圈，因而无法反抗。他们分到了各种各样的武器，规则很简单：杀掉别人，不然就会被杀。最后只有一名幸存者可以回去。政府以此娱乐大众，同时警示反叛青年。这名"赢家"将在士兵的陪同下，在众多你拥我挤的媒体面前亮相。一辆军用吉普车的后座上，坐着一个15岁的女学生，身上的校服破破烂烂，怀里紧紧抱着一个玩具娃娃，她抬起满是血痕的脸，面对镜头，然后微笑。

这是2000年轰动一时的影片《大逃杀》的开篇场景，该片由深作欣二执导，改编自1999年一部极具争议的同名小说。情节听起来是不是很熟悉？《饥饿游戏》的作者信誓旦旦地说，从未听说过这部日本电影和小说。《大逃杀》绝不是第一部风靡日本的反乌托邦题材恐怖电影。从1954年的电影《哥斯拉》，到1988年的科幻动画电影《阿基拉》，社会颓败、民不聊生一直是日本娱乐业的一大主题。就连一贯捍卫家庭友好型社会意识的宫崎骏，都在1984年的突破性作品《风之谷》中刻画了文明衰败的场景。但《大逃杀》有其独特之处，即女学生。这部电影中那些最引人注意的场景大多集中在女性角色身上，比如栗山千明饰演的极具戏剧化的角色中川典子，她随身带着刀，当有一位同学来袭时，她就用这把刀一次又一次地刺向他的胯部，击退了他。在战斗中幸存下来的是抱着漂亮娃娃的女学生，而不是爱好运动、一身肌肉的男学生，这种出人意料的安排吸引了国内外的观众。栗山千明后来在2003年的电影《杀死比尔1》中饰演了一个同样令人难忘的角色，一个超级可爱的女学生杀手。这部电影的导演昆汀·塔伦蒂诺称，《大逃杀》是他最喜爱的千禧年电影。

这个无比黑暗的故事如此强烈地引起了人们的共鸣，由此可见，当时的社会生活有多么艰难。虽然2000年的真实日本远没有《大逃杀》中虚构的日本那么糟糕，但这个国家确实深陷困境。距离1990年12月那场史无前例的股市崩盘已经10年了。在接下来的10年里，日本辉煌的战后经济奇迹将继续逐渐熄火，直至停滞。

金融行业的大起大落始于1985年9月，当时日本和其他五国在纽约签署了《广场协议》。美国希望通过美元贬值来增加产品的出口竞争力，以扭转美国和日本以及欧洲的国际贸易逆差，所以签订了此协议。然而，每种力都有一个大小相等的反作用力。美元贬值也使得其他货币，包括日元，在美国更具购买力。日本公司在当时的世界第二大经济体高歌猛进，收购了很多企业。

纽约市的洛克菲勒中心，圆石滩高尔夫球场，环球影业，哥伦比亚电影公司，这些美国人心头的骄傲，一个接一个落入了新兴日本企业霸主手中。新晋的日本亿万富翁彼此争夺，高价竞购各式各样的战利品。纸业大亨齐藤良平打败另一位来自日本的竞争对手，斥资8250万美元，以创纪录的价格买下梵高的《加谢医生的肖像》（1890）。后来他表示，希望自己去世时，这幅画能和自己一起被火化，这引起了国际社会的愤慨（他很快称自己是在开玩笑，这幅画至今仍保存完好）。工薪族奖金丰厚，家庭主妇们手头宽裕，开始喝五百美元一杯撒着金粉的咖啡。房地产市场异常火爆——最火爆时，疯狂的投机行为将日本总土地价值推到高达18万亿美元，这是美国全部房地产价值的四倍。位于东京中心的皇宫一带是一片只有纽约市中央公园面积三分之一的绿地，单单这一块土地的价值就超过了加利福尼亚州的所有土地。当时没有人称之为泡沫。大家都以为这种繁荣会持续下去。

即使在今天，也没有人确切知道为什么这一切会走向崩溃，并没有单一的原因，它是由多种复杂因素共同促成的。可以肯定的是，日经指数在1989

年12月达到顶峰，然后开始迅速下滑。1990年秋天，房地产价格开始下跌。办理了大量贷款的机构和个人发现，他们的房地产资产滑入谷底，价值远远低于他们当时兴致勃勃签下的贷款。商人开始破产，企业和个人投资都停了下来。到1992年，日经指数跌至顶峰时的60%，很明显，当初的辉煌一去不复返了。经济学家们郑重宣布，从前的辉煌只是一种幻想，用金融术语来说，是一个"泡沫"。而且这个泡沫已经基本破灭，很多人失去大量财富，遭受了沉痛打击，梦想随之破灭。取而代之的是经济萧条、意志消沉，自杀率飙升，在全球发达国家中最高。

其中受影响最为严重的是三丽鸥的辻信太郎。多年来，他的公司一直在稳步发展，在动荡年代依然稳如泰山。然后就出现了经济大崩溃。到1990年9月，三丽鸥共损失了180亿日元，按当时的汇率计算，约为7500万美元。"沉迷股票的恶棍总裁令三丽鸥深陷赤字。"一家杂志的头条这样写道——惊人的报应。原来，辻信太郎一直在进行一种当时十分流行的金融投机活动，日本人称之为zaiteku——高管层里流行的一种说法，意为"金融工程"。和日本许多企业的首席执行官一样，辻信太郎用公司的现金储备投资股票、房地产信托基金，以及其他高风险、高回报的企业投资产品。在泡沫经济时期，这种高风险策略获得了丰厚的回报，辻信太郎的交易利润一度超过了三丽鸥产品及授权收入。他的胆子大了起来，开始了一项宏伟的计划：在东京郊区建一个三丽鸥主题公园，将其取名为"彩虹乐园"。然而，股市崩盘，辻信太郎的处境一落千丈。几乎一夜之间，数十年辛辛苦苦建立起来的这家公司就失去了九成的价值。"不吃安眠药，我根本睡不着。"他在回忆录中坦言道。他甚至有一段时间考虑过自杀。

当时形势确实艰难。处于这种经济崩溃的现实中，日本年轻人越来越沉溺于内心的幻想，从而推动了新文化和亚文化的兴起：电子游戏成为一种主流休闲活动；在公共场所出现了千奇百怪的既时髦又精致的角色扮演；越来越多的人将动漫和漫画当作一种生活方式，而非仅仅作为娱乐，且这个群体的集会数量激增。然而，没有比日本女学生更能代表生存力的形象了。年轻女性们利用自己掌握的所有工具，像美少女战士一般，将自己打造成在"失去的二十年"为日本开辟道路的潮流引领者。工薪族建立起一个企业化的日本，当眼睁睁地看着自己的创造物土崩瓦解时，年轻女性拾起那些碎片，开始将其拼凑起来。她们颠覆传统，重塑成年人的形象，大胆追求本应在成长的过程中逐渐抛弃的东西，比如少女漫画、三丽鸥的产品。比起谨小慎微的成年人，她们接受新技术要早得多，从而几乎单枪匹马地颠覆了所有行业。最早受到颠覆的行业是卡拉OK，紧随其后的是整个音乐行业。接着，随着女学生们纷纷采用新兴的数字通信方式，她们将一系列尖端技术改造成种种更适合这个陌生的新时代的工具，比如发短信，比如完善了绘文字（emoji）这种网络语言，甚至可以说，是她们开创了社交媒体。如今的地球公民所习以为常的许多事物，都是由东京街头的女学生开创的。

她们的登场预示着社会的剧烈变化。消费者已经从制造商所提供的产品的被动接受者，演变成一种新兴的创造主体。曾经，男人们及其工厂使日本跃升为经济猛虎；现在，女孩们以自己的形象将日本重塑为文化超级大国。而在她们打出的旗帜上，是另一种猫科动物：凯蒂猫。

1980年，25岁的山口裕子勉为其难地接过三丽鸥公司凯蒂猫的设计重任，在此后的15年里，她不断地重新塑造这个卡通形象以及她自己。这位野心勃勃的年轻平面设计师之所以加入三丽鸥，是因为当时的女性根本就没有在主流日本公司就职的机会，而她想创造这样的机会，并且找到了这样的机会。不过等一等。15年？一个40岁的妇女怎么还在三丽鸥呢？这家公司不是等女职工一结婚就会将她们请出门吗？因为时代变了，就这么简单。

虽然山口裕子在三丽鸥的设计领域找到了大量机会，可私下她却对三丽鸥在挽留女性人才方面漫不经心的态度大为恼火。表面看来，一切安好。三丽鸥的女员工（至少在她们工作一到两年之后）确实不用像当时其他日本大公司的女职工那样，不得不为男员工端茶送水。而且，一旦她们做出了成绩，就会得到很大的自由，可以提出设计方案，或是管理生产线，抑或做自己的专长。然而，虽然她们具有这样的相对自由，却没有跻身公司高层的机会。因而，女员工的离职率远远高于男员工。

  多年以来，山口裕子眼睁睁地看着一个又一个有才华的女员工懊丧地离职。最后她实在看不下去了。接手凯蒂猫设计大权几年后，她走进总经理的办公室，告诉他，如果公司不准备提拔合格的女员工担任管理人员，她就立即辞职。这个策略奏效了。不久后，所有比她早进公司的女员工都突然升职了。到了20世纪90年代中期，山口裕子不仅是凯蒂猫设计师，还是一名专门发掘平面设计天才的经纪人，为那些和凯蒂猫一样无法发声的女孩当有血有肉的代言人。

凯蒂猫"经纪人"山口裕子在三丽鸥Gift Gate门店

  山口裕子将头发染成明晃晃的粉色，经常穿着古里古怪的娃娃装，不知疲倦地在全国到处跑。她的目的地当然是三丽鸥的Gift Gate门店，当时在日本已经开了一千多家，即使三丽鸥总部面临着金融灾难，这些店铺依然屹立不倒。在店铺里，她会坐在一张桌子旁，和年轻的凯蒂猫消费者互动。起初这只是一种公关推广，几年后发展成为山口裕子观察凯蒂猫粉丝实时变化趋势的一种方式，这样她就能紧随消费者不断变化的品味，保持这个卡通形象的新鲜感。从许多方面来说，她本人就是名人，至少对那些喜爱三丽鸥产品的人来说如此。

多亏了这些活动，山口裕子已经注意到凯蒂猫消费群体的年龄正在悄然增长。一直以来，和三丽鸥的所有卡通形象一样，凯蒂猫的诞生是为了吸引幼儿园和小学里的女生。在20世纪70年代末和80年代中期大肆追捧凯蒂猫的，就是这个年龄群体。然而，随着90年代的到来，原本参与山口裕子见面会的主要人群——小女孩及她们的母亲——中间开始出现初中生和高中生。她们使用着凯蒂猫产品长大，也许是拒绝放弃这种儿时的快乐，也许是长大后又重新迷上了凯蒂猫。因而，当她在1995年的一个下午看到一群高中生站在她的桌子前时，并不怎么震惊，正如她在回忆录《凯蒂猫的眼泪》（2009）中所讲述的那样。

这些青少年身上有一些与众不同的地方。她们穿着水手服，这种风格的制服在日本高中随处可见：白色衬衫上装饰着宽大的蓝色领子、红色的领巾，穿着蓝色的百褶裙、及膝袜和乐福鞋。不过，她们身上的服饰并不是普通的那种，而是经过了巧妙的修改：高筒袜像护腿一般厚实蓬松，松松垮垮地垂在脚踝周围，在鞋子上堆积着，像蜡烛上滴下的蜡油一般；裙子已经短到你几乎能看到她们臀部的曲线。山口裕子知道这种装扮。这就是传说中的kogyaru（kogals），用她们自己的话叫"高中辣妹"。她们是痴迷时尚的不良少女，来自涩谷街头，那是东京以及日本其他地方的酷孩子都向往的地方。kogal基本上就是泡沫经济时代的派对女郎gyaru的2.0版。虽然派对早已结束，可是新一代的kogal们亲眼看到她们的姐姐们在20世纪80年代的繁荣时期享受着博柏利围巾、路易威登手包,现在她们也想要同样的享受,问题是钱已经不够用了。

涩谷位于东京时尚区原宿附近。和原宿相比,涩谷更脏乱、租金更低,是青少年聚集的场所。这里挤满了酒吧、连锁快餐店、廉价的拉面店、50日元(而不是一般的100日元)电子游戏机、卡拉OK厅、专门售卖廉价化妆品和便宜饰品的百货商店。简而言之,这里有一个女学生在中心街昂首阔步所需的一切。中心街是涩谷的主干道,是这个区域的中心,那里到处都是霓虹灯和涂鸦。所有这一切无不沐浴在浓烈的气味之中:香烟的气味,过浅的下水道散发出的气味,全天营业的便利店门口成堆的空瓶子散发出的酒味。

山口裕子早就注意到了这三个女孩子。活动开始前她们彼此交谈,山口经过时,无意中听到一个令她震惊不已的词:援交(enko),"援助交际"(enjo kosai)的简称。这个词的意思是"有偿约会"。

那一年所有人都在谈论这个词。时事新闻周刊《周刊文春》上刊登了一系列关于这个话题的文章。调查记者黑沼克史撰文揭露了一种地下约会服务,使用这一服务的男性只需付一定费用,就能听到潜在伴侣留下的语音信息,这篇文章令日本社会大为震惊。尽管这项服务的正式用途是为成年人提供婚介服务,可一些年轻女孩意识到,通过这些"电话俱乐部",她们能接近有钱的男人。这些渴望得到身份象征的年轻女孩留下信息,按小时提供陪伴,以此换取名牌包或昂贵的牛仔裤,并常常具体到颜色和尺码。

有时真的只是陪伴,比如一起吃顿饭。有时则不止于此。这种行为没有被称作"卖淫"(大家都想避免这一标签),而是被委婉地称作"援助交际"。黑沼克史的文章是一篇直白的调查性新闻报道,而这种行为一经曝光,小报开始铺天盖地地刻画渴望爱马仕的女学生如何献身于好色的工薪族。这些带有色情意味的新闻头条为其他女孩提供了模仿的例子,使这一行为变本加厉,而这又成为渴望报道更加刺激的内容的记者借题发挥的绝佳材料。这些形成一个恶性循环。

山口裕子坐在桌子旁，搂着一只巨大的凯蒂猫娃娃，努力思考着该对她们说点什么好。这些女孩浓妆艳抹，穿着超短迷你裙，静静地站在她面前等待着她的签名。山口裕子想对她们大吼，告诉她们她听到了，让她们不要再这样做。可是，她却脱口而出一个做梦也没想到自己会问的问题，更不用说是在抱着一只凯蒂猫的时候。

"你们为什么向男人出卖自己？"

一时间没人回答这个问题。山口怀疑，她们甚至以为是凯蒂猫问的这个问题。女孩们没有看她的眼睛。最后，其中一个女孩打破了沉默。

"因为我想要一只名牌钱包。这种钱包是用很酷的材料做成的，非常卡哇伊。"

山口裕子沉思了一会儿，然后提出要为她们专门做一款凯蒂猫钱包。这款钱包会是粉色的，做工与奢侈品牌一模一样。不过，这款钱包上会有凯蒂猫，而且价格合理，这样人们就不必去做那些出格的事才能买得起一只。这些女孩露出了笑容。

这款钱包于1996年面世，和它一起面世的还有许多其他饰品：一款手提包、一款手机壳、一款零钱包。它们是用柔软的粉红色人造皮革制成的，看起来一点都不像几十年前专为小孩子设计的廉价小钱包，而像是大型时尚品牌制作的产品——不过有一处明显不同：在通常是某知名品牌标志的地方，是凯蒂猫那不动声色的面孔。

那一年，山口裕子设计的成年人凯蒂猫饰品销售异常火爆，她因此改变了三丽鸥的命运，将3.4亿日元的亏损扭转为28亿日元的盈利。这个时尚系列还发掘出包括凯蒂猫的经纪人自己在内，谁也没想到的东西，即日本的青少年，乃至成年女性，对这种通常只面向小学生的卡通形象的潜在需求。20世纪80年代的美少女群体渴望精美的东西，90年代的辣妹也一样，不过她们渴望的是儿时喜爱的卡通形象，这个形象还能作为一种无声的视觉暗号，让志同道合的朋友更加亲密。多年之后，记者山根和马（Kazuma Yamane）将这种高档商品的新变化称作"化妆品交际"（communication cosmetics）。

回过头来看，其实很好理解。这是一个两全其美的办法，既能够享受童年的快乐，又能够在晚上出去玩（或者至少下午在涩谷的中心街玩）的时候足够时尚。媒体纷纷对三丽鸥能从金融窘境中死而复生惊讶不已，可却没有提到，要不是山口裕子偶遇这帮正在找"甜爹"[1]的女学生，这根本不可能发生。

当然，并不是所有女学生都抱着这种想法。虽然媒体这样炒作，但"有偿约会"一直处于文明社会的边缘。对普通日本青少年来说，他们和普通的西方青少年一样，在他们的娱乐和幻想生活里占据中心位置的，其实是摇滚明星。

时间依然是1996年，日本流行音乐的国王和女王正在约会。国王是百万销量的超级制作人小室哲哉，女王是他的得意门生、当时的明星，歌手华原朋美。华原朋美认识小室哲哉时已经是一位颇受欢迎的歌手了，她和小室一起录制了她的第一张个人专辑《爱的拥抱》。发表仅仅一周，就售出了100万份。现在，两人要出去约会庆祝，日本最受欢迎的音乐节目《歌番》正记录着这一切。他们会选一家高级餐厅，开香槟庆祝吗？或者，去东京有名的一家迪斯科舞厅，享受来自四周的炫目的灯光和热情的崇拜？又或者，去东京的某家高档酒店享受浪漫的二人世界？

都不是。22岁的华原朋美坚持让她的男朋友带她去三丽鸥彩虹乐园。

---

[1] sugar daddy，指对年轻女子慷慨大方的好色阔佬。

1990年秋天，当三丽鸥宣布公司在股市蒙受巨额损失时，这座主题公园已几近完工，并于同年12月开放。辻信太郎听取了环球主题公园和迪士尼乐园设计师的建议。他所预想的彩虹乐园是"爱与梦想的乐园"，一个为小学女生打造的七彩仙境，这里有游乐设施、舞台表演、身着三丽鸥玩偶套装的演员，当然还有很多礼品店。起初，彩虹乐园完全不盈利。本来就比竞争对手东京迪士尼乐园小很多，它的设计还主要参照了小女孩的品味，进一步局限了顾客群体。开业头三年，彩虹乐园严重亏损，批评者讽刺它是"一个昂贵的盒子"，全是包装，没有实质，在日本这样一个如此重视包装的国家，这是一个真正的沉痛打击。辻信太郎开始对那些舞台表演和景点进行调整，以更好地适应不同的口味，或者说是他自己的口味。"如果舞者不性感，父亲们就不会来看这个节目。"他笃定地向美国记者解释道，"我们不能做色情表演或是袒胸露乳，不过我们可以露出丁字裤。"最后，彩虹乐园终于开始盈利了。不过，不是因为丁字裤或父亲们，而是青少年和年轻女性，像华原朋美那样的女性。

跟着镜头，我们看到这位（很可能）极为富有的年轻歌手，和一位身着毛茸茸凯蒂猫服装的真人演员手挽手走着。接着，她"扫荡"起礼品店，用各种各样的三丽鸥产品塞满一个又一个粉红色购物篮，里面文具、家庭用品、巨大的毛绒娃娃应有尽有。这些东西被装进一个又一个大塑料袋中，由一群身着黑西装的助手提到门外。虽然华原朋美看起来是一位成熟女性，可她发出的每个声音、做出的每个动作，无不让人觉得她就像是一个过于激动的幼儿园小朋友。她屈着膝盖，不停挥舞着胳膊，发出欣喜的轻声尖叫，像只小兔子一样蹦来蹦去，兴奋不已。在舞台上，华原朋美气场很强，她专注而深情，唱的多是情歌，虽然嗓音很尖，但发出的声音尚且属于正常成年人的范围。然而，在眼下这个公共场合，她变成了卡哇伊的化身、货架上商品的真人版。不论她是在假装，还是这就是她孩子气的一面，这两种人设显得十分不协调。一位正处于艺术巅峰的成年女性，却表现得像一个刚学会走路的大号孩子，这与她的天后形象不符——至少与当时的全球潮流引领者，如麦当娜、席琳·迪翁、托尼·布拉克斯顿等西方性感女歌手相比如此。

或者，真的那么不协调吗？华原朋美在彩虹乐园的表演不禁让人想起90年代早期的一个激进女性群体——暴女（riot grrrl），一个由垃圾摇滚时代崭露头角的纯女子乐队组成的非常松散的群体。这个群体的核心是一个叫作比基尼杀戮的朋克乐队，它的出现预示着大量富有才华的女性开始为自己而非男孩歌唱。当时美国摇滚界多是逐渐衰老的竞技场摇滚乐手、头发花白的金属摇滚乐手和虚无主义垃圾摇滚乐表演，暴女团体的出现为美国摇滚界注入了新鲜的血液。

当然，从表面上看，暴女与卡哇伊的日本偶像截然不同。暴女原始、生硬，总是呈现出怒气冲冲的反抗姿态，与"可爱"截然相反。而华原朋美这样的偶像是经过精心包装的，她们具有可塑性，让人觉得舒服。不过，暴女对自己童年时的形象并不陌生。比基尼杀戮乐队的主唱凯瑟琳·汉娜经常在表演时扎着辫子，戴着发卡；玩具城宝宝乐队在她们的音乐影片中使用布娃娃当作道具；科特妮·洛芙总是穿着破旧的娃娃裙，声嘶力竭地唱着关于虐待和性别歧视的歌曲。性别歧视批评者无视其中蕴含的赋予女性权力的信息，认为是刻意挑逗，嘲笑这是"雏妓"装扮，暴女团体里都是无可救药的仇男分子。事实上，她们震撼了传统上由男性主导的摇滚乐产业。而kogal们穿着另一种意义上的"雏妓"服装，大胆拒绝放弃童年的快乐，从工薪族口袋中榨取零花钱，从社会层面上来讲，她们之于日本，是与暴女大致相同的角色。尤其是华原朋美，她从舞台上的性感歌手，瞬间切换到超大号幼儿，在黄金时段的网络电视上公开表现出对凯蒂猫的喜爱，几乎靠一己之力使这种小孩子的东西在一代青少年粉丝眼中变得酷了起来。

kogal不是上一代学生抗议者那样的反文化叛逆者，也不是不屑于上流社会的朋克。她们用一种被动的方式，通过消费她们喜欢的产品，一点点瓦解了由男性主导的消费文化的根基。令人惊讶的是，事实证明这种方式甚至比暴女的做法更具颠覆性。卡拉OK业就是少女品味最早颠覆的行业之一。卡拉OK一直是工薪族的领地，他们雇按时收费的女招待作陪，在烟雾缭绕的环境中低声吟唱。20世纪90年代初，日本女孩几乎在一夜之间将唱卡拉OK的用户群体从老年男性变成了年轻女性。由此，卡拉OK业以及整个日本音乐行业都将以她们的品味为中心。

这种巨变出人意料，它是一种新技术的意外结果。这种技术就是数字化点唱卡拉OK。存储一直是卡拉OK存在的问题，再加上格式变化很快，而将一批八轨道磁带更新成盒式磁带或是CD更是成本高昂。在20世纪80年代末到90年代初的这段时间，激光唱机一度统治了卡拉OK播放系统。这种激光唱机看起来像超大号的DVD，闪闪发光的银色光盘有黑胶唱片那么大。尽管这种媒介是模拟而不是数字的，但工作原理和DVD差不多：都可以存储音乐和视频，用户按下按钮，就能从一个曲目跳到另一个曲目。最大的激光唱机有冰箱那么大，能装多达144张光盘，就像是自动点唱机时代的音乐家具。然而，即便如此，也难以跟上不断增加的流行曲目，因为授权、灌录、出版、发行一张CD或激光唱片，需要耗费数月之久。在卡拉OK诞生后的很长一段时间里，要唱一首近期的热门歌曲，根本不可能。

这个问题解决起来虽然没有火箭科学那么复杂，但也差不多了。问题是由一位名叫安友雄一的等离子体物理学家解决的。他在1992年发明了tsushinkaraoke（字面意思是"交流卡拉OK"，或者用更现代的表达，"串流卡拉OK"），从而推出了世界上第一个真正的大众数字音乐播放服务。这种本来是为卡拉OK厅及其中年顾客设计的，后来却在青少年中间流行了起来，这一趋势将会为整个日本流行音乐的格局带来深刻的变革。讽刺的是，它是由一位对卡拉OK毫无兴趣的人发明的。

"我从来没有唱过歌。"当我与安友博士在他位于名古屋市中心的办公室会面时,他这么说。他早已退出卡拉OK行业,如今在一家技术孵化机构做企业初创指导。"你要是看到我手中握着麦克风,那一定是有人在耍我。不好意思。"他说话轻柔,带有一种自嘲式的幽默。而当他在白板上为我画出卡拉OK点播系统的示意图时,他明显变得兴奋起来。他一边画,一边大笑道:"我用这个东西挣的钱从来没超过我的底薪。我妻子总是说:'你怎么这样?'"

安友雄一,串流卡拉OK技术先驱

等离子体物理和卡拉OK似乎八竿子打不着,可是到了20世纪80年代,卡拉OK已经变成了利润丰厚的产业。就像色情产业刺激了美国通信技术的发展一样——宝丽来相机、有线电视、收费电话服务、互联网的广泛使用,皆在某种程度上归功于色情产品的流行——日本的卡拉OK产业同样推动了日本音视频技术的发展，对存储媒介以及内容交付系统来说尤为如此，对于存储容量的需求越来越高，要能以最快的速度为客户提供尽可能多的歌曲。不过，卡拉OK的影响力在音乐产业之外也可以感受到。任天堂公司在发行第一代家用游戏机[Family Computer，又名"红白机"(Famicom)]时，便预料到软件公司会发布卡拉OK存储器，于是他们在一个控制板上安装了麦克风；另外，如果没有卡拉OK，我们可能永远也见不到索尼PlayStation。在20世纪90年代，家庭电子游戏竞争非常激烈，索尼的高管本不愿投入巨额资金参与角逐。然而之所以还是开了绿灯，是因为他们相信，除了打游戏，还会有同样甚至更多的客户会买这款游戏机用来唱歌。

安友雄一对计算机一直很感兴趣，他在学习物理期间经常使用它。完成博士学位后，他进入名古屋的一家名叫"兄弟"的打印机制造公司（此前是一家缝纫机公司）当职员。他的第一个项目是为这家公司设计一台能自动售卖软件的机器，一种可以遍布日本各地的TAKERU亭，用户能在这里将程序下载到软盘上，从而节省软件公司制造、存储和分发软件包的成本。实际上，这些售货亭就像是你必须亲自去"登录"的网站。然而，这一理念太超前了，兄弟公司很难从中盈利。于是，安友雄一想出了让这些机器发挥双重用途的办法：白天，它们像往常一样售卖软件；但下班之后，等电脑商店一关门，这些机器就悄悄变成卡拉OK服务器，利用调制解调器和电话线在全日本范围内彼此连接，向当时尚处于开发阶段的数字卡拉OK机提供最新歌曲。从理论上说，任何一家酒吧、咖啡馆、卡拉OK厅，只要购买了一台这样的机器，就再也不用购买实体媒介了。

重点就在"从理论上说"上。今天我们已经对各种内容的数字化传播习以为常，可当时离因特网将这一切变成日常生活的一部分还很远。对于当时的科技来说，这简直太不可思议了。由于电话线容量有限，安友雄一无法传送数字录音。这些歌曲需要转换成一种叫作MIDI[1]的计算机格式，像是数字乐谱。MIDI文件本身并不是一首歌，而是让计算机合成歌曲的一系列指令。不幸的是，MIDI的音质远不如实际录音，导致很多人认为他的系统毫无道理（"这刺耳的鬼玩意儿是什么？"一位卡拉OK主管在安友雄一向他演示了这套系统后怒吼道）。这套系统除了歌曲和歌词之外什么也无法提供，比如没有配套视频，这种视频在当时使用激光唱机的卡拉OK厅里已经司空见惯。它最大的特点在于便利性，一首歌一旦数字化，就能放到任何一台电脑卡拉OK机上。

还有一个小问题。有成千上万首歌曲需要手动转换成MIDI格式。安友雄一毫不畏惧，他雇了100名数据录入专业人员，其中40名来自当地一所音乐学院。团队成员们坐在电脑前，戴着耳机，听着歌曲，敲着键盘，一小节一小节地将他们听到的音乐录入电脑中。这项工作缓慢且无聊，他们无法借助任何应用程序或工具。听一首歌的片段，将其转录为MIDI格式，听产出的音乐，修改代码。整个过程需要不断暂停，然后开始，这意味着即便是一首简单的歌曲，也可能需要花费一周时间处理。这个团队昼夜不停地输入数据，总共花了一年半的时间才完成这个项目。兄弟公司投入了六亿日元，这在当时接近五百万美元。安友雄一花了无数个小时去听那些刺耳的歌曲，导致高频听力损失。

他的第一版串流卡拉OK机于1992年面世。中年演歌群体在女招待俱乐部中，用那些闪闪发光的激光唱机，哼唱着老气的情歌，他们对这款新产品丝毫不感兴趣，兄弟公司很难说服经销店购买他们的新款串流卡拉OK机。改变这一切的是一年后，1993年发布的第二版。原因很简单：安友雄一听从了年轻助手的建议，在数据库中加入了很多日本流行音乐榜单上最新的热门歌

---

[1] Musical Instrument Digital Interface，乐器数字接口。

曲，而不是传统的中年卡拉OK迷喜欢的演歌曲目。

突然间，卡拉OK包厢外排起了长长的队伍，为他的机器做广告。那些孩子不在乎音乐听起来是不是刺耳，因为这是他们的音乐，他们终于能唱自己想唱的歌了。不到两年，超过六成的卡拉OK场所将激光唱机替换成了兄弟公司及其对手公司生产的串流卡拉OK机。但其实不光是市场份额在发挥作用，还有更重要的因素。

串流卡拉OK机会在顾客唱歌时记录他们选的每首歌。这样做的表面原因是累计播放次数，以便计算版税，但也将每位参与者的歌曲选择转化为一次投票，不再是唱过就算了。很快，唱片公司意识到，它们可以利用版税数据形成判断，筛选这些数据，看哪些歌适合哪一类歌手演唱，哪种歌曲会成为热门。如果调查得足够细致，你甚至可以根据统计去预测唱歌的人是谁。如果你知道一台机器被摆放在一家爱情酒店中，一首老旧的演歌曲目后面跟着一首青少年偶像歌曲，那么你几乎可以肯定当时发生了某种"有偿约会"。

就这样，安友雄一不经意间发明了"音乐大数据"，这是他现在的叫法。在点播卡拉OK出现之前，只有为数不多的几首日本单曲销量达到一百万。在它出现之后，1993年就出现了10首这样的热门歌曲。两年后，这个数字上升到了20首。一年20首销量上百万的歌曲！相较之下，在英国，整个20世纪90年代只有26首单曲销量达到了一百万。这对于任何一个国家的音乐产业来说都是史无前例的，更别提当时日本正处于可怕的经济衰退之中。这一切都归功于卡拉OK，更确切地说，归功于那些热切地将卡拉OK融入自己的社交生活的年轻人。

女学生是最早迷上串流卡拉OK的群体。这是一种廉价的社交活动，也是一种与她们的偶像，比如凯蒂迷华原朋美，形成联系的方式。事实上，华原朋美的事业腾飞在很大程度上要归功于串流卡拉OK。她的男朋友兼制作人小室拓哉，是第一批意识到"联网卡拉OK机不仅仅是音乐播放机器"的人。这些机器代表着一条直抵年轻歌迷内心的路线。除了来自成千上万台安友雄一设计的卡拉OK机的数据，小室拓哉及其唱片公司爱贝克思还进行了街头调查，并成立了专门研究高中女生的焦点小组。他们利用这些信息，来进行单曲类型、歌词以及歌手舞台服装等的选择。很明显，年轻歌迷们想要的是看起来、听起来和他们一样的偶像。在西方，打破专业歌手和业余演唱者、创作者和消费者之间那堵无形之墙的是朋克摇滚乐手；在日本，是女学生和串流卡拉OK。传唱度开始影响歌曲创作。早在20世纪70年代，弹唱歌手就意识到卡拉OK会偷走他们的饭碗。他们是对的，可谁也没想到，受过专业训练的歌手的职业也会受到影响。

逐渐地，日本流行歌手的选拔不是看歌唱天赋，而是看是否具备让普通女生或男生模仿他们的能力。于是，华原朋美那样幼稚可爱的歌手，以及有着SMAP、TOKIO和ARASHI之类名字的阳光男孩乐队，取代了流行榜单上的传统摇滚歌手。[1]这种选拔模式为小室拓哉这样精通卡拉OK的金牌制作人赢得了巨额财富。"你不用总做第一。"SMAP在2003年的热门歌曲《世界上唯一的花》中这样唱道。这是一首有关爱和接受的安抚人心的歌曲，不过也像是在唱日本，这个国家在经济衰退的泥淖中苦苦挣扎，一直未能摆脱，甚至有人开始怀疑是否还有拨云见日的一天。

1995年尤为艰难。1月，一场地震夷平了神户市的大部分地区。政府反应十分迟缓，72小时后才派自卫队救援小组前去赈灾。当地一个黑帮都看不下去了，他们挺身而出，分发食物和用品给受困的市民。两个月后，也就是3月的时候，一个名为奥姆真理教的邪教组织在拥挤的东京地铁站释放了手工制

---

[1] SMAP，日本国民偶像团体；TOKIO，日本5人男子乐团组合；岚（ARASHI），男子偶像歌唱团体。

造的神经毒气。这起恐怖袭击造成13人死亡，50人重伤，1000多人生病。这些事件不禁让人心生疑问，这个国家到底有没有人管以及谁来管？

日本国内消费型经济和出口的支柱——日立、东芝、三菱、日本电气等高科技制造商，正在损失大量市场份额给它们的亚洲竞争对手。1998年，美国总统克林顿出访亚洲时，发生了一件放在几年前难以想象的事：他没去东京。随着美国政治和商业领导者急切地将目光转向新崛起的中国和韩国，那些曾经不满"打压日本"政策的日本政客开始为所谓的"忽略日本"而烦恼。

长期的经济动荡对年轻公民产生了深远影响，大众传媒争先恐后地记录着人们眼中正走向崩溃的社会。"蛰居族"（不愿上学，甚至不愿走出家门的年轻人）、"学级崩坏"（教室里发生的混乱）等表达成了流行词汇。大学毕业生，无论男女，都处在"就业的冰河时期"，他们焦急地四处寻找工作。数百万人始终找不到工作。孩子们看上去并不好。

当一个曾经辉煌的国家走向土崩瓦解，一切都变得乱七八糟。由于无法顺利过渡到成年人的生活，日本青少年越来越多地从主流文化转向亚文化。越来越多的年轻男女沉浸在丰富多彩的幻想世界中，自诩为漫画、电子游戏和动漫的超级鉴赏家。不过，最引人注目的变化，同时也是最具全球影响力的变化，出现在东京的时尚中心涩谷和原宿。在那里，女学生和年轻女性塑造了新的身份，打造了新的交流方式。她们使用的工具有袖珍寻呼机、移动电话，以及世界上最早的移动互联网供应商服务。成年人怒气冲冲地批评这些行为，认为他们是在逃避责任，将曾经令人引以为豪的社会幼稚化，叛离了正常社会。然而那些深陷其中的人知道，他们接触到了新的东西。

心思复杂难猜的年轻消费者们比以往任何时候联系得都要紧密，而且他们不断渴望着联系，从而形成了新的社会网络，将日本的城市街道转变成了孕育文化创新的地方。在一个因为泡沫破灭而受到重创的经济体中，狂热分子和女学生是最后一个屹立不倒的消费群体。《大逃杀》虽然是虚构的，但它的大部分内容却很真实。

1996年冬天，距小菅的吉普车在京都上架销售已经过去了51年，一种奇怪的新产品开始在东京出现。它和小菅用废锡皮做成的吉普车一样抓住了时代精神，成千上万人在日本众多的玩具店外排成长龙，等待着拥有一件珍贵的新玩具的机会。不过这次，玩具不再是用废品做成，它在很多方面代表了当时最高端的技术：玩具内部有一枚硅计算机芯片，驱动着一块邮票大小的迷你液晶显示屏，外面套着专门吸引女学生的彩色塑料外壳。这种产品叫作"拓麻歌子"（Tamagotchi，也叫"电子宠物"）。

它是日语tamago（蛋）和uocchi（手表）的合成词，这种手掌大小的电子宠物相当于一款便携式电子游戏，但玩法不是攻克一个谜团或是抗击入侵的敌人。在小小的黑白屏幕上"生活"着一个需要持续关注的小斑点，看上去就像一只真正的动物。如果喂养得当，及时清扫——它们像真正的动物一样，会"拉便便"——一只拓麻歌子将会经历一系列阶段，"成长"为成年形态，它最终的相貌、态度和体质，都取决于在婴儿和青少年阶段你是如何养育它的。有趣的是，这个玩具没有关机键。从你将拓麻歌子从包装中拿出来的那一刻起，你就要为这个小小的数字生物的生命负责，只要它发出哔哔声，你就要给予关注和食物。无论什么原因，如果你长时间不管它，它就会失去活力，然后死去，在它死后，屏幕上会出现一个幽灵在一座小小的坟墓上空盘旋的凄惨景象。

无论清理粪便还是死亡，听起来一点都不好玩，更不像是一款热门产品该有的样子。然而企业家横井昭裕（Akihiro Yokoi）却不这样认为。1995年初，他产生了这个玩具的创意。此前他是玩具巨头万代玩具公司的雇员，还经营一家名为Wiz的设计公司。和几十年前小菅的锡制玩具工作室一样，横井的公司并没有真正出售玩具，而是将玩具创意卖给更大的制造商，其中最主要的就是他的老东家。横井最新的玩具创意源于他对动物的喜爱。他家里养着几只猫狗，还有一只鹦鹉，Wiz公司办公区的中心装饰有一个300加仑[1]的盐水缸，里面养着各种各样的热带鱼，每次出差时都不得不将它们留在这里，他很讨厌这点。接下来几个月，他和他的员工们完善了这个创意。拓麻歌子是一种专门设计为宠物的电子产品，无论何时何地，你都能将其带在身边，一直照顾着它，看着它一点点长大。

他的合作者是真板亚纪。1995年夏天，横井的提案出现在她的办公桌上，当时她30岁，是万代玩具公司的营销专家。提案上有一幅漫画，一个手腕上戴着拓麻歌子的男人正跃跃欲试。在另一张插图中，拓麻歌子被放在一个架子上，旁边是一个小小的洞穴人。这些显然都源于男孩的幻想。真板亚纪喜欢这个创意，但认为这个提案针对的受众不对。她认为应该改成小女孩的幻想。经过多次会议商讨，横井昭裕和真板亚纪开始改进这款玩具的设计。

为了降低成本，拓麻歌子的屏幕必须很小：一个小小的四方形，只有16×32像素。凯蒂猫和马力欧背后的"头大身小"设计哲学能让最简单的设计栩栩如生。不过，卡哇伊已经过时了。横井昭裕只好四处寻找新鲜的东西。翻阅女装杂志寻找灵感时，他注意到一个有趣的现象：杂志中的许多插图都故意画得很简陋。它们看起来不像是平面设计，更像是学龄前儿童骄傲地贴在家中冰箱上的作品。他以前通常会在四格喜剧漫画中看见这种画风，现在

手里拿着拓麻歌子的真板亚纪

---

[1] 1加仑约为3.8升。

来看，它似乎已经成为女孩杂志的默认画风。酷爱这种画风的读者称这种风格为heta-uma（稚拙），意思是这类插画师擅长画很糟糕的画。凯蒂猫很可爱，但她怎么说也是一种漂亮的平面设计；马力欧也一样，虽然开始很粗糙，但随着游戏技术的不断提升，它在后来被改进为清晰的卡通人物。heta-uma风格形象的魅力，一定程度上在于，它们看起来像是消费者自己可能会画的东西。

然而事实上，heta-uma风格需要大量技巧才得以实现。横井举办了一场工作室内部的才艺竞赛，与三丽鸥1980年决定凯蒂猫负责人的那场比赛类似。胜出的画作来自一位名叫白椿洋子的无名小卒。她是一名新晋设计师，当时只有25岁，比这款产品所瞄准的女学生群体大不了多少。从毕业后到来Wiz做设计师，这四年间她辗转换了大约30次工作，从售货员到东京红灯区歌舞伎町（Kabukicho）一家女同性恋酒吧的服务员，她都做过。她设计的拓麻歌子甚至比马力欧和凯蒂猫还简单——如果18世纪著名的生物分类学家卡尔·林奈为三丽鸥效力，他画出来的东西可能就长这样。它们是一连串不断进化的小团块，是白椿洋子努力让最模糊的形状变得清晰之后的样子：用破折号或圆点当眼睛，有些有很小的耳朵，有些长着鸟喙——或是嘴唇？那是一只海星吗？还是某种单耳兔子？它们非常怪异，但又很容易辨别。

现在，既然有了拓麻歌子里的形象，剩下的就是完善拓麻歌子的外表。为此，真板亚纪和同事开始拿着塑料外壳的模型到街上，邀请路过的kogal们评论最喜欢哪种形状和颜色。他们的第一个目的地是东京的时尚区原宿。原宿离kogal们聚集的涩谷仅有一站之遥，那里的高端时装店散发出一种奢华气息，是女学生心目中的一片仙境。这个区域的主干道表参道两边是高大的榉树，这里一直以来都是香奈儿、爱马仕等女学生们梦寐以求的外国奢侈品牌旗舰店的聚集地。然而，原宿真正的核心与灵魂却隐藏在高级时装外表的后面，不为人所见。

原宿的后街，各种小巷和死胡同纵横交错，与表参道时装店的华丽形成鲜明对比。其中最有名的当属竹下通，这是一条行人专用街道，两侧林立的小商店，向饥渴的青少年兜售着廉价时装、含糖食品，以及世界各地流行歌手的海报。当你深入这个迷宫，就会发现，奢华的外国气息消失了。相反，你将会沐浴在数不清的小型本土精品店的奇异气息之中。在这里，你可以找到迎合了极其小众的品味的奇形怪状的饰品。在这里，即使是最听话的学生，也能放飞想象力，假想自己拥有各式各样、不断变化的身份：比如海滩上穿着厚底鞋的芭比女郎；穿着百褶裙的哥特萝莉，让人联想到与《亚当斯一家》共同生活了一段时间的《爱丽丝漫游奇境》里的爱丽丝。男孩也可以体验各种各样的时尚：既有20世纪50年代身着牛仔服和皮衣的飞车党，也有装饰着华丽亮片、留着《龙珠》人物发型的中性视觉系华丽摇滚乐手风格。他们装扮一新后便静待周末的到来，那时，这些街道将禁止行车，来自世界各地的时尚怪咖纷纷涌上街头跳舞。原宿不仅仅是一个街区，还是一种情绪。

也就是说，这个群体特别适合测试像拓麻歌子那样怪异的产品。此时是8月，正值日本的盛夏时分，万代的员工在原宿和涩谷的街头，向尽可能多的年轻女性（从中学生到上班族）展示拓麻歌子的各种外壳备选方案，征求她们的意见。这些模型，有的是圆的，有的是方的，还有的是椭圆形的。经过几轮调查和修改，其中一种蛋形外壳最受欢迎——当女孩子们最后问她们能否拿走那些彩色的样品时，真板亚纪知道，他们已经找到了理想的外壳。拓麻歌子就快准备好振翅高飞了。但这些调查只是确定了受访者是否认为这款产品的外观可爱。没人知道顾客会不会花钱去清理数码宠物的便便。要想知道这个问题的答案，他们只能发布产品，然后等待。

在投入市场之前，真板亚纪建议将它从表带上取下来，装在钥匙扣上。这样做有两重原因。首先，kogal们喜欢在手提包上挂钥匙扣以及其他小玩意儿。还有一个重要原因是，作为一个女孩，不一定会戴手表，但不可能不带"口袋铃铛"（日语中袖珍寻呼机的叫法）就出门，所以将拓麻歌子做成手持设备而不是手表的样式，便于将它与这个女孩日常生活中不可或缺的物件更紧密地结合在一起。

顺便提醒一下，袖珍寻呼机是手机时代到来之前的产品。这种设备非常小，大约火柴盒那么大，厚度为火柴盒的两倍，在其中一面有一个黑白液晶显示屏。最初目的是让医生和商人在手机尚未出现的年代能够与办公室保持联系，它们唯一的功能就是显示来电者的电话。每个寻呼机都配有一个号码，你可以将号码给任何一个你想保持联系的人。如果他们需要在你出门时联系你，就会给你的寻呼机打电话。然后他们需要键入一个回拨号码——这个号码会显示在你的寻呼机上，并且发出哔哔（beep）的提示音（也因此，寻呼机得名"BP机"）。20世纪90年代早期，月费突然下调，一夜之间，几乎人人都能买得起寻呼机了。在办公室工作的年轻女性是首批使用这款平民化通讯设备的非专业人群，以至于在1993年，一部黄金时段播出的电视剧《为什么我的寻呼机不哔哔？》甚至成为了当年最受欢迎的节目之一。或许正是受这些"女白领"的启发，女学生也开始加入寻呼机大军。1993年，只有一小部分东京女高中生有寻呼机；等到1997年，平均每两名女高中生就有一台寻呼机。她们称呼彼此为"寻呼机好友"（berutomo）。

20世纪90年代初，寻呼机在美国年轻人中间也十分流行，不过使用人群不同。在美国，它们与学童无关，主要使用者是毒贩、皮条客和说唱歌手。他们使用寻呼机的方式与受人尊敬的医生或律师相同：用于接电话。而在日本，某个不知名的创新人士却将其用作临时收发短信的设备，尽管我们永远不会知道是谁想出了这个点子——十有八九是一个女生，因为她们是这种新表达方式的主力军。

她们之所以能用寻呼机收发信息，部分原因在于日语的表音特性。在日语里，由于每个数字都代表某个语音，这样你就可以在寻呼机上输入一连串数字，并将它们组合成单词，前提是你呼叫的人得知道你在这么做。比如，你输入的不是回拨号码，而是3341（sa-mi-shi-i），意思是"我很孤单"，对方可能会回复1052167（do-ko-ni-i-ru-no），"你在哪里"，然后你会回答428，也就是"shi-bu-ya"（涩谷）。最早的时候，数字代码会占据回拨号码的位置，因而需要提前说好，对方才知道发信息的人是谁，导致这种交流方式含混不清，不够直接。尽管如此，这种极其流行的交流方式仍然代表着手机短信的一种早期形式，而日本女学生则是世界上最早将如今这种普遍存在的习惯融入日常生活的人。

事实上，她们发短信的热情十分高涨，寻呼机的女学生用户数量很快超过了工薪族用户。这一现象引发了20世纪90年代中期，日本电信技术公司争相推出专为女生设计的新产品的热潮。每一季，制造商都要为越来越懂技术、有辨别力的消费群体推出一系列新功能。先是能显示字母和日文，后来是汉字，再后来是心形、笑脸等基本图形，也就是现代表情符号的始祖。寻呼机的所有这些功能都是为了满足日本女学生的需求。这一现象于1996年到达顶峰，日本街头的1000万台寻呼机里，大多数是为女性使用，而她们大多不到20岁。女学生灵活使用这种原本并非为她们设计的物件，将自己从消费者转变成了创新者。通俗地讲，她们是日本移动技术的高级用户和风尚引领者，整个日本科技产业都深知这点。

从某种意义上说，拓麻歌子可以被看作是一个去掉通信功能的寻呼机，里面装着一大群超级可爱的小动物，而不是电话号码。

1997年初的拓麻歌子不仅是一款很火的产品，还是一种席卷全国的时尚。万代公司的生产数量几乎难以跟上需求，缺货是常态，只要一家玩具店弄到了几部拓麻歌子，顾客就会在门外排成长队。在位于原宿时尚区的Kiddy Land玩具店，有时队伍能沿着表参道，排到五个街区开外的原宿站。

宫泽艾玛8岁了。和她这个年纪的大多数小女孩一样，她非常想要一个属于自己的拓麻歌子。她买不到，因为几乎每家店都脱销了。不过，艾玛还有一招，她的祖父是日本前首相宫泽喜一。

艾玛的生日快到了。她告诉爷爷说她很想要一个拓麻歌子。宫泽喜一现在退休了，有大把的时间。她是想让爷爷带她去玩具店吗？是的。于是，一个冬日的下午，一辆载着艾玛、爷爷，和一名日本特勤处武装人员的豪华轿车，停在了原宿Kiddy Land玩具店外的路边上。

宫泽喜一，这个日本曾经最有权势的人，打量着这个之前在他管辖之下的角落。当时已经有几百人排着长队，还有几十个人挤在入口处。形势堪忧。不过，宫泽喜一见过也经历过更糟糕的状况。有一次，老布什在正式晚宴上吐了他一身。相较之下，这么点人算得了什么。

宫泽喜一牵着艾玛的手，大步流星地走向Kiddy Land的大门。多年以后，艾玛回忆起当时听到人群中响起她的姓氏，人们"像电影《十诫》中的红海一般"为他们让出路来。这是她第一次意识到自己的祖父与其他人有多么不同。

很快，三人就走到了队伍最前面。宫泽喜一带着只有前国家元首才有的威严，对守护着日本流行文化王国最新宝藏的店员说："请给我拿一个拓麻歌子。"

Kiddy Land的雇员看了看这位前首相，又看了看他身后排着长长队伍、心情急切的市民。

"先生，恐怕我得请您排队了。"没有例外，即使是前首相也不行。这就是拓麻歌子最火时的需求。

这些小小的数字蛋在整个日本社会传播开来后，又跨越国界，征服了北美和欧洲。面世不到两年，就有四千万拓麻歌子在全球范围内生活、吃喝拉撒，还为它们的共同创造者赢得了1997年的搞笑诺贝尔经济学奖["（让人们）将数百万个工时放到了虚拟宠物的饲养上"]。事实上，这个系列直到现在依然很受欢迎。截至2017年，也就是拓麻歌子诞生二十周年，全球拓麻歌子的数量翻了一番。拓麻歌子之所以如此长寿，其中一个原因就是它在不断进化。由于身处卡哇伊文化的大圈子，一些最新版本的拓麻歌子里融入了三丽鸥角色，这样玩家就能将传统的拓麻歌子和凯蒂猫结合起来，形成十分可爱的形象。不过（虽然有点令人失望，但这是由于功能限制，以及为了避免出现我们都不愿意看到的情形），一个传统的拓麻歌子会拉屄屄或者死翘翘，至于凯蒂猫是否拥有可以正常运转的消化道，或者有来世，这还是个未解之谜。

不同于食物、漫画书等其他形式的文化输出，日本流行音乐没能在西方找到立足点。你十有八九没听说过华原朋美，甚至连安室奈美惠、滨崎步或宇多田光等少女们最喜欢的偶像都没听说过。愤世嫉俗的人可能会说，这是因为她们是一个喜欢奖励平庸的制度的产物；可事实却是，日本不缺音乐人才。偶像之所以能一统天下，是因为日本主流流行音乐是数据的产物，这个数据库强调的是愉悦和逃避，而不是演技与才艺。"你不需要练习唱歌和跳舞。"前AKB48偶像指原莉乃2013年在长寿综艺节目《笑笑也无妨》中告诉一群学生，"因为如今大多数偶像的粉丝都是老年男子，他们认为不会跳舞的女孩更可爱。"

然而，几乎在所有其他方面，女学生的品味都悄悄影响着世界各地的日常生活。拓麻歌子虽然有点傻，却囊括了我们习以为常的、时刻紧密联系的、高度数字化的日常生活中，诸多出自东京街头的元素。是这些女学生第一次将一个小物件的价值分解成一种单一衡量标准，即它怎样帮助"我"更好地与他人联结？这也是女学生的品味第一次出现在全球视野中，是与凯蒂猫无关的日本卡哇伊文化的第一次出口。它还预示着一场全球范围内潮流传播方式的深刻转变。

日本市场的这种独特性会令最精明的外国公司陷入困境。2007年，苹果公司推出了iPhone手机，这款产品立即火遍全球，不过却有一个明显的例外——日本。这里是唯一一个iPhone销量惨淡的地区，因为苹果没有内置输入表情符号（emoji）的功能。

在美国，emoji由于和英语单词email（电子邮件）或emotion（情绪）发音很像，所以人们说起它来，发音通常也很自然，但实际上这个单词是由两个日语词合成的：e（发音为"欸"，意思是图画）和moji（意思是字母或文字）。所以对于emoji来说，更准确的翻译可能是pictogram（图文字）。不过，和其他独特的日本发明，比如samurai（武士）、sushi（寿司）、haiku（俳句）、kaiju（怪兽）一样，这个外来词已经被接受了。

这些象形符号是短信息和卡哇伊插画文化的自然融合，于20世纪90年代末首次出现在日本手机上。年轻女性在她们的信件中大量使用小小的心形、微笑、哭泣的表情，她们让表情符号从一种图片式标点符号，升级成为一种新的在线交流形式。到21世纪初，表情符号已经不再是日本女性手机用户的可选功能，它们对文本通信至关重要。不过，当时的手机短信和数据服务在不同平台之间缺乏兼容性。竞争公司没有合作或标准化的动力，因而每家公司的表情编码都不同，一家的笑脸可能是另一家的愁眉苦脸。因此，在挑选手机时，男朋友和丈夫们往往会跟随他们的女士来做选择。在日本，如果一款手机不受女性消费者欢迎，那么它就永远都不会受欢迎。当苹果公司后来意识到表情符号的重要性后，它们与谷歌一起，通过多年的合作与努力，将表情符号标准化，以推向全球。在2011年推出的苹果iPhone手机的虚拟键盘上，首次出现了emoji，从而使所有人都能像日本女学生那样发短信。

在千年之交，好莱坞、纽约、伦敦、巴黎等文化中心，仍然是世界潮流的发源地。然而，用emoji发短信等潮流，以及像拓麻歌子这样的产品，只不过代表了全球流行文化潮流中的几个旋涡而已：越来越多的日本年轻人觉得有趣的东西，也让全世界的年轻人感兴趣。虽然拓麻歌子的热度退了，但它却为更加流行的数码产品和口袋怪兽铺平了道路。那个为女学生设计的蛋形小玩意儿不过是初体验，毫无疑问，还会有越来越多的产品为全球想象蒙上日本色彩。不过，在讲这个故事之前，我们要先去东京一个远没有那么时尚的区域，去看看那里许许多多远没有那么时尚的人。

第七章

新动漫世纪
——御宅族

御宅，指对某一特定体裁或主题感兴趣的人，他们这方面的知识非常渊博，但缺乏社会常识。

——《日语词典》第六版（2008）

绝大多数日本动画是由无法忍受其他人的人制作的。

——宫崎骏（2014）

1997年7月18日，《朝日新闻》上刊登了一则奇怪的广告。它夹在一堆电影预告中间：左边是笑容可掬的手冢治虫推荐新版《森林大帝》，右边是一部叫作《拓麻歌子：真实故事》的动画电影。然而，这则广告却和这些热情洋溢的推荐语大相径庭。在这两则色彩缤纷、充满诱惑力的广告中间，是一堆由文字组成的杂乱无章、支离破碎的语句，总共有33条，其中一些如下：

漫天而来的绝望……陌生人的残忍……对虚无的渴望……分离焦虑……危险的想法……孤立……对价值的怀疑……空虚的日子……渴望毁灭……梦想的终结。

最后一句是画龙点睛之笔：那你为什么还在这里？

这一长串是什么？症状？遗书？抑或是哪位作者为他的自助类图书打的极具煽动性的广告？都不是。这段文字下面是一部名叫《新世纪福音战士剧场版：Air/真心为你》的动画电影的标志。这是一则卡通片广告。

当然，这看起来很像是一部暑期档电影的一次失败宣传，但却产生了令人意想不到的效果。大批年轻影迷拥入影院，在影片上映前数周就排起长队，购买预售票。《新世纪福音战士剧场版：Air/真心为你》后来成为日本当年票房排名第四的影片。排名第一的是另一部动画电影，宫崎骏的《幽灵公主》，这部影片的票房表现远远超过《独立日》和《生死时速》等好莱坞热门影片。第二年，《新世纪福音战士剧场版：Air/真心为你》获得了1998年日本影院业主协会颁发的"最热议电影奖"。不知什么缘故，这部令人感到压抑的电影轰动一时。

《新世纪福音战士剧场版：Air/真心为你》里的年轻主人公碇真嗣孤独又无能，那些被社会抛弃的人会认同这个角色，这丝毫不令人意外。可是，当全日本的年轻人都在他或者影片中另一个同样受到心理创伤的角色身上看到了自己的影子，那确实让人感到不可思议。这个国家为《新世纪福音战士剧场版：Air/真心为你》中刻画的阴暗世界着迷，新闻报道以担忧的语气说"这种火热映射出病态的一代"，倘若更为坦率的话，他们会写成"病态的国家"。1987年的日本方方面面都在腾飞，形势一片大好；而1997年的日本却是一个无论从社会还是个人层面都受长期经济萧条影响的典型国家。自1995年地铁沙林毒气事件和自然灾难[1]发生以来，日本经济一直未见起色，经济衰退一直在持续，看不到尽头；日本年轻人面对着愈加黯淡的未来，不知所措。

《新世纪福音战士剧场版：Air/真心为你》其实是1995年上映的电视动画片《新世纪福音战士》的续作。《新世纪福音战士》的故事设定在2015年，此时距离一场发生在南极的神秘灾难已经过去了15年，那场灾难导致地球人口减半。主人公是一个阴郁的中学生，名叫碇真嗣。他的童年十分悲惨：从没见过母亲的面；还在襁褓里的时候，父亲就潜逃了。故事开始时，碇真嗣被多年未见的父亲碇源堂叫到第三新东京市。原来父亲之所以一直不在他身边，是因为他管理着一个叫作NERV的秘密准军事组织。这个组织建造了一系列巨型生物机械有机体，名为福音战机，只能由青少年从内部控制，且这些青少年的神经系统必须与这些巨型生物完全同步。碇源堂之所以召唤碇真嗣，不是因为想见自己的儿子，而是因为他缺少一名驾驶员——一群被称为使徒的巨型生物体正在袭击地球，只有福音战机能阻止他们。顺便说一句，此时此刻，一名使徒正向我们袭来。[2]

多年来，碇真嗣的身心一直受到忽视，蒙受创伤，所以他鼓起勇气想要拒绝父亲的要求。可父亲似乎早有准备：他推了一个轮床进来，上面躺着一位美丽的年轻女孩，浑身裹着白色绷带。她就是上一位驾驶员，碇真嗣要顶

---

[1] 指1995年发生的阪神大地震。

[2] 作者这里是指原定于2020年，后推迟至2021年上映的《新·福音战士剧场版：终》。

替的人，如果碇真嗣不去，她就必须回去，这样一来她必死无疑，而这将是碇真嗣的过错。所以，他还能做什么呢？不出所料，使徒将他打得体无完肤，而他父亲一直无动于衷地看着。碇真嗣一次又一次地被送去战斗，他发现自己的男子气概不断受到战斗力更高的女性，和经过基因改造的企鹅的挑战。他的精神濒临崩溃，摆脱这一切的唯一方式就是窝在床上听他的索尼SDAT，Walkman的高科技版。这些巨大又邪恶的使徒样子变化多端，而且越来越诡异。其中一个倒是一点都不大，却伪装成一名热情友好的同学进入了碇真嗣的生活。碇真嗣从小就被大人抛弃到这个充满不可控危机的世界中，他对未来毫无准备，可未来却完全掌握在这个脆弱的年轻人手中。我们能做的，只是痛苦不安地看着他犯下一个接一个的错误。

《新世纪福音战士》是GAINAX动画制作公司的最新作品，这家公司就像碇真嗣那样，一直濒临崩溃。几位创始人结识于大学时代的动漫迷圈子，他们都曾为日本科幻大会开幕式制作过一系列动画短片，但只不过是以此磨炼技能。唯一的一次例外发生在1983年，他们为第22届日本科幻大会制作的开幕动画短片使他们一举成名。这部5分钟长的短片没有标题，里面一个身着兔女郎服装和渔网袜的性感女孩从空中飞过，在她下方是从几十年来的日本和西方流行文化中选出的一众角色：有哥斯拉、奥特曼、达斯·维德、尤达等著名角色，还有数百个受欢迎的卡通、电视和电影角色，他们迅速闪过。这可以说是所有动漫迷心中梦寐以求的镜头大集合，如今用真实可见的画面呈现给每个人观赏（你得是一位目光锐利的动漫迷，才能真正看出所有出处，不过这正是它的意义所在）。

这个短片看起来很专业，其实它不过是12个动漫迷在一家老纺织厂的一间昏暗的房间里通宵达旦赶制出来的。短片使用的所有材料都没有经过授权，包括它的配乐——电光乐队的《黄昏》。这部短片虽然无法通过官方渠道发行，却因此蒙上了一层刺激的非法色彩。它像某种视觉毒品一般，多年来，动漫迷只能悄悄地用胶卷和录像带复制此片，彼此传看。但正是它提升了动漫的形象，使其不仅仅是会动的漫画，还是一种新潮大胆的地下艺术形式。1985年，他们成立了专业的动画制作公司GAINAX。

《新世纪福音战士》与那部早期动漫迷自制的短片有许多相似之处，借用了很多以往的动漫以及科幻电影元素，将其拼凑在一起，经过巧妙的重新设计，再融入一些新的元素。近年来，没有哪个动漫节目——或者可以说有史以来，没有什么节目——能像这部动漫作品那样吸引年轻人，用一种自1963年《铁臂阿童木》首播三十多年后，已经变得异常复杂的视觉语言，直接与他们对话。制作人员一直赶不上进度，以至于最后两集播出时，画面不过比潦草的铅笔草图稍微好上那么一点。由于这两集没能解开之前剧集中埋下的谜题，成年粉丝们气愤不已。

有人可能会说《新世纪福音战士》现象是日本青少年逃避现实的一个鲜明例证——时势艰难，他们遂逃遁至幻想之中。然而，即使是这部动画片最忠实的粉丝，也并没有真正脱离社会。他们其实正代表着时代精神。

《新世纪福音战士》的创作者及导演是一位叫庵野秀明的37岁男子，他头发蓬乱、胡子拉碴，总是戴着墨镜、闷闷不乐。他很了解自己的观众，因为他和他们一样，也是一个御宅族（otaku），这个词诞生于1983年，用来描述痴迷于流行文化（科幻剧、动漫、偶像歌手中的一个或全部）并使之成为生活中心的人。庵野对动漫的看法能引起动漫铁杆粉丝的共鸣，这并不奇怪。可是现在，他的作品吸引了广大观众，与宫崎骏等主流动漫大师的受欢迎程度不相上下（事实上，多年前，庵野秀明在这个行业最早的一份工作，就是宫崎骏给他的）。

庵野秀明的动画剧集，以及他后来电影的惊人成功，预示着一种长期以来被视作小孩玩意儿的媒介开始崭露头角，也代表着一直以来被全社会看作大孩子，甚至一度被当成"罪犯"对待的御宅族群体的华丽亮相。在有些人看来，它们的出现可能很突然，但事实显然并非如此。这是众多政治、社会和亚文化因素共同作用的结果。其中一个当然是日本经济实力的崩溃，还有一个是这些人被剥夺了他们父母那一辈的终身雇佣制等保障，置身于这个陌生的新世界，因此生出一种被抛弃的感觉。但也许最重要的是，这实现了一个遗落许久的20世纪80年代初的梦想：这个社会认可成人动漫不仅是小孩玩意儿，还是世界各地年轻人的一种新的表达方式。这个梦想早已被所有人遗忘，只有御宅族仍然铭记于心。

1981年2月一个寒冷的冬日清晨，当第一缕阳光悄悄掠过东京新宿商业区时，在新宿车站东侧，数百名青年男女裹着毯子，坐在冰冷的水泥地上瑟瑟发抖。乍一看，这情景酷似战争结束后的那些凄惨岁月。但这里其实是个富人区，离三丽鸥的第一家 Gift Gate 只有几个街区的距离。这些人也不是难民，他们是动漫迷，正在等待一场活动开始。很多人身着非常单薄的服装，难以抵御严寒。不过他们不在乎天气有多冷。他们齐聚于此，是出于对1979年上映的一部电视动画剧集《机动战士高达》的喜爱，今天这里会举办一场特别的宣传活动。

《机动战士高达》是一部以遥远的未来为背景的科幻动画。地球过度拥挤，迫使人类迁移到巨大的太空殖民地。有很多像高达这样的巨型机械武器，它们被称作"机动战士"，在地球居民和"宇宙居民"的漫长冲突中，士兵们会驾驶机动战士迎战。与标准的正义战胜邪恶主题的儿童漫画不同，在这个故事中，两边都有好人和坏蛋。传统的漫画主人公往往胸怀大志、热情满满、英勇无比，而《机动战士高达》的主人公阿姆罗·雷阴郁内向，他痴迷电脑，对战斗一点也不感兴趣。可是，大人丝毫不在意他的看法，强迫他驾驶机动战士投入战斗。虽然他的战斗技能惊人，但他却没得到一丝满足，只是受到了更多的情感创伤。无边的黑暗中唯有一线希望：随着战争愈演愈烈，阿姆罗逐渐变成了拥有超群视力的"新人类",永远活在星际之间,摆脱了地球的束缚。

和20世纪70年代大多数动画电视节目一样,这个动画剧集也有一个明确的目的,即向儿童出售机器人玩具。然而,它却没有做到这一点。赞助这个动画剧集的玩具制造商希望其创作者,动画导演富野由悠季,制作一个适合小学生观看的节目。然而他做出来的动画阴森黑暗,充满青春期焦虑和反叛,描绘了一场反正统、反权威、反对一切,却众人皆输的战争,连所谓的胜利者也输得很惨。简言之,这是一部在电视屏幕上播放的剧画。这很正常,毕竟富野曾为手冢治虫的虫制作公司绘制并执导过多集动画版《明日之丈》。

富野的作品很像是日本版的《星球大战》,该片于1978年夏天在日本影院首映。乔治·卢卡斯的影片不仅震撼了美国观众,也震撼了日本观众,引发了日本对恢宏的太空剧的狂热。《星球大战》对《机动战士高达》的影响非常明显:太空歌剧背景,巨型机器人挥舞的"光剑",阿姆罗的死敌夏亚·阿兹纳布佩戴的达斯·维德风格头盔和面具。这种影响是相互的。黑泽明的电影先促使卢卡斯将日本元素融入他的电影中。事实上,《星球大战》剧本的初稿与黑泽明1958年的武士冒险影片《暗堡里的三恶人》有惊人的相似之处。

不过,《星球大战》的内核其实是向20世纪30年代的《飞侠哥顿》等科幻连续剧致敬,同时经过了美国新浪潮电影审美的处理。《星球大战》中的冲突以正义一方的胜利告终,《机动战士高达》中的故事则只可能是输的一方讲述的。之所以如此,是因为许多制作人员曾是学生激进分子。这没什么稀奇的,70年代早期的抗议运动破产之后,大批理想幻灭的学生找不到"正常"的工作,流入漫画和动画行业。

《机动战士高达》是一部有远见的作品,剧本精彩,设计时尚。然而作为儿童节目,它却相当糟糕。影射"二战"?复杂的政治观点?一群对战斗毫无兴趣的书呆子主人公?小孩子之所以收看这部动画片,是为了看机器人大战,结果他们越看越糊涂，于是纷纷调到其他节目。更糟糕的是，他们不肯买赞助商的产品，而这在当时是衡量一档节目成功与否的唯一标准。最后，玩具公司做出了令人难以置信的举动：中途撤资。《机动战士高达》最初计划播出一整年，共52集，现在却要在第43集结束，导演不得不赶制出一个仓促的结尾。1980年1月26日最后一集播出。许多深受观众欢迎的节目，在成功播出后就悄悄结束了。《机动战士高达》和成功沾不上边，它本该就那么结束了，但却没有。事实证明，还是有人观看的，不过不是会买玩具的那些人。年青一代从《机动战士高达》剧中那些举止尴尬的主人公身上看到了他们自己。如今，他们最爱的节目被砍了，这令他们愤怒不已。

于是，这才有了1981年一个星期日早晨的那一幕。当天，随着首班火车开始驶入新宿车站，越来越多的年轻人从车上下来，来到车站广场。他们带着同一个目的齐聚此地——参加一个叫作"动漫新世纪宣言"的活动。尽管这个颇有气势的名字听起来像是一个马丁·路德角色扮演者钉在电视台大门口的东西，但事实上这是一场宣传活动，旨在宣传由《机动战士高达》改编的一部新电影。这部动画片被砍后的几个月里，粉丝们在一本全国性动漫杂志上发起了一场复活运动。"《机动战士高达》真正的主题是人类的复兴！"一名19岁动漫迷激动地说道，"我们需要新的思维方式、新的感知方式，去看看日本现代政治，这点显而易见。"

这场运动产生了应有的效果。一家电影公司注意到大众这种非同寻常的兴趣，出资制作了一部以该动画剧集改编的长篇电影。由于电视动画仓促结束，有些细节未能得到交代，这部影片则致力于处理这些细节。该片定于1981年3月上映，也就是"动漫新世纪宣言"活动的一个月后。

活动的主办方本以为最多能吸引1000名粉丝到场，然而还没到中午，就来了8000人，而且前来参加的粉丝仍然源源不断，他们越来越惊慌。警察也担忧不已。上一次看到这么多孩子齐聚新宿车站的时候，防暴警察们不得不全副武装，顶着由砖块和燃烧瓶组成的枪林弹雨将他们驱散。不过，1968年的新宿骚乱已经过去了多年，学生抗议运动也已经过去十多年了。现在聚集于此的人群和当时的确实很像，却丝毫没有骚动的迹象。只是人数很多，多得让人感到危险。舞台下人山人海，全是年轻人，人群一直蔓延至车站周围的街道上，以及地下通道里。他们大多是男性，也有一些女性在场，年龄从初中生到大学毕业生不等。除了一小撮身着动漫人物服饰的角色扮演者，多数人穿着牛仔裤和外套，顶多戴一顶棒球帽御寒。要不是知道成千上万的人摩肩接踵地挤在一起，远远望过去，他们就和这个国家任何一座城市的背景别无二致。

到 12 点半，情况有点不妙。前排那些人整晚都在严寒中苦守着自己的位置，现在则随时有可能被后面的人挤得贴上舞台。用来阻拦人群的绳子早已被踩在脚下；组织者没办法，只好挽起胳膊组成人墙，以免前面的人像多米诺骨牌那样被接连挤倒。不断有年轻的动漫迷从新宿站的各个出口涌出，人群中不断响起"别推了！""别挤我们！"的叫声。过不了多久，就会有人受伤。这时，一名男子大步走上舞台，抓起麦克风，大声命令道：

"各位不要着急！"

将近一万五千人瞬间安静了下来，当天在场的人纷纷回忆起这肃穆的一刻。舞台上的男子就是富野由悠季，《机动战士高达》的创造者和导演。要不是站在一个两层楼那么高的巨型机器人前，他看起来完全不是一群十几岁的孩子愿意听他讲话的人。他当时 39 岁，身材瘦削，发际线严重后退，一身双排扣西装，看起来像是工薪族，不过不完全像：闪亮的金色纽扣、火红色的领带、浅色飞行员墨镜，说明他并不是工薪族。富野向人群挥舞着手臂。"这不仅仅是一场活动，还是一次祭礼（matsuri）。"他宣称道，并使用了表示传统日本节日的一个词。祭礼是一年一度在神社进行的祭祀活动，祭礼不仅仅是感谢诸神的仪式，还是邻里聚在一起吃喝跳舞的机会，有些祭礼会因为参与者喝了酒玩得很尽兴而变得非常喧闹。"今天这里没有酒可喝。"富野意有所指地说道,"我很感谢大家满怀热情地前来参加这次活动。但是,你们知道如果有人因此受伤,会发生什么吗?他们会说,'动漫迷就是这样的。他们就是一群一聚到一起就发疯的白痴'。如果我们想让这次活动成功,我们就不能给他们任何在背后议论我们的机会。"

富野口中的"他们"指的是成年人,是整个社会。但这并非曲意逢迎之词。他说得有道理,一场文化战争早已在日本的年长者和年轻人之间展开。早在20世纪60年代,精神分析学家土居健郎就称学生抗议者为amae(意思接近于"被宠坏的一代"):为引起注意哭闹着不肯长大的婴孩。到1981年,学生运动已成为历史,不过大众传媒利用庆应义塾大学小此木启吾教授的作品大做文章。小此木启吾写了一系列文章,后来还出了一本畅销书,痛斥日本新一代年轻人的麻痹冷漠,指出他们因沉迷于诸如电子游戏和漫画书带来的简单愉悦中,对其他事物漠不关心,试图一心保持一种永久的青少年状态。"社会中出现了越来越多对任何政党或组织都没有归属感,强调非从属关系,试图逃离既定社会法则和主流青年文化的人,我将他们称作'延缓偿付的人'(moratorium people)。"他写道。

"动漫新世纪宣言"活动的参与者,也就是即将步入成年却还在看动画片的青少年,简直是这种众所周知的抨击年轻人的话语所指向的典型。无论是走上街头抗议,还是在室内静静地看动画片,孩子们似乎永远是错的。难怪他们喜欢富野,喜欢富野描绘的狡猾的成年人为了自己不可告人的目的操控年轻人的故事。

然而,这群人并没有被宠坏,也不是对什么都漠不关心。他们显然有所归属:他们认同富野的想象。事实上,他们不辞辛苦地来到这里,就是为了看富野由悠季,是他缔造的幻想促使他们齐聚于此。他们来这里是为了表达敬意。成千上万的动漫迷停止骚动,然后后退了一大步。搭建人墙的工作人员终于松了一口气。那天不会再发生什么意外,让他们沦为成年人的笑柄了。

这场活动按照计划在一点正式开始。接下来两个小时里,一队设计师、动画师和工作人员先后上台发表了讲话。动画师们一直以来独自在暗室里长时间工作,为画面勾勒轮廓和上色,很少得到公众的关注。这是许多粉丝第一次亲眼看到创作出他们喜爱的动画片的艺术家长什么样。他们做自我介绍时,人群中爆发出欢呼声,为这些长期在黑暗中辛勤工作的创造者致以英雄般的敬意。这一天聚集在新宿火车站的年轻男女,与多年前的那些抗议者一样热情,一样投入。成年人无法理解他们喜爱的东西,可他们一点都不在乎;事实上,也许这才是重点。

一群身着手工制作的服饰、装扮成《机动战士高达》中的角色的粉丝受邀上台,此后日本人便将这种装扮称作"cosplay"(动漫角色扮演),这是cosplay首次进入大众视线。[第一个著名的日本cosplayer(动漫角色扮演者)是一位名叫小谷真理的女性,她在1978年的日本科幻大会上装扮成埃德加·赖斯·巴勒斯[1]小说《火星战士》(1930)中的主人公。不过,"cosplay"一词直到1983年才进入日本词典。]这些精心装扮的参与者即兴表演了《机动战士高达》中他们最喜欢的场景,由真正的配音演员来念台词。最后,身着角色服装的一对青年男女拿起麦克风,站在巨大的用纸板裁出的高达前,面对着两万名观众,齐声朗诵这次活动的宣言。很快,新宿上空响起了结束语:"我们齐聚于此,宣告一个新时代的开始:这是属于我们的时代,一个崭新的动漫世纪。"

鲜有记录这次活动的影像和照片留存下来,当时多数大众媒体都忽视了这场活动。而今天,这场活动不仅是一次影片推广,还被视作动漫爱好者的一次闪亮登场,一场为日本青少年动漫迷举办的伍德斯托克音乐节[2]。在接下

---

[1] 埃德加·赖斯·巴勒斯(1875—1950),美国作家、编剧、制片人,代表作:《人猿泰山》(1932)。
[2] 伍德斯托克,美国纽约州北部以农牧业为主的一座城镇,著名的伍德斯托克音乐节于1969年8月在这附近举办,吸引了近50万名观众。

来的几周里，他们将继续以其他方式发出声音。其中最重要的一个方式是通过他们的钱包。《机动战士高达》电影尚未开映，就卖出了10万张电影票。上映的日子临近，日本各地自发出现了类似"动漫新世纪宣言"的场面。动漫迷在首映几天前就开始在影院外扎营，聚集在便携式电视和boom box周围，将城市街道变成了临时的音乐节现场。在新宿的一家电影院，600名动漫迷排成一条弯弯曲曲的队伍，贯穿好几个街区。"我想看这部电影，"一个年轻人对《朝日新闻》的记者说，"我也喜欢在这里排队的氛围！"这部电影票房达到18亿日元，创下了动画电影的惊人纪录。

这家电影公司没想到《机动战士高达》会取得如此巨大的成功，便决定再制作两部续集。三部曲中第三部电影的票房收入几乎是第一部的两倍，富野由悠季根据电影改编的系列小说登上了畅销书排行榜。随后，原电视动画剧集重播，吸引了大批新粉丝，该剧的新赞助商万代玩具公司将剧中的机器人做成塑料模型套装，他们共售出了3000万套机器人模型，这个数字高得惊人。突然之间，那些在初次播放时忽略了这部动画剧集的孩子开始对它爱不释手。后来，需求高涨而供应严重不足，以致玩具店里出现争抢事件，几个孩子不幸受伤被送至医院。《机动战士高达》不仅仅是一部动画，还是一种集体狂热的象征。

1963年，日本首部动画电视剧《铁臂阿童木》的初次播放，彻底改变了小孩子的娱乐方式，他们开始收看动画片，购买动画角色的周边产品来玩。但是，20世纪70年代末80年代初大批青年男女动漫迷的出现，将对日本乃至世界产生更大的影响。60年代，愤怒的学生用喜爱的剧画象征他们的抗议运动。80年代，剧画、漫画、动漫本身就是运动。起初，这些青少年动漫迷被视作一个有趣的群体；后来随着他们的数量在接下来的十年里不断增长，他们变成了一种令人不安的反常现象；等到80年代末，他们被视为社会的祸害。尽管如此，他们仍会在接下来的日子里深刻地改变主流品味。这群经验丰富的年轻粉丝，用他们独到的鉴赏力，将日本漫画和动画塑造成一种成熟的艺术形式，并在国外吸引了一批热情的受众。这要感谢新科技的出现：先是录像带，然后是有线电视，再后来是互联网。

富野由悠季并没有发动一场全球性青年运动的想法，可他在动漫领域无可比拟的完美资历却能允许他这么做。他出生于1941年珍珠港事件发生的一个月前，他职业生涯的头几年是在手冢治虫的虫制作公司为《铁臂阿童木》创作脚本。1968年，他成了一名自由职业者。起初，他专门为动画剧集绘制分镜（包括多集《明日之丈》）；后来，他成为一名训练有素的导演，并因此和不同电影公司打过交道，也接触过许多业界新秀。

其中一个就是年轻的宫崎骏，富野由悠季一度与他展开了激烈的职业竞争。1978年，富野受聘为宫崎骏执导的一部名为《未来少年柯南》的新动画片绘制分镜。然而，富野刚把分镜交上去，宫崎骏就全部重新画了一遍。他这样做不是故意针对富野，宫崎骏是出了名的控制狂，无论谁的作品，他都会如此，可这还是令富野深感屈辱。他发誓要用自己的创作向宫崎骏复仇。因此才有了《机动战士高达》这部作品。当时，富野已经导演过许多动画剧集，甚至亲自执导过几部动画片。《机动战士高达》是第一部他从头开始帮忙创作的作品。连他都没想到这部动画会重获新生，成为日本青少年心中的一盏明灯。

动漫新世纪宣言发表后多年，动漫迷和评论家们一直纠结如何称呼这奇怪的新一代日本成年人（或者即将成年的这代人），他们沉迷于流行文化，几近痴狂。大多数动漫迷自诩为"狂热分子"，另一些显然更喜欢自嘲，他们自称为byoki（意为"病态"）或nekura-zoku（意为"暗族"），略带挑衅地陶醉于社会对动漫迷的负面看法中。畅销奇幻小说家今冈纯代（常用笔名是栗本薫），曾在一篇署名为中岛梓的文章中轻蔑地称他们为"寄居蟹"，说"无论他们去哪儿，都会将成吨的书刊、同人志等玩意儿塞进巨大的纸袋里背在身上"，由这些实体书刊组成的数据库构建起了他们的个人身份，因为对他们来说，没有动漫或代表动漫的产品的生活是不可想象的。这些东西就是他们的生活。

动漫以及主流新闻杂志上报道了《机动战士高达》超级粉丝的个人收藏，其数量令人震惊。女孩们往往会收集大量的男性角色图像，特别是年轻美男子的，这些角色的设计者就是这部动画的艺术总监，一个20世纪60年代的激进分子，安彦良和。男孩们则格外关注女性角色，以及机器人和宇宙飞船的机械设计，他们积攒了大量的套装模型以及其他商品。有些动漫迷在自己的生活空间里塞满了和他们喜爱的角色相关的东西：书、画、模型，如此等等。这种行为在战后时期，或是整个日本历史，或是地球上任何地方，都没有先例。美国人中不乏铁杆"星舰迷"和"星战迷"[1]，可他们更多是因为同一喜好而结下友谊。日本动漫迷则用他们囤积的信息和商品创造出了全新的非主流身份。一些极其狂热的粉丝称，他们产生了一种"二维情结"（2D complex），即比起人类伴侣，图画对他们更具吸引力。1983年，一名叫作中森明夫的年轻记者终于创造了定义新一代痴迷流行文化的狂热分子的术语：御宅族。

当时23岁的中森明夫负责报道Comiket。自1975年成立以来，Comiket已发展成为一年两度的活动，每次有多达一万人参加。和刚成立时一样，Comiket的多数内容涉及"耽"：指描绘流行漫画中男性角色之间同性情愫的色情衍生漫画，由女性漫画家为女性受众打造。然而，1979年前后开始出现一个有趣的现象，耽题材的漫画开始减少，一种新的同人漫画题材开始席卷Comiket：萝莉控（lolicon），也就是"洛丽塔情结"（Lolita complex）的简称。这种题材刻画的是超级可爱、看上去未成年的女性卡通角色参与的色情场景。这一切始于一个玩笑。人们普遍认为吾妻日出夫创作了第一部萝莉控漫画，

---

[1] 分别指美国科幻影视系列《星际迷航》和《星球大战》的粉丝。

他在2011年接受采访时解释道:"我不明白为什么罢在Comiket那么受欢迎。感觉那里百分之八十的内容都与罢有关。"他的同人志《吉卜拉》充满了带有手冢治虫风格的可爱卡通角色的不雅场景。这本杂志中还有几篇文章,充满了为这一题材辩护的活泼戏谑:其中一篇文章大肆渲染11世纪经典小说《源氏物语》中未成年女性角色的肉体欢愉;另一篇文章介绍了刘易斯·卡罗尔和弗拉基米尔·纳博科夫,并配有《爱丽丝漫游奇境》——当然还有《洛丽塔》——中女主人公的插图。这对于淫秽内容来说着实有些高雅。这本手工装订、套上普通黑色书套的奇怪小册子,在接下来的几年引发大量萝莉控内容流入Comiket。吾妻日出夫回忆道:"我们做这个一半是为了好玩,一半是想扰乱人们的大脑。我总是画那些我知道'不对'的内容,而后来跟着我画的年轻人,却是因为他们真的喜欢。"

  情色插画在日本并不新鲜。早在维多利亚时代,葛饰北斋等人就以露骨的性爱木版画令世界为之惊诧。(在19世纪和20世纪之交的巴黎,如果邀请一位女士观赏你收集的日本版画,无异于现在年轻人之间"一起看网飞剧集放松一下"的搭讪。)卡通裸体也不再是什么不可言说的现象。在1982年上映的第三部高达电影中,有一幕场景是一名刚刚完成一项长期任务的女飞行员塞拉·玛斯正款款出浴。(未来的太空战舰自然会配备这样的设施,在日本这样一个痴迷清洁的国家,没人会觉得有什么不对劲——那可是一个有着公共浴室和能自动清洗臀部的卫洗丽智能马桶盖的国度。)

  在一个不到15秒长的镜头中,听到警报声的塞拉从水中走出,裹上毛巾,进入相邻的舱室,有那么一瞬间,她的胸部露了出来。尽管这不是动漫世界的第一个裸体镜头,但这个镜头是截至当时被最多人见过的,它对男性动漫迷的幻想生活产生了深远的影响。有些人甚至偷偷将相机带进影院,就为拍下那个时刻留作纪念。心理学家斋藤环在谈及这一传奇时刻时,解释道:"富野没有意识到在荧屏上展示这个角色的裸体会产生什么影响。他只想让自己的角色更真实、更人性化。然而，他无意中激发了人们对虚构角色的欲望。"

对虚构角色的欲望是Comiket的常见内容。当中森明夫来到Comiket时，他惊讶地发现那里人山人海，有超过一万人前来购买漫画同人志。他在1983年发表的一篇（如今已经臭名昭著的）文章中写道："就像每个班级都会有那么一个孩子，很少锻炼，课间就躲在教室里。如果是男孩，要么皮包骨，像营养不良似的，要么像只小肥猪，脸胖乎乎的，眼镜架像是要消失在眉毛两侧；如果是女孩，就会留着短发，超重，胖乎乎的、像树一样粗壮的小腿被塞进白色的长筒袜中。"（身体羞辱够多吧？）令他印象最深刻的，是他们彼此之间奇怪的称呼。

与英语不同，日语中有很多表达"你"的方式，具体用哪种，要看被称呼者的年龄和性别。Comiket的参与者们用的并不是青少年常用的随意称呼方式，而是老太太常用的、高雅正式、令人敬而远之的otaku（"御宅"）。不说日语的人很难理解从十几岁的男孩和女孩口中听到这个词有多么奇怪，有点像我们一本正经地使用"汝"。otaku是圈内人士的暗号，但不是为了让人们聚集起来。otaku的用法相当于英语谚语"拿10英尺的杆子都不愿意碰"，它的使用者对卡通比对彼此更有兴趣。

"从现在开始我们就这样称呼他们吧。"中森明夫在文章结尾说道。就这样，将这种奇怪的称呼变成了指代这群人的名词。这种新称法尽管纯粹是为了挖苦一群在他看来像是怪胎的孩子，却满足了一种渴望告知彼此存在的需求，很快就在粉丝群体和少数关心他们的观察者中传播开来。（"就好像我们终于有个词可以称呼他们了。"我的一位记者朋友这样回忆道。）不过，这个词只在小范围内使用，普通日本人并不知道——比起以流行文化和垃圾食品为生的超级粉丝，他们对日本跃升为经济强国这件事要感兴趣得多。直到20世纪80年代末，一个可怕事件才将御宅族从亚文化的阴影中拖出来，置于大众媒体审查的强光中。

1989年，一个名叫宫崎勤的年轻人因在东京郊区绑架、强奸和杀害4名小学女生而遭到逮捕。日本媒体急于找到解释宫崎勤可怕罪行的原因，他们抓住宫崎勤杂乱无章的卧室中的数千盘恐怖电影、动漫节目录像带以及漫画，将他描绘为"一个御宅族杀人犯"。考虑到当时各类插图娱乐形式在青少年中间深受欢迎，这种联系其实颇为牵强。然而人们记住了这个称呼。现在，每个日本人都知道"御宅族"是个骂人的词。

因此，超级粉丝们重新回到了地下，在许多年里都保持低调。新的动漫世纪不得不一等再等，但无论御宅族的批判者是否愿意，它终将到来。

2019这个年份为什么令20世纪80年代的幻想家们如此着迷呢？由雷德利·斯科特导演，于1982年上映的科幻史诗《银翼杀手》以2019年为背景，还有令人难忘的1987年阿诺德·施瓦辛格主演的电影《过关斩将》，讲述了一位真人秀明星揭穿节目骗局的故事。1988年，一部将会深刻影响全球奇幻景观的日本动漫电影，也是以2019年为背景。它就是深受御宅族喜爱的影片《阿基拉》。尽管御宅族在日本社会保持低调，但这类内涵深刻的科幻流行幻想作品在向海外受众介绍御宅族的审美中发挥了关键作用。

这部电影是根据艺术家大友克洋的同名漫画改编的。20世纪70年代末，他在日本漫画界出现，就像当初手冢治虫的《新宝岛》重新定义了漫画一样，大友克洋将漫画史分成了前大友克洋时代和后大友克洋时代。他的作品既不是漫画，也不是剧画，而是一种新的超现实插画形式，展示出了异常精细的绘画水平，是以前在日本或其他任何地方都没有出现过的。他出生于1954年，在成长过程中如饥似渴地阅读了大量手冢治虫以及60年代的革命性剧画作品。1973年离开家乡来到东京闯荡，当时他19岁，身材矮胖，头发蓬松，戴着厚厚的粗框眼镜，这位乡下来的男孩汲取着各种各样的城市风貌。他的早期作品几乎只描绘城市生活的阴暗面：罪犯、警察、吸毒者、准革命者、廉价酒吧的女招待、毫无前途的车库乐队。10年后的1983年，他赢得了日本科幻小说大奖，这项著名的文学奖第一次这样认可一位漫画作者。（大友克洋受到如此认可，似乎令出了名的缺乏安全感的手冢治虫紧张不已。据说他当时见到大友克洋时，脱口而出："要是我愿意，我也可以画成你那样。"）《阿基拉》1988年被漫威漫画公司买去翻译并着色，漫画推出后广受好评。这是第一部在美国漫画书店大受欢迎的日本漫画。

剧场版《阿基拉》由大友克洋亲自执导，它在很多方面都堪称"动漫新世纪宣言"的产物。《机动战士高达》取得出人意料的成功后，出现了一波面向年轻人的超高成本动漫电影，《阿基拉》就是其中一部。《阿基拉》的部分资金来自万代，这家公司曾通过出售套装模型获得丰厚利润。不过，《阿基拉》代表着全新的商业模式，其推动力在于日本的另一项创新——盒式磁带录像机（VCR）。《机动战士高达》刚开始播出时，这项技术尚处于初级阶段，但到了20世纪80年代中期，录像机已经成为全世界家庭的必备物品。盒式磁带使得一种全新的内容交付系统成为可能。现在，内容制作人可以完全摆脱作为中间人的电视台，要么在影院上映之后，要么通过直接发行影碟的方式，将动漫卖给越来越多的青少年粉丝。录像机时代的到来意味着动漫不再是媒介，动漫本身便可以作为一种产品进行包装和销售。

《阿基拉》1988年在日本上映，1989年圣诞节在美国艺术电影院上映。这部动画电影的制作预算超过10亿日元（约合900万美元），是日本有史以来制作预算最高的长篇动画电影。不过，在那个时代的美国，能小范围地在艺术电影院放映，已经是任何一部非迪士尼动画电影所能期待的最好结果。不管预算多高，艺术家的创作意图有多么成人化，美国主流文化都认为，凡是动画就都是小孩玩意儿（一些影评人还在他们的评论中将《机动战士高达》与手冢治虫60年代的《铁臂阿童木》动画作比较，由此可见，在那之后20年期间出现在美国可以用来比较的日本动画是多么少）。

《阿基拉》彻底证明了那些说卡通是小孩玩意儿的人大错特错，它对美国青少年和年轻人产生了类似手冢治虫的《新宝岛》在四十年前对日本漫画读者产生的同样影响：让他们看到动画作为一种叙事媒介的潜力。它似乎是突然间从一个陌生的国度冒出来，影响力也因此得以无限加强。日本一直以来被誉为全球顶级的商品制造创造者——索尼、丰田、三菱等知名品牌无人不知——然而在内容方面，日本的热门产品主要集中在家庭游戏领域，在当时，面向的则是学童。《阿基拉》在这个有限的领域之外迈出了真真正正的第一步，这说明日本创意人士既可以是一流的程序编写者，也可以是最前沿的视觉故事讲述者。

一处巧合是这部电影的背景设定在2020年奥运会前夕的东京。可实际上，在任何其他方面，《阿基拉》中的2019年与人类所经历的2019年都完全不同。电影中的2019年指的是第三次世界大战结束31年后，大规模杀伤武器在东京市中心意外引爆，从而导致了这场冲突。浓烟形成的巨大黑色泡泡不断膨胀，包裹了这座城市，然后将其摧毁（从象征意义来讲，这也是一个巧合，象征着现实中日本经济泡沫的破灭）。在之后的几十年，幸存者们将这座城市重建成了一个熠熠夺目的崭新大都市，称其为"新东京"。新东京的建筑物非常稠密，那里灯火辉煌，令人眼花缭乱，放眼望去全是巨大的建筑物、聚光灯和霓虹灯，看不到任何植物，高科技车辆在一条条贯穿城市空间的沥青道路上呼啸而过，道路上车辆之多前所未见。新东京并不是一个宜居的地方。那里充斥着贪得无厌的政客、辍学的青少年，以及与防暴警察冲突连连的激进分子。换句话说，新东京很像20世纪60年代末的东京。

后来发现，此前摧毁东京的力量来自一个名叫阿基拉的小男孩。当时日本军方秘密进行了一项超能研究，培养具有超能力的小孩作为武器，阿基拉就是其中一个孩子。东京爆炸事件后，阿基拉遭到冷冻。然而，因为日本政府并未吸取教训，31年后，也就是2019年，历史即将重演。试验药物将一个名叫岛铁雄（Tetsuo）的少年犯变成了一个无法控制自己力量的超人，新东京又将爆炸——除非岛铁雄的好友金田正太郎（Kaneda）能预先阻止他。

事实上，《阿基拉》吸引人之处并不是它的故事。从数千页漫画浓缩而成的复杂情节，加上枯燥乏味的翻译，为外国观众平添了理解难度。吸引国内外影迷的其实是荧屏上迸发出的巨大能量：飞车党、恐怖主义、特警队、轨道激光炮、致幻药，以及富于节奏感的音乐交杂着传统祭礼上的吟唱声和鼓声。《阿基拉》是卡通形式的纯摇滚。如果没有声音和图像，只借助文字描述这部电影，就像老话说的那样，是在用跳舞来表现建筑。这种说法非常贴切。因为在《阿基拉》中，城市和故事一样重要，新东京就和任何一个人类形象一样，扮演着至关重要的角色。对细节的一丝不苟，让新一代美国年轻人见识到了日本不屈不挠的匠人精神，这种精神通过动漫中的笔墨和胶片的形式展现了出来。

20世纪90年代初《阿基拉》进入少数几家艺术电影院时，在美国没有任何动漫作品能够与之相比。80年代的美国动画幻想无一例外是放学后和周六早上播放的卡通片，其中大多数实际上是长达半小时的玩具广告。然而，这也和日本脱不开干系。从60年代末起，美国联邦通信委员会开始监督儿童电视产业，推行行业规则，保护年幼观众不受任何商业内容影响。1982年，里根总统任命的联邦通信委员会委员坚决反对管制，将此前设定的规则全部推翻。立法者大笔一挥，批准美国玩具制造商制作基于他们出售的玩具的电视节目。不过问题是：变化发生得太快，这些玩具制造商并没有可供播放的内容。

太平洋对岸的日本玩具制造商有。第一部播出的动画节目是汉纳巴伯拉动画公司匆匆赶制出的《吃豆人》，取材于轰动一时的南梦宫电子游戏角色。在未来的几年里，美国玩具公司都将在很大程度上依赖于日本动漫公司制作的用于推销产品的卡通片。《特种部队》基于1985年一个十分畅销的玩具系列，是由手冢治虫的宿敌东映动画在东京制作的。虽然《变形金刚》的故事是美国人写的，但产品是基于日本一个名为"戴亚克隆汽车机器人"的玩具系列。当治理国家的成年人还在担忧进口日本汽车和电子产品会扰乱当地市场时，解除对儿童娱乐的管制，使得日本创作者获得了打开美国年轻人心灵的钥匙。电视里充斥着日本动画，玩具商店的货架上也摆满了日本玩具，它们不再仅仅像50年代的芭比娃娃那样，是在日本按照美国规格制造的玩具，而是在日本为日本孩子制造然后出口到美国的玩具，包括有着神奇魅力的三丽鸥产品，可以随意组合、变化多端的机器人，改变行业面貌的任天堂娱乐系统。等到《恐龙战队》在1993年面世时，日本玩具制造商们已然信心满满。《恐龙战队》的营销主管村上克己曾夸耀道："我们早就知道它会像吸引日本的孩子一样吸引美国的孩子。事实证明我们是对的。"

　　日本人将玩具公司、动漫制作公司和电视台之间的这种合作称为"跨媒体"（media mix）。最初在日本，跨媒体仅仅将动漫视为向儿童销售产品的工具。《机动战士高达》证明了动画同样可以成功吸引那些不买玩具的青少年和年轻人，从而颠覆了这一模式。《阿基拉》预示着一种全新的模式：动漫不再是产品销售的工具，而是产品本身。与《机动战士高达》相比，《阿基拉》几乎没有什么衍生商品，从导演本人到影迷，所有人都知道，《阿基拉》的意义在于沉浸在那个充满想象力的动漫世界里，或许你能从中看清自己。

　　单从《阿基拉》最初在海外影院上映时在少数几家小影院的表现看，这部电影充其量只能算作一部小众热片。而通过录像带这种传播方式，《阿基拉》才真正找到它的外国受众：录像带和光盘从一个观看者传到另一个观看者，很像20世纪80年代初在日本粉丝中间流传的庵野秀明制作的动画短片。这似乎暗示着，不再只有好莱坞才能产出尖端的娱乐。Walkman让全世界体验到随时随地听自己最喜欢的音频内容；VHS、DVD以及后来的流媒体等新技术，使观众能随时随地看他们想看的视频内容，其中越来越多的是进口动漫。随着越来越多的日本幻想以玩具、卡通和电子游戏的形式，出现在美国市场上，两国的流行文化品味开始时常以令人意想不到的方式混合在一起。

　　1990年，第一次在华盛顿特区一家破旧的电影院里观看《阿基拉》时，我15岁。我和我的朋友激动不已。尽管我们看的是一部动画片，可感觉比真人电影还要真实。在那些灯火辉煌的高楼和街边商店里发生着什么？由于背景画得非常详细，让人感觉里面仿佛正在展开一个个有趣的故事。巷子里堆着垃圾，角色看起来就像日本人，杏核眼睛、橄榄色皮肤、漆黑头发，非常具体，不像普通动漫（或西方卡通片）里的角色那么抽象。它不像是幻想作品，更像是一部来自未来的神秘纪录片。

　　《阿基拉》以及后来的《攻壳机动队》等影片既叫好又叫座，它们的成功代表美国出现了一个规模虽小但正在不断壮大的动漫迷群体。在阿纳海姆举行的1996年动漫博览会吸引了接近3000名参与者，是1992年首次举行时的两倍。参与人数确实不少，但远远不及漫画和动漫在日本受喜爱的程度。1996年的夏天，光是东京Comiket就接待了多达35万名动漫迷。

　　那一年的动漫博览会邀请了庵野秀明做嘉宾，他的《新世纪福音战士》几乎从在日本首次亮相那一刻起，就在美国粉丝中间流传开来：先是通过从日本电视台非法录制的带子（在美国，通常只有亚洲超市会提供这种租赁服务），然后是正式发行的英文版录像带。庵野秀明演讲时，观众们向他致以英雄般的欢呼声，《新世纪福音战士》获得了这次动漫博览会的最佳电视剧奖。（粉丝们央求庵野秀明透露这部电视剧的神秘结局，庵野秀明陶醉于这种关注，开心地逗弄着这些外国粉丝，用英语说"特别糟糕！"）庵野秀明这部讲述迷茫的男孩和狠心的成年人的科幻动漫尽管是彻头彻尾的日本制造，却也似乎引起了美国观众的共鸣。

与此同时，在日本，《新世纪福音战士》的粉丝使用当时的一种新媒介——在线聊天室和公告栏，对一档让他们追了大半年的节目发泄不满。节目名字也叫作《新世纪福音战士》，显然是对东京新宿20世纪80年代那个具有开创意义的重要时刻致敬。观众希望在这个节目里，深受折磨的主人公能获得某种救赎，可他们得到的却是更多的问题。迈克尔·豪斯曾在《新世纪福音战士》制作期间在GAINAX公司担任翻译，他对我说："庵野秀明想让他的角色从伤痕累累开始，然后有所改变。可是，由于他们受到的伤害太过严重，不可能改变。他们没有好转，反倒是越来越糟糕。"（庵野秀明在接受采访时对《朝日新闻》的记者直言不讳："主人公碇真嗣就是我自己。"）一些粉丝因为等不到他们想要的结局，气愤不已，并向庵野秀明发出死亡威胁，这就是我们现在熟知的"走火入魔的粉丝群体"（toxic fandom）的最早版本（可庵野秀明不为所动，他将《新世纪福音战士》的截图融入《新世纪福音战士剧场版：Air/真心为你》的一个蒙太奇画面中）。

在日本，动漫不是一种类型，而是一种媒介。有幼儿看的动漫，比如长寿动画片《面包超人》（1988）。主人公是一个超人，他的头是一种叫作anpan（红豆面包）的日式糕点，这部动画片非常受刚刚学会走路的小孩子们的欢迎，并在2002年一度取代凯蒂猫，成为日本最赚钱的卡通形象。有小学生看的动漫，比如机器猫《哆啦A梦》（1979），这又是一个超级可爱的经典大头卡通形象。有青少年看的动漫，比如《机动战士高达》或《新世纪福音战士》。有给年纪更大一些的观众看的动漫，比如2016年那部发人深思的电影《在这世界的角落》，这部电影的背景设定在原子弹爆炸前的广岛附近。有适合在学校看的教育性动漫，也有私下看的情色动漫。在日本，动漫的接受范围非常广，其票房经常超过好莱坞大片。导演新海诚的2016年青少年爱情片《你的名字》一跃成为日本有史以来票房排名第四的电影，仅屈居排名第三的《冰雪奇缘》和排名第二的《泰坦尼克号》等电影之后。

排名第一的是哪部电影呢？日本有史以来收入最高的电影制作人，同时也是一位动画师。他的名字是宫崎骏。[1]

2003年，第75届奥斯卡颁奖典礼当晚，主持人卡梅隆·迪亚茨似乎恨不得自己此时身在别处。她被委以颁发最不受期待的奖项——最佳动画长片奖的差事。在皮克斯和梦工厂等大型动画制作公司[后者的《怪物史莱克》（2001）是第一部获得该奖项的作品]的不断施压下，主办方美国电影艺术与科学学院才在前一年勉强增加了这个奖项。在此之前，动画长片不得不与真人电影一决高下，争夺最佳影片奖，这几乎总是对它们不利，唯一一部获得提名的是1911年的迪士尼动画电影《美女与野兽》，它输了。

经过一番令人摸不着头脑的介绍（"曾经，是父母带孩子去看动画片；今天，这部动画片已经复杂到需要孩子带父母去看的程度"），迪亚茨直接念起了提名名单。可想而知，名单上满是好莱坞动画片的名字：20世纪福克斯动画公司的《冰川时代》（2002）、梦工厂的《小马王》（2002）。然后念到了一个黑马竞争者：宫崎骏的《千与千寻》（2001）。

它赢了。

对于一部最初因被美国发行商认为不适合美国观众而拒绝发行的电影（据其制片人称）来说，这种转变着实奇怪。《千与千寻》讲述了一位来自现代东京郊区的10岁女孩千寻（Chihiro）的奇遇，她意外来到一个奇异的世界，为了救自己的父母历经磨难。故事发生在一个神秘的浴场中，光顾浴场的是一大帮取材于日本民间传说和宗教的神灵。这部影片非常具有日本特色，里面充满了对悲惨的环境状况和社会中年轻女性面临的挑战的影射。

---

[1] 日本影史票房TOP5排名已发生变化，截至2021年7月，《你的名字》排名第五，《鬼灭之刃 剧场版 无限列车篇》超过宫崎骏的《千与千寻》跃居第一。——编注

《千与千寻》出乎意料地取得了胜利，可宫崎骏却没有亲眼见证这一刻。他不在观众席中，甚至不在美国。事后，他既没有发表演讲，也没有举办新闻发布会。最后，他在一篇给媒体的声明中写道："很遗憾，因为世界上正发生那些悲惨的事件，我无法为获奖由心感到喜悦。"他指的是美国在伊拉克发动的战争。进步事业与他的艺术密不可分，几乎在刚开始职业生涯时，他就是东映动画的一名工会组织者。后来，2011年的东日本大地震导致核泄漏，他下令在自己的公司吉卜力工作室外悬挂反对核电的横幅。他一直公开反对美国在日本建立军事基地。

政治上直言不讳的人很容易疏远那些与他们信仰不同的人，但在日本，宫崎骏却被视为国宝级人物。其他国家的人也能感觉到，他的作品仿佛是直接为他们创作的。已故影评人罗杰·埃伯特兴奋地说："第一次看《龙猫》时，我就知道，我再也不需要任何人为我讲解那些摆满书架的动漫了。"Vice杂志则乐此不疲地讲述"宫崎骏无所不知的吸引力"。

对此，宫崎骏声称，自己的作品为什么在美国和其他国家如此受欢迎，他百思不得其解。不过，也许这并不应该令人感到意外，因为这位导演的艺术风格，与另一位拥有引领国际风尚的完美资格的知名日本创作者村上春树相吻合。宫崎骏的作品，尤其是《千与千寻》，与村上春树的创作风格如出一辙：一种充满魔力的现实，作为局外人的主人公不知不觉进入超自然的世界，这一世界就在我们近旁。宫崎骏的电影，恰如村上春树的书，秉承了一种独特的日本审美，无须对日本文化特别了解就能体会其中奥妙。

然而，这也正是宫崎骏的作品虽然备受人们喜爱，也很成功，且非常美，但却不能代表动漫这一整体的原因。宫崎骏脱离了通常的制作渠道，他创作的电影与通常的动画截然不同。他的作品普适易懂，各方面技巧都相当纯熟，无可指摘，他的作品能跨越代际、文化和政治的差异，所有人都喜欢宫崎骏，他在很多方面都自成一体。2013年，在宫崎骏第七次宣布退休后，吉卜力工作室选择关闭其动画工作室，而不是指定一位继任者（5年后，当他第七次复出时，他们再次开放了动画工作室）。

宫崎骏的胜利是每一名日本动画师梦寐以求的一刻，也是动漫产业盼望已久的辉煌时刻。从某种意义上说，确实如此。手冢治虫渴望自己的作品得到国际认可，可直到1989年他死于癌症，也从未获得奥斯卡这种级别的荣誉。宫崎骏获胜后，好莱坞大导演们开始直接将动漫融入他们的电影中。2003年是日本动漫的分水岭。沃卓斯基姐妹招募了众多日本动画师，创造了《黑客帝国动画版》；昆汀·塔伦蒂诺委托动画师为《杀死比尔1》制作了一个血腥的动画片段。美国动画制作公司推出了日本风格的内容，例如热门动画剧集《降世神通：最后的气宗》和《少年泰坦》。动漫似乎不再是亚文化，而是成了显学。

事实果真如此吗？经过这一系列的实验和跨文化尝试，动漫很快回归了长期以来的亚文化地位。即使在宫崎骏经典的缺席获奖之后，承认自己喜欢动漫仍然更像是一种招供，而不是吹嘘，更可能招致尴尬的蹙眉，而不是兴奋的击掌。在主流媒体中，动漫迷通常被刻画为笑柄，比如詹姆斯·弗兰科在《我为喜剧狂》中介绍他的"女友"Kimiko：一只上面画着性感动漫女郎的抱枕。自《千与千寻》获奖后，将近二十年的时间里，再也没有日本动画片获得过奥斯卡奖。Kotabu网站觉得有必要在2018年发表一篇题为《不要再装作没人看动漫了》的文章，由此可见，美国动漫迷对自己的身份依然缺乏自信。可正是那种永远的格格不入，使动漫成为动漫：它的书呆子气，它的青春期活力与焦虑，它对社会上有关暴力、年龄适应性或性别的固有看法的蔑视，它的对于圈外人来说完全难以解释的梗。正是动漫固有的格格不入，而不是它的普遍吸引力，使动漫如此吸引能与之产生共鸣的人。在美国，动漫一直都是与社会格格不入之人的媒介。

宫崎骏、富野由悠季以及其他出生于"二战"前，在"二战"后长大的资深动画导演，都致力于使用动画艺术吸引主流观众。而大友克洋、庵野秀明这样的艺术家，代表了一股新的粉丝浪潮，他们从出生就开始看漫画、动漫。他们不是致力于动漫事业本身，而是致力于动漫这一艺术。他们渴望成功，也需要通过戏仿、拼接、致敬来吸引像他们那样的人。这是从类似Comiket这种地方培养出的狂热的粉丝情感的一种自然延伸，一种由爱好者为爱好者创作的新的动漫形式。庵野秀明就是从一名超级粉丝变成了一名专业动漫导演，他成了那些梦想尚停留在年轻时代的新一代日本动画创作者的楷模。

然而，最终真正将动漫带入美国千家万户的并不是宫崎骏或富野由悠季，也不是大友克洋或庵野秀明——他们的作品要等到在日本亮相很久之后，才会在美国的大众电视媒体上播出。一种全然不同的娱乐形式将会俘获美国年轻人的心，开启一个全球动漫世纪。这一娱乐形式出人意料，因为它既不是从一个玩具系列开始，也不是衍生自一部漫画，而是一部基于电子游戏的动漫。这款游戏的制作者对他所选的媒介，就像大友克洋和庵野秀明对插图娱乐那样痴迷。他的作品将在全球幻想的日本化中扮演更为重要的角色。他的名字是田尻智，他制作的游戏叫作《宝可梦》。

第八章

游戏世界

——红白机和Game Boy

"我认为电子游戏是邪恶的。"

——富野由悠季,《机动战士高达》的创作者

"电子游戏对你有害?他们也是这么说摇滚乐的。"

——宫本茂,《超级马力欧兄弟》的设计师

1999年7月一个夏日的清晨，来到美国商城[1]的人首先会注意到一条长长的队伍，成千上万的孩子排着队；然后会注意到声音，更确切地说，是注意到队伍里并没有喧哗的声音。那天有五万五千名7到14岁的男孩和女孩来到这里，你可能会以为场面一片混乱，事实上，现场不过是有一些低语的声音，因为那些孩子都在埋头玩着自己的Game Boy，或是翻阅着活页卡片，准备在商城外摆起的桌子上展开争夺。他们中谁会赢得令人垂涎的"宝可梦大师"头衔呢？

明尼阿波利斯[2]是宝可梦联盟暑期巡回训练营的第一站。在短短10个月的时间里，《宝可梦》成为世界上最受欢迎的电子游戏、卡牌和动画片，此次训练营就是为《宝可梦》游戏造势。美国商城的这一场景将会在美国各大城市一遍遍上演。

全美国的孩子都爱上同一种跨媒体衍生作品，并不是什么新鲜事。这款游戏用"日本制造"作为卖点，也不是什么新鲜事，1997年索尼就用同一策略卖出了几百万份《最终幻想7》。然而，《宝可梦》的受欢迎程度非同寻常，它几乎俘获了所有美国孩子的心，无数中年父母不得不掌握一套新的术语，比如精灵图鉴、精灵球、小火龙、妙蛙种子、大舌头、皮卡丘。如今，人人都知道日本的玩具制造商技艺精湛。但无论是外国人还是日本人，谁也没想到它们竟然从那时起就具有如此强大的文化影响力。

1996年《宝可梦》在日本首次亮相，它当时只是一款Game Boy卡带。说实话，任天堂对这款游戏并没有寄予特别高的期望。在游戏行业，对一款游戏机来说，6年已经算是长寿了。Game Boy面世将近八年，早就被当作老古董。至于《宝可梦》本身……好吧，就连任天堂自己都觉得这款游戏有点奇

---

[1] 美国最大的购物中心，位于明尼苏达州布鲁明顿市。

[2] 美国明尼苏达州第一大城市。

怪。也正是这个原因，他们才将其用在即将淘汰的旧系统上，而不是作为某个新系统的首发游戏。1989年Game Boy面世时尚且算不上尖端，它的创造者，资深工程师横井军平，一度非常担心这个系统的液晶显示屏模糊、缺乏亮度、呈难看的绿色，无法与竞争对手的彩色屏幕抗衡，这甚至导致他在产品研发过程中被诊断出营养不良。任天堂认为，《宝可梦》的出现或许能让老旧的Game Boy顺利退休了。

《宝可梦》不像《洛克人》或《超级马力欧》系列那种跑跳式"平台动作游戏"，也不太像《魂斗罗》那种射击游戏，更不像《俄罗斯方块》这样的益智游戏——自从家用游戏机和掌上游戏机取代街机成为年轻玩家生活的中心之后，以上种种游戏便逐渐主导了电子游戏市场。事实上，《宝可梦》是一款彻头彻尾的冥想游戏。这款游戏的主角名叫小智，10岁的他踏上一场旅程，在一个幻想世界收集一种叫作"口袋怪兽"（Pocket Monsters）的奇怪生物，简称为"宝可梦"（Pokémon）。玩家需将它们培养得更加强壮，就像拓麻歌子一样，不过这里的目的是训练它们战斗。也可以通过一条特殊的"游戏连接电缆"与朋友们交换宝可梦。在Wi-Fi出现之前，用一条电缆是连接两台Game Boy最简单的方式。这款游戏里的"战斗"与其他游戏不同：不同属性的151只宝可梦通过类似于剪刀石头布的方式决出胜负。没有人会受伤或死亡，最糟糕的情况不过就是一只宝可梦晕倒了。这款游戏的创作者没经历过游戏测试，任天堂不放心，就指派《超级马力欧》的创作者宫本茂在开发过程中指导这位年轻人，整个过程拖了6年之久。宫本茂回忆说，甚至当这款游戏最终准备在日本发行时，"有人告诉我，这种东西永远不会吸引美国玩家的"。

然而，令人意想不到的事情发生了。在没有任何市场营销的情况下，《宝可梦》的名字就传遍了日本游戏厅。在接下来的几个月里，销量持续攀升，任天堂不得不对这款奇怪的小游戏另眼相看。它们争相与一些公司合作，希望这些公司通过制作动漫和漫画的方式交叉推广这款游戏。接着，任天堂计划在国外发布这款游戏。《宝可梦》英文版于1998年底进入美国市场，分为《宝可梦红》和《宝可梦蓝》两个版本，包含在一个完整的多媒体大礼包中，里面有游戏、一部动画片、一套具有收藏价值的卡牌游戏（没有Game Boy也能玩）。仅仅12个月后，也就是1999年底，任天堂宣布，该系列游戏的收入已达50亿美元——大致相当于当年整个美国游戏产业收入的总和。这在美国乃至世界都是闻所未闻的。或许《星球大战》能与之匹敌，可《星球大战》毕竟是好莱坞大片，不是什么来自日本的无厘头怪兽。《时代》杂志曾在一期封面故事中专门分析了这种现象，并将其称为"宝可梦热——一场瘟疫般的空手套白狼骗局"。

这是任天堂做梦都没有想到的一次商业成功，至少一开始没有。不过，也可以称之为一个"宝可梦般神奇的时刻"，在这一刻，日本变成了奇幻超级大国。这也证明了，10年来，一连串日本制造的流行文化热门产品深得西方孩子喜爱，并不是靠运气，而是靠精湛的技艺。《时代》杂志这篇令人窒息的报道与20年前日本媒体对待《太空入侵者》的态度如出一辙，列举了这款游戏犯下的一系列"罪行"，比如涉嫌敲诈勒索（新泽西州一个家长团体因为限制宝可梦卡片的供应而起诉美国发行商）、诱导青少年犯罪（例如游戏上市后发生的一系列抢劫、行凶案件）。因此，评论家们不可避免地忽略了一件事，那就是《宝可梦》的成功并非凭空而来，它可以追溯到自"二战"结束以来一直在流淌的文化溪流，如今，终于汇入汹涌而来的洪水之中。

Game Boy在1998年再次流行了起来，它继承了日本玩具制造的传统以及Walkman开创的道路——甚至连名字都显而易见地是对这款便携式电子产品的鼻祖致敬。《宝可梦》虚拟世界里出现的怪兽都非常卡哇伊：头大大的，身子软软的，让人想抱一抱；就连《时代》杂志的批评家都不得不承认，皮卡丘是"自凯蒂猫以来最受欢迎的卡通形象"。

《宝可梦》游戏还有一个同名动画。游戏在日本意外成功后，动画便迅速投入制作，播出时间几乎与美国版游戏的发行时间同步。《宝可梦》在美国非常受欢迎，华纳兄弟宣布推出英译版《精灵宝可梦：超梦的逆袭》时，他们的总机在1分钟内接到了7万个渴望得到电影票的孩子和家长的电话。这部电影在1999年的一个星期三上映，很多孩子为了看电影而翘课，《纽约时报》将这一现象称作"宝可梦流感"（Pokéflu）。首映当日，这部电影就赚了1000万美元，后来又卖出了1000万部家庭录影带。

《宝可梦》游戏在日本发行时，其创作者田尻智才30岁。"田尻智便是日本人所谓的'御宅族'。"毫无疑问，许多美国人头一次从《时代》杂志的这篇文章中看到这个词，"他们知道真实世界和虚拟世界之间的差异，可他们宁愿待在虚拟世界里。"田尻智初次接触电子游戏是在他13岁的时候，当时《太空入侵者》刚出现在他家周围。他沉迷于这款游戏，开始逃课去玩，这让他的父母恼怒不已，认为玩电子游戏"和商店行窃一样罪恶深重"，他后来这么讲述道。从职业院校毕业后，他与人合伙创办了一家公司，专门生产电子游戏创意，然后将这些创意卖给大公司，有点像小菅在战前生产的玩具创意的电子版。从将《宝可梦》卖到任天堂，到后来这款游戏取得巨大成功，这令田尻智和所有像他一样的人扬眉吐气。由于《新世纪福音战士》出乎意料地在主流受众当中取得成功，御宅族也开始在日本复出，现在，他们中的一员被美国主流媒体描绘为在多个媒介都富有影响力的人。这是连"动漫新世纪宣言"都没有预料到的。

我们将会讲到宝可梦热如何令日本和美国大吃一惊，但首先我们需要探究这一全球性现象的一个重要前兆，即1966年一股席卷日本的热潮，其在孩子中的影响力不亚于30年后的《宝可梦》。一些上了年纪的人还记得这一热潮。1966年，正是怪兽之年（Year of the Kaiju）。

日本正陷于危难。它的城市不断受到攻击，建筑物一幢幢倒塌，居民们四处逃散。最好的飞行员也难以与敌人抗衡，敌人比他们强大得多。现在只有奇迹才能拯救这个国家。

这听起来像是1945年中战争接近尾声的日子，但事实上，我们说的是1966年夏天，以及在日本学生中间最受欢迎的电视节目。这个拯救了国家的奇迹，就是《奥特曼》。第一集在1966年7月17日晚7点播出。半小时后，日本娱乐就发生了天翻地覆的变化。能吞吐激光的巨型海洋生物，沸腾的湖泊，熊熊燃烧的森林，高科技潜水艇和喷气式战斗机。所有这些都在前10分钟里出现，等剧情真正升温，奥特曼便出现了，他是早期漫画中的主人公，飞行员早田进的超大号变身。他具有人性，能够站在我们这边；又拥有怪兽的力量，能够将一个怪兽扔到近旁的摩天大楼上，这些大楼由特效师精心设计而成，能像真正的大楼一样倒塌。奥特曼无人能敌，不过他的这种能力只能持续3分钟，之后他的能量就用完了（这看似是一种叙事手段，其实是出于经济考量，因为奥特曼的经典战斗场景总是最消耗预算的）。

《奥特曼》是圆谷英二想出来的，这位60来岁的特摄导演的简历读起来像是日本热门电影的清单。他在战争期间制作政治宣传电影；战争结束后，他制作出了栩栩如生的哥斯拉、拉顿、魔斯拉、三头怪基多拉等形象，还为其他导演制作了许多经典怪兽。他曾亲身经历家园的毁灭，如今却令人不可思议地将城市的大规模破坏，重新包装成这个国家最受欢迎的儿童娱乐形式。

以生产小菅的凯迪拉克锡制玩具著称的丸三公司，制造了奥特曼和几乎每一个同他在电视上搏斗过的怪兽的模型。这些玩具由柔软的乙烯基材料制成，与怪兽的皮肤相仿，形状比屏幕上的更加圆润可爱，这样不至于吓到孩子，其设计者是镰三郎。他是丸三公司早期的员工，能够敏锐洞察新的趋势，当时30岁的他迅速觉察到怪兽对日本儿童的影响力。也正是他注意到了，有那么多孩子在看着自己最喜爱的动画片时，会用手捂着脸，透过指缝惊恐而又狂喜地往外偷瞟，等待怪兽出场。

日本宗教和民间传说中神灵和怪物的种类多得出奇，它们是多神信仰体系的产物。根据传统，这一信仰体系包含了将近"800万神灵"。有些是高高在上的神仙，有些是从暗处跳出来吓唬行人的鬼魂。在蒙昧时代，它们代表着人类无法解释、无法控制、难以预测的力量。这些神灵具有千奇百怪的外观和行为，为现代怪兽文化奠定了基础。这些成群结队威胁着日本城市的千奇百怪的怪兽，可以被看作是这种悠久的民间传统的分支——为在现代都市长大的孩子写的童话。

丸三公司制作的第一款怪兽模型，其形象来源于圆谷英二早些时候创作的《奥特Q》剧集——正是这部剧奠定了《奥特曼》的概念基础

在锛三郎想出制作乙烯基怪兽模型的主意之前，普遍的观念是，小孩子要么想装扮成他们的英雄，要么想买有主角脸的东西，或者像1963年那样，

疯狂购买铁臂阿童木牌子的糖果。镈三郎的灵感开启了小孩子的一种全新的玩法：模型收藏。早在乔治·卢卡斯意识到《星球大战》"所有的钱都在玩偶模型中"的10年前，《宝可梦》的"把它们全都捉住！"（Gotta catch'em all!）成为全球流行语的30年前，日本的孩子们已经在争相收集怪兽模型了。其他电视制作公司和玩具公司也加入了这场竞争。到1967年，橡胶军备竞赛开始了。动漫无人问津，人们对怪兽趋之若鹜。

1967年夏天，当美国人和英国人经历着"爱之夏[1]"（Summer of Love）时，在日本，怪兽之年正席卷而来。电视上播放着不下七部怪兽剧，《哥斯拉之子》等电影不断吸引小孩子进入电影院。突然之间，到处都是巨大的怪兽。百货商店用这些电视节目中的英雄和怪兽的模型上演精心编制的节目，让兴奋的孩子们体验栩栩如生的怪兽战斗。出版商们迫不及待想借此机会大赚一笔，争相推出绘画精美的怪兽指南，从名字、屏幕形象，到内脏详细解剖图（以哥斯拉为例，他有一个"不是很大的大脑"，一个"铀袋"，当然还有"热核反流器"），各种细节应有尽有。

怪兽热不仅关乎小孩，它还触及了社会的各个阶层。跟踪报道皇室成员去市中心购物的记者发现，6岁的皇太子德仁在东京的一家书店买了一本怪兽百科全书。战后小说家三岛由纪夫写过一篇伤感的文章，他在文中宣称："我也是一只怪兽，不过我吐的不是烈焰，而是毒气。那毒气就是叫作'小说'的东西。"

当《奥特曼》播出时，孩子们想要怪兽玩具；当他们玩怪兽玩具时，他们满脑子都是《奥特曼》。虽然这个热潮一年之后就退却了，但怪兽却在日本流行文化中留下了不可磨灭的印记。1990年，田尻智为《宝可梦》的雏形《胶囊怪兽》起草提案时，他用来解释战斗系统的第一个图例是一只叫作小哥

---

[1] 在1967年夏天的旧金山爆发了一场声势浩大的嬉皮士运动，"爱"是那场运动的口号，故得此名。

斯拉的喷火蜥蜴正在与一只酷似金刚的大猩猩搏斗。宝可梦虽然只有口袋大小，但它却有怪兽的基因——它长得像怪兽，彼此战斗，而且不断变化、可供收藏，两者的商业模式也十分相似。

☆ ☆ ☆

直到20世纪80年代，计算机技术才发展到能够制作出与大银幕和电视机小屏幕上的角色媲美的游戏。第一款热门游戏就是1980年的《吃豆人》，创作者是一位叫作岩谷彻的程序员。游戏的名字Pac-Man源于日本单词paku-paku，是咀嚼的拟声词。最早进入日本的街机叫作Puck Man。由于其美国贸易伙伴Bally-Midway Games公司的某位智者注意到，一些以英语为母语的人会故意将名字里的P发音成F，南梦宫公司这才更改了这款游戏的名字。

《吃豆人》是电子游戏世界的第一个超级明星。它直观易上手、视觉效果吸引人。玩家在宫中，吞吃迷宫路径上的小黄点，同时尽可能躲避鬼怪，寻找能量药丸，吃下能量药丸后，玩家就可以在一定时间内反过来欺负小鬼怪了。这款游戏拥有游戏世界里第一个真正可识别的主角，它就是比萨饼形状的吃豆人，还有颜色多样的鬼怪，比如Inky（漆黑）、Pinky（粉红）、Blinky（红色）和Clyde（黄色）。《吃豆人》的背景音令人着迷，哇咔哇咔哇咔。《吃豆人》简单有趣，还讲究策略，这让它从一款热门游戏，一跃成为一种社会现象，无论是游戏厅还是家中，它充斥着日常生活的每个角落，令世界各地的男女老少爱不释手。

美国媒体将其称为"吃豆人热"。对于我们这些亲身经历过这股热潮的人来说，即使在几十年后的现在听到游戏开场曲，也会条件反射地感到兴奋。听到这种声音，就意味着你刚花掉了一枚辛辛苦苦赚来或从父母那里要来的宝贵的25美分硬币，游戏即将开始。你的身体充斥着紧张和兴奋，那是任何一种成人饮料或能量都难以与之媲美的美味鸡尾酒。你只想知道：这一次你能闯多少关？传说中的第256关之后是什么？你能在高分榜留下你的名字吗？或者，借这个机会将自己的名字改成"屁股"？

吃豆人是第一个离开游戏机厅，融入日常生活的电子游戏角色。我和我那些一直在打怪的同好，睡在吃豆人床单上，用吃豆人毛巾擦脸，穿着吃豆人衬衫，早餐吃着吃豆人燕麦粥，用吃豆人饭盒装三明治带到学校，听 Buckner & Garcia 组合的1982年公告牌排行榜热门歌曲《吃豆人热》，在家里用我们的雅达利2600游戏机玩吃豆人游戏；当父母强迫我们关掉游戏机时，我们则会从汉纳巴伯拉公司制作的《吃豆人》动画片中寻求安慰。是的，以上就是我和我们这一代的许多人都会做的事情。正是这些成长经历使我成为今天这个长不大的孩子。

用"吃豆人"麦片当早餐最赞了

然而，尽管取得了巨大成功，吃豆人热终归只是一种热潮而已。在另一款发布于1981年的游戏面前，《吃豆人》的文化影响力相形见绌。这款游戏的名字叫作《大金刚》（Donkey Kong），它突然出现在任天堂北美公司位于西雅图的仓库——是母公司从京都运到这里的，使这家公司陷入了混乱：首先，它的名字就让人莫名其妙。美国销售经理听到这个名字时，以为任天堂总裁山内溥疯了。驴子（Donkey）……什么？驴子红？红驴子？到底是什么意思？他们绞尽脑汁，还是不明白。美国人推出的最精彩的游戏（在这方面我们曾是先驱来着，不是吗？）里面都是射击、爆炸等充满男子气的场面，让玩家感觉自己是英勇无比的太空飞行员，或是让地球免遭外星人毁灭的救世主。工作人员试玩《大金刚》游戏时，他们震惊不已。这款游戏一点都不酷，它非常可爱，看起来像是一部该死的儿童卡通片！哪个热血美国男孩会付钱玩这玩意儿？据说，一位销售经理因为对《大金刚》讨厌至极，甚至开始找新工作。

1981年《大金刚》在美国出现时，我才8岁；即使到今天，作为成年人的我也很难理解人们最初面对这种多彩又好玩的体验时的愤怒。当时，街机刚刚出现不久，游戏厅里面充斥着哔哔声、爆炸声，预示着不祥的合成机械声，还有悦耳的哇咔声，伴随着《大金刚》不断向上的探索，像飞蛾扑向燃烧的木桶一样吸引着我和朋友们。我们找到了第一个可以替代了不起的吃豆人成为我们痴迷的对象的形象。也许它不符合美国人定义的"酷"，但它并非不酷。不知为何，它让人感觉很舒服。这是我们第一次接触卡哇伊设计，不过当时的我们并不知道何谓卡哇伊。

我们熟悉的街机游戏是装在木制的柜子中，柜子上面装饰着夸张的插图，分别暗示屏幕上的圆点和方块代表什么：核怪兽投掷导弹，英勇的太空船在敌星上空盘旋，飞碟向某地善良的居民投放致命炸弹。《大金刚》根本不需要这些暗示。《大金刚》中的角色看起来就是角色本身，配乐也清晰可闻，故事情节就是男孩拯救女孩，玩《大金刚》像是在玩真实生活卡通片。抽象符号再也不能满足玩家的需求了。任天堂开始跻身我们密切关注的电子游戏公司行列，我们以与周围成年人追音乐、电影、电视同样的热情，追它新发布的街机游戏。

《大金刚》的起源可以追溯到一部卡通片。不过，故事却是从一个仓库开始，仓库里堆满了为一款在美国销量不佳的街机游戏《雷达范围》制作的废弃电路板。任天堂总裁山内溥下令将它们改造成卖得出去的游戏。这项拯救任务落到了27岁的宫本茂肩头。《雷达范围》本来就是他制作的。宫本茂由一位故交介绍给山内溥，并被聘为平面设计师。在雅达利、太东或南梦宫等公司，像宫本茂这样没有任何编程经验的人不可能在游戏部门获得职位。但在任天堂，这无关紧要。因为所有技术方面的问题都被外包给制作任天堂街机游戏的一家叫作池上通信的电视广播设备制造商。任天堂当时尚未具备自行制作街机游戏的能力。

宫本茂的经理横井军平在看过老动画片《大力水手》后，想出了这款游戏的核心理念。在1934年由弗莱舍工作室制作的动画短片《梦游记》中，奥莉薇在一个建筑工地梦游。当大力水手和布鲁托竞相把她从正在施工的摩天大楼横梁上救下来时，两人彼此相撞，一层一层地往下跌。情急之下，大力水手打开了他的标志性菠菜罐头。（顺便提一句，这一经典桥段也启发了岩谷彻将"能量药丸"融入《吃豆人》。）虽然任天堂在获得《大力水手》版权方面的谈判失败了，但这款游戏还是存活了下来：布鲁托成了一只猩猩，奥莉薇成了一个扎着辫子的无名金发女郎，大力水手变成了 Jumpman（跳人），不再是水手，而是一个戴着红帽子穿着蓝色工作服的普通人。

宫本茂原本想叫他"Mister Video"（电子游戏先生）。多年后，他解释道："本来想让他出现在我设计的所有电子游戏里，就像希区柯克出现在他的每部电影中一样，我觉得这样真的很酷，或者像同样的角色出现在手冢治虫许多不同漫画中那样。"接下来，他们需要给这款游戏取一个名字。他翻阅字典寻找灵感，最后将象征倔强的"驴子"与他最喜爱的一部怪兽电影的名字《金刚》组合在一起。（由于金刚曾出现在1962年的电影《金刚大战哥斯拉》中，所以它在日本被看作电影怪兽始祖。）

"这是一款不错的游戏。"山内溥直截了当地回应任天堂北美公司的批评者说。所以他们别无选择，只能开始销售。不过，美国人还是提出了一个额外要求：他们需要为游戏中的两个人类角色重新命名。于是，没有名字的"女朋友"成了保琳，而跳人成了马力欧。这本是一个内部笑话。这个留胡子的角色很像任天堂北美公司的房东马力欧·西加列，据说他曾打断他们的讨论，要求他们支付公司仓库的出租费用。

美国第一台《大金刚》游戏机就像十年前的《乒乓》游戏机一样，在一家小酒吧首次亮相。同样，它每日收取的25美分的数量，令将它放在那里的美国人惊奇不已。当时市场上充满了射击和迷宫类游戏，人们似乎对这种全新的虚拟体验有一种潜在的需求，宫本茂将这种游戏称作"跑跳爬游戏"。到1981年底，任天堂北美公司售出了六万多台《大金刚》游戏机，其创始合伙人瞬间成为百万富翁，并且扭转了这家子公司濒临破产的境遇，使其成为任天堂旗下最盈利的一家公司。后来，任天堂北美公司的员工在向客户介绍自己时，一直说自己来自"《大金刚》那家公司"。这样做合情合理，因为尽管这款游戏在美国无人不知，可没人知道任天堂是什么。不过，这种情况即将改变。

早在几年前，美国制造商几乎控制了全球街机市场。现在，游戏厅中主要是日本制造的三款游戏——《太空侵略者》《吃豆人》和《大金刚》。这情形好似一场星球规模的《乒乓》街机比赛在太平洋两岸展开：一支由日本创作者组成的五花八门的队伍，不断向美国游戏业的中心地带发射大量热门游戏。接下来会发生什么，没人猜得到。

美国退缩了。

如今，业内人士会称之为"崩盘"。曾经无人能敌的雅达利公司斥巨资投资了一款以电影《E.T. 外星人》（1982）为基础改编的游戏，这款游戏的构思非常糟糕，使得雅达利一败涂地，时运一落千丈。这一突然转变令雅达利公司的竞争对手惊恐不已，一家又一家游戏公司要么选择自动退出游戏业，要么宣告破产。1983年底的美国电子游戏产业像极了一局《导弹指令》[1]结束时的放射性废墟。短短几个月，价值数十亿美元的市场锐减至仅仅一亿美元。这场"大屠杀"确保了一件事，那就是没有一家公司敢在可预见的将来生产

---

[1] 雅达利公司1980年推出的一款游戏。

一款家用电子游戏机。

至少在美国是这样。那么二号玩家,你准备好了吗?

上村雅之就是任天堂"家用游戏机"的设计师,这款游戏机在日本被称作"红白机",在海外则被称为"任天堂娱乐系统"。它于1983年在日本发行,两年后在美国和欧洲面世,使绝大多数人认为已经彻底死亡的全球游戏产业重新活了过来。

上村雅之1943年在京都出生和长大,他说儿时曾玩过小菅的锡制吉普车。电气工程专业毕业后,他在早川电子公司,也就是现在的夏普公司工作了几年,1971年被任天堂的横井军平招募进来。如今,他在位于京都的立命馆大学游戏研究中心担任负责人,该中心是为数不多致力于保存家庭电子游戏系统、软件和杂志的机构之一。电子游戏昙花一现,随着新型电脑芯片、游戏机和电视不断被开发出来、投入消费市场,旧的型号被毫不留情地扔进历史的垃圾桶。不过,在这所游戏研究中心里,时光为游戏停了下来。这里有老式操作台和高科技工具,可以从旧盒式磁带和光盘中提取并存储数据。我和上村雅之坐在公共研究空间里,周围是研究生和年轻教授的办公桌,他们都有各自的研究领域,比如早期三维游戏、个人电脑游戏,甚至还有人研究用纸和骰子进行的桌面角色扮演游戏。在我和上村雅之之间的桌子上放着一台20世纪80年代的老式红白机,它的米白色塑料外壳如今已经发黄了,机器连接着一台同样古老的阴极射线管电视。屏幕上安静地播放着《大金刚》游戏。空气中隐约能够嗅到新地板、旧纸板和臭氧的气味。我不禁回想起童年,回想起无数次在喧嚣的地下室里打游戏的时光,旁边摊着《任天堂力量》[1]杂志,为我们提供游戏技巧。

---

[1] 任天堂在北美发行的游戏杂志,1988年创刊。

上村雅之解释说，任天堂在红白机之前从未开发过盒式磁带游戏系统。从某种意义上说，在此之前，任天堂一款游戏都没开发过，无论是家庭游戏，比如简单的《乒乓》式即插即用游戏，还是街机游戏。任天堂产品的内部零件，无一例外全都来自三菱、夏普、理光（Ricoh）等高科技制造商的工厂，由池上通信等公司的专业人士编程。任天堂公司里并没有人准备好踏上漫长的学习之路。

上村雅之是从购买美国硬件样品开始学习的。他将一台雅达利1600游戏机和一台米罗华公司生产的奥德赛二代游戏机拆到只剩晶体管。他还与一家半导体实验室合作，溶解了系统中央处理器上的塑料外壳，拍下电路，然后将图像放大，以便看清电路布局。经过6个月对这些竞争对手机器内部的深入研究，他明确了一点：这些对打造一款新游戏机毫无帮助。"全都是过时的技术。"他对我说。

上村雅之团队的一位成员提出了一个诱人的捷径：他们可以改造公司最受欢迎的街机游戏《大金刚》的内部结构，将一款街机游戏的电路缩到台式大小，使其不仅能玩《大金刚》，还能玩其他游戏。从技术角度来看，这似乎难以办到。除此之外，还要照顾到一个不可避免的因素：山内溥下了一道凌驾于所有规则之上的命令。"我们必须尽可能降低制造成本。"上村雅之笑着说。

红白机于1983年7月15日在日本玩具店上架，几乎没有迹象表明它将来会成功。用上村雅之的话来说，"人们对它毫无期待"。这款方方正正的红白色机器并没有大张旗鼓地发布，得到的反应充其量算是不温不火。"它有什么有趣的地方？"产品发布会上一位记者问上村雅之，"它甚至连键盘都没有！"在美国，大型游戏公司正从游戏机转向家用电脑。同这些野心勃勃的新设备相比，红白机故意甚至带了点挑衅意味地保留了玩具的外观。更糟糕的是，一家叫作世嘉的竞争公司在同一天推出了它们的竞品游戏机。这款游戏机带有键盘。

"我当时感到灰心丧气。"上村雅之回忆道。

他为任天堂打造了一个游戏系统，可这个系统在当时却缺乏任何竞争优势。任天堂需要的是我们今天所谓的"杀手级应用"：一款非常诱人的游戏，能让消费者为了玩这款游戏而不得不购买这个游戏系统。

在山内溥作为任天堂社长跌宕起伏的漫长职业生涯中，他走的最幸运的一步可能就是找到宫本茂。宫本茂1952年出生，在京都郊区的一个小村庄长大，家里没有汽车，没有电视，甚至连玩具都没有。他不需要这些。充满小动物的稻田、溪流、树林、起伏的山丘，就是他的游乐场。接受采访时，宫本茂经常提起一段对他有深远影响的经历，他曾发现过一个小山洞，并借助一个小灯笼解开了这个洞穴的秘密。这段童年经历经过多次讲述，被打磨成了一个起源故事，正如《纽约客》2010年的一篇简介中所写："（这则故事之于宫本茂）如同樱桃树之于乔治·华盛顿，或者迷幻药之于乔布斯。"

《大金刚》证明了宫本茂有创造吸引人的角色和游戏世界的本领。横井军平让他创作续作《大金刚二代》，然后又让他创作《马力欧兄弟》，这款游戏为马力欧增添了一个叫作路易吉的兄弟。不过，真正巩固了宫本茂游戏大师声誉的是1985年发行的《超级马力欧兄弟》。

《大金刚》曾经很火，然而对玩家来说，《超级马力欧兄弟》更令人沉醉。因为它的游戏动作不再局限在单一的屏幕上。为了寻找一位被绑架的公主，马力欧在一个童话般的虚拟世界里跑跳着闯过熔岩坑、密室、城堡、桥梁、怪物等一系列关卡。《超级马力欧兄弟》并不是第一款"横向卷轴游戏"（side-scrolling platform game）——粉丝后来对这类游戏的称法（《吃豆世界》和卷轴版《吃豆人》一年前就上市了），但它无疑是最受欢迎的。它控制灵敏、图像迷人、规则直观、配乐富于感染力、角色丰富有趣，最重要的是给人一种惊天秘密就在不远处的感觉。它不仅仅是游戏，还是对童年想象的一种摹写。有很多玩家已经通过之前的冒险认识了这款游戏的主角，而这点只会让他们觉得，自己正在参与比在屏幕上展开的游戏更为重大的事情。突然间，家庭游戏系统不再只是一种玩具，它还是通往神秘世界的门户，是一种新型数字休闲方式的跳板，这种休闲方式给人带来的体验远比疯狂的投币街机要丰富。

尽管《超级马力欧兄弟》确实是一款了不起的游戏，但它之所以能够成功，部分原因在于时机巧合。就在游戏发行的七个月前，日本刚刚颁布了一项对游戏产业影响巨大的新法规。日本议会曾于1948年通过《风俗营业管理法》，禁止未成年人光顾酒吧、舞厅、色情商店、赌场等成人场所。1984年，立法者修订了这项法规，将日本两万六千家电子游戏厅涵盖其中，因为这些游戏厅在日本大量涌现，令当局者感到惊恐不安。1985年2月这项新法律生效，尽管看起来没什么用（它仅仅规定了未满20周岁的人不得于晚上10点以后进出游戏厅），却是首次从国家层面对电子游戏施行管制。在美国和欧洲，批评游戏厅的人们也竭力争取过类似法令，也有一些城市颁布了宵禁时间，或彻底禁止了这项活动，但远没有日本的这项法规影响深远。然而，令许多积极争取修订法规的人懊恼的是，这项法规使得家庭电子游戏系统的销量猛增，引发了全社会的游戏热潮。这种新型家庭游戏娱乐方式渗透进主流文化，一本名叫《超级马力欧兄弟：完整战略指南》的书连续两年（1985年和1986年）登上日本畅销书排行榜的榜首，这一壮举甚至连村上春树或J.K.罗琳这样的人都没能复制。

1986年，红白机正式在美国和欧洲推出，此时它被重新设计为任天堂娱乐系统，其中一个关键卖点是，红白机是和《超级马力欧兄弟》一起捆绑销售的。由于3年前美国游戏产业全线崩溃，任天堂在几乎没有来自美国的游戏生产商竞争的情况下，抢占了美国市场的滩头阵地，并且获得了最终的成功，其在世界各地孩子们心目中不可动摇的地位一直保持到了21世纪初。

电子游戏或许不仅仅是休闲活动，这一点在1988年2月东京的一个晴朗冬日得到了证实。那是一个周三清晨，当乘坐首班车的上班族在新宿下车时，他们惊讶地发现，已经有成百上千人等在那里了。他们耐心地排着长队，队伍绕过不同的建筑物和整个街区，哈气在寒冷的清晨空气中清晰可见。据报道，在东京市内的其他街区，以及大阪、名古屋等主要城市，也出现了类似景象。人们早早等在各大电子产品商店外，只为有机会买到《勇者斗恶龙3》，这是艾尼克斯软件公司为红白机推出的最新款游戏。

《勇者斗恶龙3》不是以往热门游戏那样的动作积分游戏。它完全不计分，是一种角色扮演游戏，玩家可以自由地静静探索充满城堡和地牢的童话世界。尽管以现代标准来看，画面非常粗糙，但包装和指导手册却非常精美，上面有大量由《龙珠》的创作者、艺术家鸟山明绘制的插图。整个产品具有恰到好处的跨界吸引力，这是以往任何一款电子游戏所不具备的。

《勇者斗恶龙3》的惊人成功让总制作人堀井雄二一举成名，成为新一代高科技创新人才的代言人。如果说是工匠创造出了作为日本战后经济基础的玩具、收音机、电视、汽车，以及消费类电子产品，那么这些创作者对待"建设虚拟世界"这件事，就和这些工匠一样严肃。对他们来说，任天堂娱乐系统不仅仅是一款游戏机，它还是一个让他们向世界发出自己的声音的平台。

任天堂以及后来的游戏系统的创作者，无意识地将怪兽剧、动漫和漫画的传统融入他们的游戏作品中，使之成为世界理解日本审美的重要线索。许多外国孩子是通过游戏而不是电视、漫画或动漫，第一次见识到卡哇伊设计、御宅族深爱的"机甲"，或是变身为奥特曼的超级英雄。

任天堂售出的娱乐系统数量非常多，以至于到了1990年，在西方"玩任天堂"基本等同于玩电子游戏。截至1993年，任天堂的盈利超过了好莱坞前五大电影公司的总和。一项调查显示，在接受调查的美国儿童中，认出马力欧的比认出米老鼠的还要多。不过，任天堂在海外的形象代表并不是上村雅之或宫本茂，也不是任天堂北美公司的总裁，山内溥的女婿，而是一个金色头发、满脸雀斑、系着领结的20多岁的青年，霍华德·菲利普斯。这位任天堂北美公司的"游戏大师"在记者招待会和官方活动上担任公司代言人，在公共游戏论坛上与所有挑战者交锋，并在公司开办的杂志《任天堂力量》上有自己的连环画栏目《霍华德和内斯特》，在该栏目中为玩家们支招。虽然美国人渴望日本游戏，但他们并没有准备好接受日本的一切。那还要再过几年。

任天堂连续5年占据家庭游戏的霸主地位，直到一家叫作世嘉的之前从事唱片维修的公司创造了Mega Drive游戏机，这款游戏机于1988年底在日本发布，标志着第一款真正威胁到任天堂的产品的到来。Mega Drive呈亮黑和铬黄色，在日本本土的销量远不如备受喜爱的红白机和PC Engine——这是日本电气推出的另一款竞品。但是这不重要。真正的市场份额争夺发生在日本本土以外，这在当时显而易见。任天堂在国外的销量远远超过国内。例如，在美国，玩任天堂的孩子比收看美国最大的儿童有线电视尼克国际儿童频道的孩子还多。这是一道很简单的加法题：虽然游戏在日本非常受欢迎，但国外的孩子数量更多。正如日本20世纪70年代成长起来的一代漫迷，这一代外国孩子从小玩电子游戏长大，尽管年龄增长，却拒绝舍弃儿时的快乐。相反，他们要去玩更加复杂的电子游戏。

1989年在美国发行时，Mega Drive被重新命名为Genesis（意为"创世"），这款游戏的功能轻松超越了已经上市6年的任天堂娱乐系统。Genesis在美国面世两周后，日本电气迅速将TurboGrafx-16，也就是美国版的PC Engine投入市场。从1986年推出任天堂娱乐系统以来，任天堂公司的产品在国外第一次面临真正的竞争。家庭游戏机之战开始了。公开争夺心理份额这种事情只可能在国外发生，因为日本公司出了名地不愿参与任何带有竞争性的广告宣传。西方受众对可口可乐和百事可乐之间没完没了的广告竞争早就习以为常，但在日本，公开损毁竞争对手的产品则被视为卑劣行径。

为了对抗马力欧这个单调乏味的中年水管工，世嘉公司引进了《刺猬索尼克》，创作者是一名叫作中裕司的25岁程序员。索尼克是一只调皮的刺猬，它出现在游戏的标题栏里，向玩家晃动着手指，然后以最快的任天堂系统都远不能及的速度，在茂密的热带雨林里穿梭。如果玩《超级马力欧兄弟》像是在玩动画游戏，那么《刺猬索尼克》玩起来就像是将动画直接注射到脑干之中，它为西方带来了大量的大头卡哇伊设计和酷元素。同任天堂北美公司最初对《大金刚》的反应相似，世嘉北美公司的总裁最初也认为做一款以刺猬为主角的游戏"很疯狂"。数百万儿童用他们的（更准确地说，是他们父母的）钱包投票，再次证明了美国品味是错的，而日本的则是对的。索尼克的存在就是对任天堂主流游戏的反抗。在这款游戏中，没有要救的公主，只有对速度的本能追求。如果玩家不动手柄，索尼克甚至会不耐烦地用脚打拍子。索尼克让Genesis有了一个时髦叛逆的形象，这一形象完美契合那个时代的"另类"文化，身着法兰绒的垃圾摇滚乐手们的出现，是对20世纪80年代光鲜亮丽的舞台摇滚歌手的鲜明讽刺。世嘉竭尽所能地强调这种竞争关系，在报纸和电视上打出咄咄逼人的广告，宣称"Genesis为任天堂所不为"。

当时的问题已经不再是"你是否玩电子游戏"了（几乎每个孩子都在玩），而是"你玩哪种游戏"。20世纪60年代汽车改装热最为盛行的时候，在痴迷汽车的美国年轻人中形成了一种生机勃勃的亚文化，他们用使用底特律钢铁造的新词来定义自己，比如：雪佛兰和福特、V-8发动机、糖果色和铬黄。现在，90年代的游戏玩家在做同样的事情，不过他们用的是使用日本硅芯片造的词。他们将游戏术语如power up（能力提升）、level up（升级）、miniboss（小怪）、boss battle（头目战）、limit break（限界破除）、cutscene（过场）、save point（保存点）融入英语词汇中；就8位微处理器和16位微处理器的利弊争论不休；将自己最喜爱的游戏中令人痛苦的误译变成内部笑话，比如"一个赢家是你!""你的所有堡垒都属于我们!"[1]值得争论的话题有很多,比如:任天堂精美的游戏画面是评判所有其他游戏的标准;日本电气的TurboGrafx-16是第一款带有CD-ROM驱动器的系统,这一附件能提供更好的音乐和声音效果;世嘉更为前卫的态度和运动类游戏库不仅能吸引游戏迷,还深得运动迷的喜爱。1991年,当要收拾行李去上大学时,我从没想过要将儿时心爱的红白机一起带走。因为在装生活用品之前,我早早就把Genesis放进了行李箱。和它一起的还有另一个叫作Game Boy的小物件。

任天堂花了很长时间才制造出红白机的替代品。它从来不是一家走在技术创新前沿的公司,而是选择追随横井军平创立的道路——他称其为"用现代技术进行横向思考"的设计理念,通俗地说,就是任天堂在开发新产品时,始终坚持使用廉价且已经过验证的现成组件,从不拿巨额资金去冒险开发尖端的新组件。这种思维模式在横井军平设计的经典产品中都有所体现,它似乎与大多数科技公司突破常规的态度大不相同,像是某种倒退。

横井军平的Game Boy于1989年发布,它对电子游戏的影响与1979年Walkman给音乐带来的影响相似。虽然Game Boy并不是第一款便携式游戏设备,但是它让大众真正体会到了便携游戏的概念。玩家们不必再聚集在游戏机厅中,或是与家里的电视捆绑在一起。有了Game Boy,他们可以随时随地玩游戏。和Walkman一样,Game Boy也没有使用最先进的技术。与对手推出的高科技、全彩便携式机器不同,任天堂的机器采用了单色显示,角色移动速度稍快一些就会出现明显的虚影。业内人士不看好Game Boy。"我们管它叫Lameboy(蹩脚男孩)。"美国游戏开发公司Interplay的联合创始人丽贝卡·海

---

[1] 此处原文为"A winner is you! All your base are belong to us!"是从日语译为英语后一种带有语法错误的表达方式。

涅曼这样告诉我。从技术规格上来看，Game Boy 也许达不到业内人士的要求，但普通用户根本不在乎。与能在家观看《铁臂阿童木》相比，这部动画看起来非常廉价这一点无关紧要；与 Walkman 提供的便携性相比，早期音乐播放器无法录制音乐这一点无关紧要。便利性和内容比其他一切都重要。Game Boy 提供了我们所需的幻想，而且尺寸非常小，从马力欧到一系列任天堂经典游戏，应有尽有。没有竞争对手能与之匹敌，无论他们的设备在技术上有多了不起。这就是我和朋友从未觉得 Game Boy 蹩脚的原因。它不可或缺。

虽然技术上不尽如人意，但 Game Boy 在其他任何方面几乎都表现卓越。它的设计风格偏中性，既不男性化也不女性化，既不稚气也不老气，既不高科技也不复古。其竞品一般棱角鲜明、颜色漆黑、塑料材质，高科技范儿十足，是十几岁男孩可能会用来向朋友显摆的那种产品。而 Game Boy 的设计重在舒适感。它小巧的尺寸（差不多是一本平装书大小），极富亲和力的名字，灰色的配色方案，圆润的边角，无一不让你爱不释手，想将它走哪带哪。当你拿起时，它会完美契合你的手掌，非常卡哇伊。此外，它的电池续航时间也很长，而且它几乎摔不坏，这点对任何便携式电子设备来说至关重要。真的，这些产品的抗摔能力特别强。第一次海湾战争期间，一名美国士兵将一部 Game Boy 带到科威特，这部 Game Boy 在一次恐怖爆炸中熔化得面目全非，却仍能使用。（事实上，直至 2019 年，这部 Game Boy 依然能够使用，它现在被陈列在洛克菲勒中心的任天堂商店里。）但最重要的是，Game Boy 上有我们最爱的那些游戏。是深受喜爱的角色使 Game Boy 成为 20 世纪 90 年代最畅销的游戏系统，不是技术规格。它不仅赢得了这场掌上游戏机的竞争，甚至还打败了家用游戏机、超级任天堂娱乐系统（Super NES）、Genesis 以及后来的所有竞品。事实上，如果算上它的所有版本，例如 Game Boy Color 和 Game Boy Advance，Game Boy 才是有史以来最畅销的游戏机。

游戏机之战是一场与尖端硬件技术正面的较量。Game Boy 的胜利代表着内容和便利性战胜了科技。年轻玩家们纷纷选择Game Boy而不是其他游戏机，是因为它能为他们带来各种幻想：备受喜爱的红白机经典游戏的黑白缩小版，比如《超级马力欧大陆》《密特罗德》《塞尔达传说》，以及《恶魔城》系列。成年人喜爱Game Boy，则是因为它上面装有《俄罗斯方块》游戏。这款极具吸引力的益智游戏诞生于一家苏联计算机实验室（历经一番如冷战惊悚片般的周折后，授权给了任天堂）。俄罗斯方块是一款典型的杀手级应用，它使大批从未想过往街机中投币或去碰游戏机手柄的人成为游戏玩家，其中就包括

在"空军一号"上玩红白机的第一夫人希拉里·克林顿，照片摄于1992年

美国前总统乔治·沃克·布什，他曾经被拍到在甲状腺手术恢复期间玩Game Boy。它也深受女性欢迎，根据任天堂北美公司的一项调查，女性玩家占全部Game Boy用户的46%，这当中有女孩，也有成年女性。希拉里·克林顿1993年接受《时代》杂志采访时坦言："我已经入迷了。"她解释说，为了不霸占女儿切尔西的Game Boy，她给自己也买了一台。这是全球化的典型例子：一位前总统和一位前第一夫人，在一个日本游戏系统上玩苏联制造的益智游戏。没有任何迹象表明这些位高权重之人玩外国产品会对政治有丝毫影响。至少暂时没有，这个故事下一章会讲。

无论是否有意为之，任天堂确实取得了其他游戏公司从未有过的成就，

即性别平等。或许应该说，尽管Game Boy的字面意思是"游戏男孩"，但它同样吸引了两种性别。它刻意远离大男子主义风格，与风格前卫的竞品大不相同。"便携性和卡哇伊设计风格的结合，意味着人们会很喜欢随身携带这些东西。"2015年英国《卫报》的一篇报道这样解释道，这篇文章甚至懒得向读者解释卡哇伊的意思。"任天堂明白小巧的东西很可爱，可爱贯穿在整个游戏体验之中。这正是智能手机上《糖果粉碎传奇》《水果忍者》《愤怒的小鸟》等游戏成功的秘诀。"或者我们再回到2016年，《宝可梦Go》这款应用发布后一个月，全球下载量就超过了一亿次。

街机游戏（arcade gaming）是一种共享的公共体验，它涉及各种各样的社会性互动：你需要去那里，观看其他人的招数，找对手进行一对一的决斗，了解那个地方的规矩，比如何时何地在屏幕边缘塞进一枚硬币以便再玩一把。主机游戏（console gaming）顾名思义，是足不出户就能独自玩的游戏。20世纪80年代末，泡沫经济达到顶峰。在1989年报纸上一篇题为《信息社会是如何扭曲儿童的》的文章中，以及同年出版的《独处的童年：第一代家庭游戏玩家的命运》等书籍中，日本社会评论家们已经惊慌地指出，越来越多的孩子选择独自待在家里玩游戏，而不是和其他孩子一起出去玩。但是，这种趋势是游戏造成的，还是社会造成的呢？在对技术的批判中，人们常常忽略一个令人警醒的事实：随着日本房地产市场蓬勃发展，在城市和郊区，游乐场、森林乃至空地，都飞速消失。孩子们去户外玩耍的机会越来越少，他们选择置身刺激的虚拟世界的时间自然也就越来越多。

《宝可梦》的创作者田尻智就是这样的一个孩子。他出生于1965年，在町田市长大。这是一个通勤小镇，到东京市中心只需坐45分钟火车。幼年时，田尻智总是在户外玩。他在2000年的一次采访中回忆道："那时环境还很原生态，仿佛置身于自然世界之中。我会捉蝌蚪和小龙虾，然后养在家里。"直到十几岁，他才第一次注意到他所处的城镇正在发生巨大的变化。之前捕小龙虾的地方逐渐消失了，取而代之的是新开发的住房等建筑物。等他上初中时，火车站前，他儿时常去钓鱼的地方也消失了，取而代之的是一家游戏厅。

这个陌生的新场所可以说改变了田尻智的一生。"没法再捉虫子了，所以我把精力都用在玩《太空侵略者》上。"很快，喜爱变成了痴迷，他的父母说他成了不务正业的小混混。他没有选择当地的高中，而是去到更远的地方，上了一所有计算机编程课程的职业高中。父母逼迫他上补习班把成绩提上来，以便考一所好大学，他就刻意选了一个旁边有游戏厅的补习班，这样他就能在课间15分钟跑过去玩一局《导弹指令》。也是从那时起，他开始向游戏杂志投稿，和一位插画师朋友一起推出了一本游戏爱好者杂志，里面满是街机游戏和家用机游戏的制胜战略。他将这本杂志称作《游戏怪人》（*Game Freak*），这也是他对和自己一样的人的叫法。1989年，他们两人用这个名字创办了一家游戏公司。

《胶囊怪兽》是他们的最早提案之一。任天堂买下了这个提案，前提是田尻智得按照他们的技术规格进行调整。这些技术规格是马力欧的创作者宫本茂提出的。对一个痴迷游戏的孩子来说，这无异于美梦成真。田尻智1999年在接受《时代》杂志采访时说："从我十几岁玩《大金刚》开始，他就一直是我的榜样。我会牢记他提出的每一条建议。"他甚至将主人公的对手取名为小茂，以纪念他们共同面对的挑战。由于商标注册出现困难，这款游戏在最后一刻更名为Pocket Monsters（口袋妖怪），简称Pokémon（宝可梦）。到1996年任天堂最终批准发布这款游戏时，用来玩它的Game Boy在技术方面早已落伍。于是任天堂将这款游戏当作改良版推出前的一次送行。

虽说田尻智花了6年时间开发《宝可梦》，但其实它是酝酿了20年的产物。他解释说："它和我同龄。我把所有童年经历和记忆都融入了《口袋妖怪》中。"大人们或许夺走了他钓鱼的小池塘，但他在Game Boy中建造了一个孩子可以自由奔跑、尽情捕捉小动物的地方。作为这个世界的缔造者，他可以让这些生物比真实世界里的更好、更具吸引力。为此他设计出了"精灵球"，一种在游戏中用来捕捉精灵的道具，它们可被训练成更强大的精灵。他能够为日本的孩子们提供无数只精灵。好吧，准确来说并不是"无数"只，第一版游戏中有151只精灵。

虽然任天堂的横井军平在设计Game Boy时做出了许多妥协，却没有舍弃游戏连接电缆的功能，它能将两个设备连接在一起。虽然Game Boy不是第一款提供这一功能的掌上游戏机——雅达利的Lynx也能与其他Lynx相连，但Game Boy非常畅销，这就意味着大多数玩家都是因为它才初次接触多人游戏。以现代沉浸式环绕立体声的标准来看，这些俄罗斯方块对决、网球比赛、跑步比赛等早期多人游戏体验非常单一，但也经常带来出人意料、令人满意的沉浸式体验，只不过你要格外小心，避免因过度投入而被连接线缠住。

这些早期的多人游戏通过电脑实现了简单的对战功能。紧接着就是田尻智的那种。他回忆道："当时我真的对那条连接线很感兴趣。我想到的是真实的生物在那条线上跳来跳去。我也喜欢对战，但我想设计一款包含互动交流的游戏。"想在自己的Game Boy数字世界中将151个宝可梦全部找到？根本不可能。这款游戏分为两部，里面包含部分宝可梦，要想集齐"精灵图鉴"上所有的宝可梦，唯一的方法就是通过连接Game Boy进行交换。有史以来第一次，孩子们因交流同一种收集爱好将他们的游戏机连接起来，而不仅是为了对决（尽管他们可以，也会这样做）。田尻智创作的游戏在将个人家庭游戏带回了公共领域方面产生了无可比拟的影响。不仅如此，他还做到了更多。

在游戏里，日本的天然地形因无节制的城市化进程而千疮百孔，社会结构因"失去的二十年"带来的混乱而分崩离析，田尻智用《宝可梦》创造了一个在这样的世界里生存的强大的新工具。游戏的开头具有绝妙的象征意义：主人公小智正在他卧室的电视机上玩一款超级任天堂游戏，然后他放下手柄，下楼，经过一直在看电视的母亲，来到外面的世界。在这个世界中，孩子们需要依靠自己的智慧找到同伴，设计自己赖以生存的工具。尽管"失去的二十年"开始时，田尻智已经二十四五岁，但他依然能体会到那种痛失童趣的感觉。正是因为这个，这款游戏深深吸引着世界上拥有类似经历的孩子。

　　换句话说，他创作的电子游戏大受欢迎，为社交数字化埋下了种子。随着全球范围内越来越多的人开始通过一种变革性新媒介形成联结，社交数字化的种子将会迅速成长、开花结果。这种新的沟通媒介就是互联网。

21世纪第二个十年

索尼停止生产另一样现已过时的技术：Walkman……《日本的"自杀森林"里充斥着孤独的杀戮》……东京市长在接受采访时愤怒地将两本漫画书扔在地上，说："这些是给不正常的人看的，是给变态看的。"……地震和海啸摧毁了日本北部：核反应堆芯熔化……**据《洛杉矶时报》（*Los Angeles Times*），"凯蒂猫"不是猫，它其实是个小女孩**……奥巴马说："今天是美国人，尤其是我们的年轻人，向所有我们深爱的来自日本的东西致谢的机会，其中包括漫画和动漫，当然还有emoji。"……**"这场运动叫作'Cosplay ≠ 忍气吞声'（#CosplayIsNotConsent），想以此提醒人们我们不是物品。"她这样说道**。……"屏幕文化"的兴起伤害了人际关系吗？……研究显示，《宝可梦GO》导致数百人死亡……没有性生活的年轻美国人比以往任何时候都要多……今年5月，世界卫生组织正式承认了一种新的成瘾现象："游戏障碍"（gaming disorder）……她拒绝出席独子本月在东京举行的婚礼，不过这也许不足为奇，因为他的结婚对象是全息影像。

后记

> 从每件事中都能学到东西。即使是最普通、最平淡无奇的事物,你也总能学到一些东西。
>
> ——村上春树,《1973年的弹子球》

故事的主人公是一个34岁的男人,他住在东京市中心,曾经是个工薪族,有过一段婚姻,现在是一名作家,以撰写广告文案和杂志文章为生。这是他擅长的工作,却令他感到索然无味。他告诉我们:"总得有人写这些东西。收集垃圾和铲雪也一样。不管你喜不喜欢,工作就是工作。"他的名字在书中一次也没出现过,这点加强了他的麻木感和错位感。他生活在一个富足的社会,做着体面的工作。他本应感到幸福,却只是在生存而已。

不过,他可不是什么普通的、理想幻灭的都市人。他是村上春树一本小说的主人公。这本小说名叫《舞!舞!舞!》,出版于泡沫经济最兴盛的1988年,是他1982年的畅销书《寻羊冒险记》的续篇。村上春树用这两本书成功刻画出许多现代日本人在日本经济奇迹的"巨大成就"中感到的生存焦虑。

在我们无名主人公住的酒店的电梯里,他发现了一个通往另一个世界的入口。他径直走了进去——毕竟这么做也没什么损失,本应是16楼的地方如今是光与暗的交界处。穿过寒冷的走廊,他见到了羊男,在上一本书中帮助他摆脱困境的人。事实上,说他是"人"可能有点牵强:他身着毛茸茸、脏兮兮的绵羊服装，说的话都连在一起。羊男显然远离我们所处的现实而存在。他是隐藏在我们平淡无奇的生存境况背后的一张仁慈的面孔，当生活变得过于复杂，区区人类无法参透其中奥秘，他就出现了，向我们伸出了援助之手。（或许应该说是援助之蹄？）

"我迷失了自己，我找不到方向，我很困惑，我一无所依，"我们的主人公向羊男倾诉道，"我该怎么办呢？"

"跳舞。"羊男说，"你要跳舞只要音乐响起你就要跳舞别想为什么。"

"等等，还有最后一件事。"主人公在几句话过后说道，"我想你一直都在，只是我没看见你。因为到处都是你的影子。其实你始终在那里。"

村上春树接着写道："羊男用手指在空气中画出一个模糊的形状。'你说得对我们一半是影子我们存在于两者之间。'"

即使透过翻译，村上春树也能让全世界读者感到，仿佛他正向他们娓娓道来。英文版译者阿尔弗雷德·伯恩鲍姆说："他是一位碰巧用日语写作的美国作家。"波兰译者安娜·齐琳斯卡-埃利奥特称赞他作品的"普适性"；俄语译者伊万·谢尔盖维奇·洛加乔夫则表示俄罗斯读者能在村上春树的作品中"发现他们自己的身份"。甚至在一直以来都对日本事物抱有矛盾心态的韩国和中国，也出现了村上春树热。"韩国人喜爱他的作品"，译者杨耀关称，因为"韩国有欣赏其作品的文化基础"。

我们喜爱村上春树，不仅是因为他能将古怪的故事讲出深度，也因为他的故事能让我们感觉好一些。这些故事十分契合我们这个时代：人们看似联系紧密，实际异常孤独；我们全天候收看新闻，却对真相一无所知；明明受够了自己的破烂玩意儿，却还在不停地买买买——用菲利普·罗斯的话来说，就是"村上春树描绘出了我们所处的物欲横流、令人目眩神迷的时代"。通过在小说中分享他广博、精致、独特的流行文化品味，让我们感到自己同他一样机智、老练；通过将麻木不仁的普通人置于古怪的风流韵事和诡异的超自然情境之中，他让我们相信，无论处境多怪异，我们都能克服。尽管他的书里充斥着对于自身存在的焦虑，但他从未堕入绝望，他总是能够设法爬起来安慰我们，这种感觉就像在三丽鸥 Gift Gate 门店偶遇大卫·林奇[1]。

我们喜爱村上春树，是因为我们都在以自己的方式寻找羊男，试图在自己筑就的阴影中抓住答案。

1999年，记者玛丽·罗奇前往日本，报道充满异域风情、充斥着日本生活方方面面的卡哇伊文化。采访了三丽鸥的辻信太郎和山口裕子后，她总结说："对于美国人来说，从小学毕业越久，对纯粹的可爱的抵抗力就越强。要想在成年之后继续感受卡哇伊，你必须去日本。"六年过后，事实证明"卡哇伊是日本特有的某种奇怪的潮流"这种看法是错误的。2005年，《财富》杂志报道了一种令人吃惊的新现象：女性高管公然带着凯蒂猫笔记本出席董事会议。2017年，近一百万名抗议者来到华盛顿特区，参加一场名为"妇女游行"的抗议活动，人们头戴用柔软纱线编织的"猫咪帽"，这让华盛顿国家广场变成一片粉色小耳朵的海洋。参与设计这款帽子的克里斯塔·苏后来告诉我："我几乎是在三丽鸥商店长大的。"

1972年，好莱坞娱乐杂志《视相》对手冢治虫的开创性X级动画片《克娄巴特拉计划》不屑一顾，称"很难想象有人会被卡通角色裸露的胸部挑起兴致"。而到了2018年，美国色情网站Pornhub称，"hentai"连续两年成为第二大搜索词。该网站还报道说，那一年秋天，在仅仅一周时间内，对"库巴公主"（Bowsette）色情片的搜索就从零飙升至300万，"库巴公主"由《超级马力欧兄弟》中的碧琪公主（Princess Peach）和库巴合成而来。

---

[1] 美国著名导演，作品风格诡异、阴郁且充满寓意，代表作有《象人》（1980）,《穆赫兰道》（2001）。

2001年，科幻小说家威廉·吉布森在一次东京旅行中注意到了一种奇怪的现象："女学生们不停地用手机收发信息（并且会尽量避免用手机打电话）。这些手机女孩忙着聊什么呢？"六年后苹果手机出现了，而现在的我们已不再需要问这个问题。在地球上任何一个地方，你恐怕都找不到一个拿着智能手机，却没在不停收发短信（而且从不使用语音通话）的青少年。

"日本稍稍走在我们前面"的说法其实并不新鲜，从19世纪日本向西方开放港口起，它就已经存在了。当时，葛饰北斋、喜多川歌麿的艺术作品大量涌入西方，颠覆了世世代代的艺术传统，并启发了印象主义运动。梵高就是被浮世绘版画和卷轴画中的东西深深吸引，才彻底放弃自己的工作室，前往法国乡村，去寻找他所谓的"日本之光"。

历史总是不断重演。在20世纪50年代的美国出现了一位名叫铃木大拙的佛教学者。年迈的铃木身材矮小，秃顶，长着一对醒目的眉毛，他是战后一代反文化名人的精神导师，在镜头前显得轻松自在，能用浅白的英语写作。他将日本精英阶层奉行的僵化的禅宗教义"本土化"，使其成为有助于个人成长的非宗教、形而上工具。在他的指导下（通过讲座和他写的一百多本书），美国人第一次明白了"少即是多""现实是转瞬即逝和虚幻的""审视内在能促成精神转变"。信徒们从禅宗对大彻大悟的追求中，看到了逃离现代消费社会怪圈的方法。

日本禅宗受到作家、诗人、音乐家的青睐，从垮掉的一代一直传到随后的美国流行文化浪潮之中。如果没有铃木"放下执念"的劝诫，我们要等到何时才会倾听内心、感受世界、超越世俗？在过去的几十年里，这一概念进一步演化为超脱、正念、进入最佳状态的统称，成为各类极简主义的惯用语。这种本土化的禅宗，与王尔德所说的维多利亚时代"彻头彻尾的虚构"一样，都是一种幻想。对今天的美国人来说，禅宗就是苹果手机那千篇一律的黑色方形，它存在于村上春树的文字里，也是近藤麻理惠[1]的整理魔法带我们抵达的境界。

将文学巨匠村上春树和整理大师近藤麻理惠相提并论或许不太合适。当然没人是为了文采才读近藤麻理惠的书，人们读她的书是为了寻求建议，因为排山倒海的商品正在淹没他们的生活。然而，我们之所以将两人相提并论，是因为他们的叙事方式很相似：一个写作风格经常被描述为"魔幻现实主义"，另一个的文字则充满了"改变人生的魔法"。

而且为什么日本人不应该是这个奇怪的新时代的魔法师呢？我们生活在一个注意力经济（attention economy）的时代，智能手机——Walkman和Game Boy的后代——无时无刻不在为我们提供内容，吸引着我们的关注和点击——它们是这个时代的货币。互联网架构师用来占据我们注意力的许多工具和技术，都基于源自日本街头的技术文化：emoji，交换自拍，将健身、交谈等日常活动电子游戏化。当我们渴望逃避时，会追随早期御宅族的脚步，沉浸在漫画英雄、电子游戏等儿时的乐趣之中，或扮成虚构的偶像，或亲自拜访它们——2009年，《机动战士高达》的制作者在东京湾海岸为一尊巨型机器人等身雕像揭幕，吸引了四百万人前去参观。我们每个人都需要一个偶像。

1942年，据《生活》杂志估计，在美国只有不到一百名非日裔美国人会日语。美国军方为军人推出了一系列语言速成课程。五十年后成为我老师的让·莫登（Jean Morden）就是其中一员。1987年秋天，当我在马里兰州教区的一所高中上她的日语课时，一个美国孩子想要学习日语这件事在当时看起来还很奇怪。几年前，《华盛顿邮报》上的一篇文章还对竟然有学生想要学习"世界上最难、最没用的语言之一"表示惊讶。

---

[1] 日本作家，著有《怦然心动的人生整理魔法》。

也有支持我们学日语的人。一天，有人往我们的教室搬来一只只大纸箱。是一个名叫手冢治虫的人寄过来的，里面装满了他画的漫画，所有经典作品都在里面：《铁臂阿童木》《怪医黑杰克》《火之鸟》和《佛陀》。他还附上了一张亲笔签名的插画和一封信，信中承诺下次来美国的时候他会来看我们。

一年前，当时还是皇太子和太子妃的明仁与美智子意外造访，我们对此相当意外——其实莫登老师已就此与日本政府协调过数周，但出于安全原因，直到当天才告诉我们。但对我来说，即将见到手冢治虫的喜悦远远超过亲眼见到皇室成员。我借助一本小字典仔细阅读了他的漫画，在钻研这些漫画上花了比复习考试更多的时间。然而，我还是没见着他。手冢治虫也有一个秘密。他正在与胃癌作斗争。后于1989年2月去世，就在裕仁天皇去世几周后，在一片震惊中成为战后时代的尾声。皇太子和太子妃成了天皇和皇后。而我将永远无法见到我的偶像。

自小菅的第一辆吉普车从冰冷牛棚里的临时生产线上下来，已经有太多事情发生了变化。

日本不再是世界玩具制造商，这个头衔现在属于中国，它几乎是一切商品的生产者。

卡拉OK虽然是一个全世界都家喻户晓的词语，但在日本正逐渐衰落。2018年的一项调查显示，与1995年的五千万峰值相比，经常唱卡拉OK的人数减少了一千多万。"在我们看来，去唱卡拉OK很俗气，甚至是一种无能的表现。"一位三十多岁的女性上班族这样告诉《今日日本》的记者。对于那些仍然去唱卡拉OK的人，其中20%到30%更喜欢自己一个人唱。考虑到现在超过三分之一的日本家庭只由一个人构成，也就不足为奇了。

1993年，在打网球时中风后，盛田昭夫意外地宣布退休，从那时起，索尼公司便极力保护自己的影响力。盛田昭夫1999年去世，享年78岁。尽管索尼从便携式电子技术到成立自己的唱片公司，经营范围可谓无孔不入，可它却错过了数字音频和智能手机革命。2013年有消息称，该公司在日本销售人寿保险的收入超过了在世界范围内销售电子产品的收入。其电子产品财务负债表上唯一的亮点就是它的游戏部门，也是PlayStation 4的诞生地。

现年92岁的辻信太郎依然精神矍铄。虽说他已将三丽鸥的日常经营权转手他人，但仍担任首席执行官。凯蒂猫依然是他财富帝国的基础，不过近年来三丽鸥也推出了一系列新的热门卡通形象，比如懒蛋蛋（Gudetama）——一颗消极厌世的蛋黄，冲吧烈子（Agretsuko）——一只红色的大熊猫女白领，她通过在卡拉OK唱死亡金属摇滚歌曲（当然经常是独自一人）发泄怒火。

日本游戏制造商不再主宰全球电子游戏产业：2018年，只有两款日本游戏进入了年度排行榜前十；世界上最受欢迎的游戏平台也不再是家用游戏机，而是智能手机。微软公司2001年推出的Xbox游戏机为西方游戏开发者敞开了大门，他们的军事和犯罪模拟游戏迅速压倒了更为温和的日本幻想游戏。游戏产业迎来前所未有的繁荣局面。2018年，仅美国市场的盈利就达到434亿美元，是好莱坞的四倍——事实上，这比全球电影业盈利总额都要多。

由于出现了更多更好的向全球消费者提供内容的方式，例如Netflix等流媒体服务，日本动漫工作室迎来了新的繁荣。2017年，该行业的价值突破2万亿日元（约190亿美元），创下了新的纪录。然而，它所带来的财富很少能落到那些真正制作动漫的人身上。20至24岁的动画师平均月收入仅为128800日元（约合1100美元），远低于东京等大城市的贫困线。可想而知，那些曾经为动漫工作室效力的人也会将自己的才能投入其他报酬更高的领域，例如电子游戏。动画师原惠一语气沉重地说："也许日本动画产业最大的问题是没有更多年轻动画师。"虽然经常有人叹惋这一现状，却没能解决，这也为这一艺术形式的未来罩上了一层厚厚的阴影。

此外，剧画风格早已消失不见。泡沫破灭后，御宅族不再迷恋英勇无畏的男权幻想，而是喜爱上了更贴近真实生活的题材——女学生。日本粉丝将这种风格称作"萌"（moé）。20世纪70年代和80年代的男孩一般都会看关于男孩的卡通，女孩则会看关于女孩的卡通。等到21世纪第一个十年的后半段，一项对自诩"御宅族"的观众的调查发现，年轻男性最喜欢的是《轻音少女》，一个关于女高中生组建摇滚乐队的动画连续剧。排名第二和第三的题材也是女高中生。事实上，名单上80%的节目题材都是女高中生。那么日本女御宅族呢？在她们那里排名第一的是《机动战士高达》，有些东西永远不会改变。

日本存在很多问题：正在进行的福岛核事故清理工作；自杀率虽然在2019年有所下降，但仍然在工业化国家中"名列前茅"；职场对职业女性和年轻母亲依然不友好；与中国和朝鲜之间无休止的地区紧张局势；超级老龄化社会引发一系列令人心碎且怪异的问题，有越来越多的公民孤独死去，几个月甚至几年后才被发现；越来越多的年轻人前往城市打拼，留守农村的空巢老人渴望有人陪伴——一位住在四国岛的70岁老奶奶绫野月美做了很多真人大小的稻草人偶当作村民，放在村子的各个角落。她向《纽约时报》解释说："我们这儿再也见不到孩子了，所以我做了这些人偶。"

当然也有积极的一面。年轻人摆脱了老一辈工薪族枯燥单调的生活方式的束缚，他们对生活的满意度达到了惊人的水平。日本大城市的公共设施和基础设施都维护得很好，为人们在生机勃勃的城市文化中相互联系提供了许多机会。城市由铁路网彼此相连，火车不仅准时，还几乎比其他任何地方的都快。这里的学校和街道是世界上最安静、最安全的，即使是在东京的中心、这个世界上最大的都市商圈也一样。没有人持枪上街。几乎人人都能享受高质量的补贴医疗。尽管会有街头抗议活动，有时规模还相当大（2017年4月的示威活动吸引了三万名安倍政府抗议者齐聚国家立法机构大楼前），却几乎没有在美国公共话语中泛滥成灾的内部纷争和恶性党派竞争。

面对众多政治、经济和人口问题，是什么让日本不至于四分五裂？标准化的学校课程确保全民享有基本教育，这点相当有帮助。更为公平的薪酬标准也是，它使得管理者和员工之间的收入差距相对于美国要小得多（平均而言，日本企业首席执行官的薪酬仅为美国高管薪酬的九分之一）。或者，会不会是幻想满足装置的抚慰力量在发挥作用？每当看到穿着马力欧服饰的游客坐在卡丁车里在涩谷穿梭，或者一年两次的Comiket大厅里涌进五十万名观众时，我不禁会这么想。

尽管日本不再是玩具大国并错过了占领智能手机市场的时机，甚至连卡拉OK也渐趋衰落，但是前总统奥巴马2015年在白宫草坪上发表了一段讲话，特别感谢日本发明了漫画、动漫和emoji。日本不再走在前面，但是它也没落在后面，而是美国等其他发达国家终于赶了上来。全球范围内，电子游戏玩家平均30岁出头；现在和父母住在一起（而不是独居或与伴侣一起生活）的美国成年人比近代历史上任何时候都要多；西方玩具产业向成年人出售的玩具一年比一年多。全世界的成年人蜂拥而至，观看由儿童漫画书改编的超级英雄系列电影，创造了数十亿美元的票房。我们宅在家里看Netflix，虽然孤独，但从来不会感到无聊，这番体验好比魔幻现实主义小说中的无名主人公。然而我们也知道，我们永远不会回头，我们的未来取决于我们在多大程度上掌握连接、抚慰、束缚我们的技术。如果从这些故事和主人公身上能够得到一个教训，那就是：走出这个怪异的后资本主义技术、政治地狱的唯一路径，就是创造。

以2020年初开始的新型冠状病毒肺炎（COVID-19）疫情为例，这场疫情严重扰乱了公共生活。"就地避难"和"保持社交距离"使世界各地的人们成了情非得已的蛰居族，很多人利用御宅族的旧工具（比如游戏、录像带和玩具）纾解他们的孤独。Netflix和PlayStation Network等流媒体服务需求剧增，这些公司不得不降低服务器响应速度，因为海量娱乐数据开始令欧洲电信网络不堪重负。之后出现了耐人寻味的任天堂Switch游戏《集合啦！动物森友会》。这款游戏在3月20日全球疫情期间发售，似乎时机很不好。然而短短72小时，仅在日本就售出了两百万份实体版游戏，国外数字版下载数量更多。在这款游戏中，玩家能自定义户外生活，那里有各种各样的可爱卡通动物角色，数百万人通过在网上前往朋友们建造的虚拟岛屿旅行，忘却了社会封锁的无聊。

我认为，未来不仅存在于日本，它会借用日本的价值观，在所有地方被缔造。这并非完全是我的原创，它可以追溯到19世纪，"和魂洋才"（wakon-yosai，意为"日本精神，西方知识"）一词引导这个长期以来闭关锁国的民族坚持不懈地赶超欧美。虽然这个短语非常古老，但这个概念以一种新形式留存了下来。数百万美国人在美国网民模仿日本图像板平台而搭建的论坛上初次尝试匿名政治活动，这并非巧合；第一款全球流行的增强现实应用是《宝可梦GO》，也并非巧合——增强现实技术是一种将电脑图像叠加在我们看到的真实世界上的新技术，它在硅谷得到完善。这项潜在变革性技术一直徘徊在技术亚文化的边缘，直到《宝可梦GO》的创作者们想出了让游戏平台充满可爱的小怪兽的想法。

2016年，《宝可梦GO》发布后仅仅30天内，就有1.3亿粉丝下载了这款应用，他们欣喜地举着自己的智能手机，寻找并捕捉叠映在周围世界的虚拟宝可梦。如今，全球超过十亿部手机安装了这款应用。我们没有用幻想来调节现实，而是在逐渐消除两者之间的界限。一千名御宅族对着一个在舞台上唱歌的动漫女孩偶像全息图挥舞手中的荧光棒，这听起来像是科幻小说中才有的场景，可事实上已经是旧闻了：初音未来[1]经常这样在日本演出。2014

---

[1] 日本虚拟歌手。

年，她举办了美国脱口秀巡演。而且，美国也曾利用全息影像技术使图派克[1]、佛莱迪·摩克瑞[2]、罗伊·奥比森[3]等逝去的明星"复活"。

尽管在某种程度上我们从未停止寻找快乐之光，但我们不必再这么做。现在，日本之光通过无数幻想满足装置的显示屏直接呈现在我们面前。无论身在哪里，小小的日本都在我们的手掌中。奥斯卡·王尔德说对了一半。西方世界对日本的概念也许是彻头彻尾的虚构，但它无法预测到的是，这个国家重塑了我们所有人。一整个星球的幻想家，由日本制造。

---

[1] 图派克（1971—1996），美国说唱歌手。
[2] 佛莱迪·摩克瑞（1946—1991），英国摇滚乐队皇后乐队的主唱。
[3] 罗伊·奥比森（1936—1988），美国乡村音乐歌手，蓝调摇滚音乐创始人。

致谢

首先，我要给我的妻子兼众多项目的搭档依田宽子一个大大的拥抱，感谢你在这漫长的旅程中理解并支持我。其次，我也要拥抱我了不起的经纪人达多·德维斯卡迪奇，感谢你在我身上冒险——然后为我忙前忙后。没有你，我不可能完成这本书。再次，这个拥抱也要送给我的编辑梅根·豪泽，没有她的真知灼见，我强烈怀疑这本书一定会比现在差很多。一起抱一个！

我也想感谢一些几个最早阅读这本书的人。安德鲁·希曼斯基不辞辛苦地看过大部分初稿，分享了他对游戏行业的见解，用许多精心调制的鸡尾酒缓解了我的压力。大卫·马克斯在我动笔之前帮我头脑风暴，并且在写作过程中为我提出了宝贵的建议。马修·彭尼对初稿提出了敏锐的建议。

感谢写作过程中帮助过我的众多组织机构，特别是日昇动画公司的保土田江美、丸三产业株式会社的神永英司、包括片冈史朗在内的全日本卡拉OK实业家协会的工作人员、大津市历史博物馆的木津胜、索尼档案馆的岸孝信、水森亚土未来剧场的工作人员、立命馆大学游戏研究中心的中村悦子等工作人员、手冢制作公司的志贺弘美，以及Rune游戏社的所裕子。

我非常感谢那些同意接受采访的人，他们是阿尔弗雷德·伯恩鲍姆、安迪·赫兹菲尔德、长谷川千里、丽贝卡·海涅曼、细川周平、伊藤瑞子、镈三郎、苏珊·卡雷、吉恩·佩尔克、克里斯塔·苏、前田俊夫、上村雅之、植山周一郎、拉里·维恩以及安友雄一。我要特别感谢退休的索尼工程师田村新吾，他帮助我安排了许多采访，包括对他前同事和他妹妹——才华横溢的插画家田村节子。她在工作室招待我，用一个下午为我讲述了她关于卡哇伊文化的第一手故事。

这一路还有许多人帮助过我，他们是 Ana Arriola、Brian Ashcraft、Dale Beran、Mark Bergin、Ben Boas、Konami Chiba、Joshua Dale、Catherine DeSpira、Thomas F. French、Adam Fulford、Patrick Galbraith、Matt Gillan、Ryoichi Hasegawa、Michael Herman、Ryusuke Hikawa、Dan Kanemitsu、James Karashima、Atsuko Kashiwagi、Shinya Kikuchi、Chris Kohler、Yutaka Kondo、Shigetaka Kurita、Philippe de Lespinay、Patrick Macias、Jeremy Parish、Nozomi Naoi、Frederik Schodt、Don Smith、Noah Smith、信吉、Eisuke Takahashi、Jim Ulak、Andrew Vestal 以及 Will Wolfslau。

我要感谢我的老朋友们，他们不断与我交谈、提供想法，满足我的各种额外请求，他们是 Robert Duban、Joshua Frase、Roger Harkavy、Ryan Shepard、Alexander O. Smith、Greg Starr 以及 Alen Yen。当然我还要感谢我的家人——Fred、Carol 和 Allyson；Tsuyoshi、Noriko、Kikaku 和 Honoka；Lois 和 Ben，Eileen 和 G. G.，以及一直以来支持过我的其他所有人。

图片来源

书中图片获得以下权利人许可：

© TSRFcars.com：11

本书作者：10，68，152，206

大津市历史博物馆：16

丸三产业株式会社：22，23，203

《每日新闻》：30，47

© 手冢制作公司：34

索尼历史资料馆：110，116，123

Walkman（随身听）为索尼集团注册商标。

©2000dustBUStFonts：130

《朝日新闻》：51，144

盖蒂图片社：159

克林顿总统图书馆：219

译名对照表

人名

阿迪莎·班佐科　Adisa Banjoko
阿尔弗雷德·伯恩鲍姆　Alfred Birnbaum
阿礼国　Rutherford Alcock
阿姆罗·雷　Amuro Ray
阿诺德·施瓦辛格　Arnold Schwarzenegger
埃德加·赖斯·巴勒斯　Edgar Rice Burroughs
艾尔·奥尔康　Al Alcorn
艾尔·凯普　Al Capp
艾拉·埃克将军　General Ira Eaker
艾瑞丝　Aeris
艾森豪威尔将军　General Eisenhower
安倍晋三　Shinzo Abe
安德鲁·希曼斯基　Andrew Szymanski
安迪·赫兹菲尔德　Andy Hertzfeld
安迪·沃霍尔　Andy Warhol
安娜·齐琳斯卡-埃利奥特　Anna Zielinska-Elliott
安室奈美惠　Namie Amuro
安彦良和　Yasuhiko Yoshikazu

安友雄一　Yuichi Yasutomo
庵野秀明　Hideaki Anno
岸他万喜　Tamaki Kishi
岸孝信　Takanobu Kishi
岸信介　Nobusuke Kishi
奥黛丽·赫本　Audrey Hepburn
奥莉薇　Olive Oyl
奥普拉·温弗瑞　Oprah Winfrey
奥斯卡·王尔德　Oscar Wilde
白椿洋子　Yoko Shirotsubaki
白土三平　Sanpei Shirato
坂本雄作　Yusaku Sakamoto
半村良　Ryo Hanmura
保琳　Pauline
保罗·西蒙　Paul Simon
保土田江美　Emi Hotoda
鲍勃·迪伦　Bog Dylan
比尔·布拉斯　Bill Blass
比科·耶尔　Pico Iyer
比约·博格　Björn Borg

彼得·巴拉坎　Peter Barakan	菲利普·罗斯　Philip Roth
滨崎步　Ayumi Hamasaki	弗拉基米尔·纳博科夫　Vladimir Nabokov
布鲁斯·斯普林斯汀　Bruce Springsteen	弗莱舍兄弟　Fleischer brothers
查尔斯·蒂芙尼　Charles Tiffany	弗兰克·辛纳特拉　Frank Sinatra
查尔斯·舒尔茨　Charles Schultz	佛莱迪·摩克瑞　Freddie Mercury
查尔斯·伊姆斯　Charles Eames	富山荣一郎　Eiichiro Tomiyama
查理·布朗　Charlie Brown	富野由悠季　Yoshiyuki Tomino
辰巳嘉裕　Yoshihiro Tatsumi	歌川广重　Hiroshige
初音未来　Hatsune Miku	歌川国芳　Kuniyoshi
川久保玲　Rei Kawakubo	葛饰北斋　Hokusai
村上春树　Haruki Murakami	根岸重一　Shigeichi Negishi
村上克己　Katsumi Murakami	宫本茂　Shigeru Miyamoto
达多·德维斯卡迪奇　Dado Derviskadic	宫崎骏　Hayao Miyazaki
达斯·维德　Darth Vader	宫崎勤　Tsutomu Miyazaki
大卫·林奇　David Lynch	宫泽艾玛　Emma Miyazawa
大卫·马克斯　David Marx	宫泽喜一　Kiichi Miyazawa
大友克洋　Katsuhiro Otomo	海滩男孩　Beach Boys
戴安娜·弗里兰　Diana Vreeland	河野通　Tohru Kohno
戴维·洛克菲勒　David Rockefeller	黑木靖夫　Yasuo Kuroki
岛铁雄　Tetsuo	黑泽明　Akira Kurosawa
德加　Degas	黑沼克史　Katsushi Kuronuma
德仁　Naruhito	横井军平　Gunpei Yokoi
蒂莫西·盖特纳　Timothy Geithner	横井昭裕　Akihiro Yokoi
蒂姆·斯凯利　Tim Skelly	华特·迪士尼　Walt Disney
碇源堂　Gendo	华原朋美　Tomomi Kahara
碇真嗣　Shinji Ikari	惠斯勒　Whistler
范·莫里森　Van Morrison	霍华德·菲利普斯　Howard Philips
梵高　van Gogh	霍莉·戈莱特丽　Holly Golightly

吉本芭娜娜　Banana Yoshimoto
吉恩·佩尔克　Gene Pelc
吉米·莱文　Jimmy Levine
吉姆·汉迪　Jim Handy
吉田茂　Yoshida Shigeru
加里·特鲁多　Gary Trudeau
加藤治　Osamu Kato
简·莫登　Jean Morden
江崎玲于奈　Leo Esaki
今冈纯代　Sumiyo Imaoka
金田正太郎　Kaneda
近藤麻理惠　Marie Kondo
井上大佑　Daisuke Inoue
井上真司　Tashichi Inoue
J.K.罗琳　J.K.Rowling
井深大　Masaru Ibuka
酒井七马　Sakai Shichima
菊池良子　Kikuchi Ryoko
崛井雄二　Yuji Horii
卡尔·林奈　Carl Linnaeus
卡梅隆·迪亚茨　Cameron Diaz
开高健　Takeshi Kaiko
凯瑟琳·汉娜　Kathleen Hanna
康拉德·洛伦兹　Konrad Lorenz
科特妮·洛芙　Courtney Love
克劳德　Cloud
克里斯塔·苏　Krista Suh
克林顿　Bill Clinton

库巴　Bowser
库尔特·冯内古特　Kurt Vonnegut
昆汀·塔伦蒂诺　Quentin Tarantino
拉里·维恩　Larry Vine
雷德利·斯科特　Ridley Scott
李伯拉斯　Wladziu Valentino Liberace
力石彻　Riki-ishi
丽贝卡·海涅曼　Rebecca Heineman
栗本薰　Kaoru Kurimoto
栗山千明　Chiaki Kuriyama
铃木大拙　Daisetsu Teitaro Suzuki
绫野月美　Tsukimi Ayano
刘易斯·卡罗尔　Lewis Carroll
柳濑嵩　Takashi Yanase
鲁思·本尼迪克特　Ruth Benedict
路易吉　Luigi
伦纳德·伯恩斯坦　Leonard Bernstein
罗伊·奥比森　Roy Orbison
罗伯特·墨菲　Robert Murphy
罗杰·埃伯特　Roger Ebert
马蒂·麦克弗莱　Marty Mcfly
马丁·路德　Martin Luther
马克·盖恩　Mark Gayn
马力欧·西加列　Mario Segale
马特·格罗宁　Matt Groening
马修·彭尼　Matthew Penney
玛丽·布莱姬　Mary J. Blige
玛丽·罗奇　Mary Roach

迈克尔·J 福克斯	Michael J. Fox	秋山丰宽	Toyohiro Akiyama
迈克尔·豪斯	Michael House	萩尾望都	Moto Hagio
迈克尔·克莱顿	Michael Crichton	塞拉·玛斯	Sayla Mass
麦当娜	Madonna	三岛由纪夫	Yukio Mishima
麦克阿瑟将军	General McArthur	山本耀司	Yohji Yamamoto
"梅根·豪泽"	Meghan Houser	山根和马	Kazuma Yamane
美智子	Michiko	山口二矢	Otoya Yamaguchi
米基·鲁尼	Mickey Rooney	山口裕子	Yuko Yamaguchi
米洼节子	Setsuko Yonekubo	山内溥	Hiroshi Yamauchi
明仁	Akihito	上村雅之	Masayuki Uemura
木津胜	Masaru Kitsu	深作欣二	Kinji Fukasaku
木原信敏	Nobutoshi Kihara	盛田昭夫	Akio Morita
难波功士	Koji Namba	石田实	Haruyasu Minoru
内藤奈	Rune Naito	石田治康	Haruyasu Ishida
鸟山明	Akira Toriyama	辻信太郎	Shintaro Tsuji
诺兰·布什内尔	Nolan Bushnell	史蒂芬·杰伊·古尔德	Stephen Jay Gould
片冈史朗	Shiro Kataoka	史蒂夫·沃兹尼亚克	Steve Wozinak
齐藤良平	Ryoei Saito	史蒂夫·乔布斯	Steve Jobs
千叶彻弥	Tetsuya Chiba	史蒂文·斯皮尔伯格	Steven Spielberg
前田洛可	Roko Maeda	矢吹丈	Jo Yabuki
浅沼稻次郎	Inejiro Asanuma	手冢治虫	Osamu Tezuka
乔纳森·斯威夫特	Jonathan Swift	水森亚土	Ado Mizumori
乔治·华盛顿	George Washington	斯坦利·库布里克	Stanley Kubrick
乔治·卢卡斯	George Lucas	松田圣子	Seiko Matsuda
乔治·沃克·布什	George H. W. Bush	苏珊·卡雷	Susan Kare
切尔西	Chelsea	所裕子	Yuko Tokoro
清水裕子	Yuko Shimizu	索福克勒斯	Sophocles
琼·贝兹	Joan Baez	唐纳德·特朗普	Donald Trump

唐娜·莎曼	Donna Summer
特里·荻洲	Terry Ogisu
藤田正	Tadashi Fujita
田村节子	Setsuko Tamura
田村新吾	Shingo Tamura
田宫高麿	Takamaro Tamiya
田尻智	Satoshi Tajiri
图卢兹·劳特雷克	Toulouse-Lautrec
图派克	Tupac
土居健郎	Takeo Doi
托尼·布拉克斯顿	Toni Braxton
威廉·S.巴勒斯	William S. Burroughs
威廉·埃利奥特·格里菲斯	William Elliot Griffis
威廉·吉布森	William Gibson
维塔斯·格鲁莱提斯	Vitas Gerulaitis
梶原一骑	Ikki Kajiwara
沃尔特·本杰明	Walter Benjamin
沃尔特·蒙代尔	Walter Mondale
沃尔特·米蒂	Walter Mitty
沃卓斯基姐妹	Wachowski siblings
吾妻日出夫	Hideo Azuma
武藤敏子	Toshiko Muto
西尔维斯特·史泰龙	Sylvester Stallone
西角友宏	Tomohiro Nishikado
希区柯克	Hitchcock
席琳·迪翁	Celine Dion
喜多川歌麿	Utamaro
细川周平	Shuhei Hosokawa

夏亚·阿兹纳布	Char Aznable
萧伯纳	George Bernard Shaw
小此木启吾	Keigo Okonogi
小谷真理	Mari Kotani
小菅松蔵	Matsuzo Kosuge
小津安二郎	Yasujiro Ozu
小室拓哉	Tetsuya Komuro
小熊英二	Eiji Oguma
小智	Ash
辛迪·劳帕	Cyndi Lauper
新海诚	Makoto Shinkai
信吉	Shinkichi
押井守	Mamoru Oshii
岩谷彻	Toru Iwatani
盐见孝也	Takaya Shiomi
杨耀关	Yang Eok-Kwan
伊井弥四郎	Yashiro Ii
伊藤瑞子	Mimi Ito
伊万·谢尔盖维奇·洛加乔夫	Ivan Sergeevich Logatchov
依田宽子	Hiroko Yoda
印第安纳·琼斯	Indiana Jones
尤达	Yoda
尤尼奥西	Yunioshi
宇多田光	Hikaru Utada
原惠一	Keiichi Hara
圆谷英二	Eiji Tsuburaya
约翰·福斯特·杜勒斯	John Foster Dulles

约翰·斯卡利	John Sculley	《白日梦想家》	The Secret Life of Walter Mitty
早田进	Shin Hayata	《白狮金巴》	Kimba the White Lion
泽田研二	Kenji Sawada	《宝可梦Go》	Pokémon Go
斋藤环	Tamaki Saito	《宝可梦》	Pokémon
詹姆斯·弗兰科	James Franco	《堡垒之夜》	Fortnite
詹姆斯·瑟伯	James Thurber	《变形金刚》	Transformers
长谷川千里	Senri Hasegawa	《冰川时代》	Ice Age
真板亚纪	Aki Maita	《冰雪奇缘》	Frozen
植山周一郎	Shu Ueyama	《波族传奇》	The Poe Clan
指原莉乃	Rino Sashihara	《不要再装作没人看动漫了》	It's Time to Stop Acting Like Nobody Watches Anime
志贺弘美	Hiromi Shiga		
中村雅哉	Masaya Nakamura	《财富》杂志	Fortune
中村悦子	Etsuko Nakamura	《草莓报》	Strawberry News
中岛梓	Azusa Nakajima	《超凡战队》	Power Rangers
中森明夫	Akio Nakamori	《超级马力欧大陆》	Super Mario Land
中裕司	Yuji Naka	《超级马力欧兄弟：完整战略指南》	Super Mario Bros: The Complete Strategy Guide
竹久梦二	Yumeji Takehisa		
紫式部	Murasaki Shikibu	《超级马力欧兄弟》	Super Mario Bros
镈三郎	Saburo Ishizuki	《朝日新闻》	Asahi Shimbun
佐藤荣作	Eisaku Sato	《吃豆人》	Pac-Man
		《吃豆世界》	Pac-Land

文艺作品、游戏名

		《厨房》	Kitchen
		《刺猬索尼克》	Sonic the Hedgehog
《阿基拉》	Akira	《打空气》	Dig Dug
《爱的拥抱》	Love Brace	《打砖块》	Breakout
《爱丽丝漫游奇境》	Alice's Adventures in Wonderland	《大金刚》	Donkey Kong
《暗堡里的三恶人》	The Hidden Fortress	《大金刚二代》	Donkey Kong Jr.
《奥特Q》	Ultra Q	《大逃杀》	Battle Royale

《大西洋月刊》 The Atlantic
《诞生在美国》 Born in the U.S.A.
《导弹指令》 Missile Command
《蒂芙尼的早餐》 Breakfast at Tiffany's
《独处的童年：第一代家庭游戏玩家的命运》 A Childhood in Solitude: The Fate of the First Generation of Home Gamers
《独立日》 Independence Day
《读卖新闻》 Yomiuri Shimbun
《杜恩斯比利》 Doonesbury
《哆啦A梦》 Doraemon
《夺宝奇兵》 Raiders of the Lost Ark
《俄罗斯方块》 Tetris
《恶魔城》 Castlevania
《E.T. 外星人》 E.T.: the Extra-Terrestrial
《2001太空漫游》 2001: A Space Odyssey
《飞侠哥顿》 Flash Gordon
《新机动战记高达W》 Gundam Wing
《粉红后花园》 Popteen
《愤怒的小鸟》 Angry Birds
《风俗营业取缔法》 Businesses Affecting Public Morals Regulation
《风之谷》 Nausicaä of the Valley of Wind
《佛陀》 Buddha
《新世纪福音战士剧场版：Air/真心为你》 The End of Evangelion
《哥斯拉》 Godzilla
《哥斯拉之子》 Son of Godzilla

《歌番》 Utaban
《格列佛游记》 Gulliver's Travels
《攻壳机动队》 Ghost In The Shell
《古墓丽影》 Tomb Raider
《怪猫菲力兹》 Fritz the Cat
《怪物史莱克》 Shrek
《怪医黑杰克》 Black Jack
《广场协议》 Plaza Accord
《滚石》 Rolling Stone
《国家总动员法》 National Mobilization Law
《过关斩将》 The Running Man
《Gal结构》 The Structure of the Gal
《Gal生活》 Gal's Life
《和米奇一起唱》 Sing Along with Mitch
《黑客帝国动画版》 The Animatrix
《胡萝卜Gal》 Carrot Gals
《糊涂交响曲》 Silly Symphony
《花花公子》 Playboy
《花生漫画》 Peanuts
《华尔街日报》 The Wall Street Journal
《华盛顿邮报》 The Washington Post
《幻想曲》 Fantasia
《黄昏》 Twilight
《回到未来2》 Back to the Future Part II
《魂斗罗》 Contra
《火星战士》 Fighting Man of Mars
《火之鸟》 Phoenix
《霍华德和内斯特》 Howard & Nester

《吉卜拉》 Cybelle
《饥饿游戏》 The Hunger Games
《机动战士高达》 Mobile Suit Gundam
《集合啦！动物森友会》 Animal Crossing: New Horizons
《加美拉》 Gamera
《加谢医生的肖像》 Portrait of Dr. Gachet
《降世神通：最后的气宗》 Avatar: The Last Airbender
《胶囊怪兽》 Capsule Monster
《杰森一家》 The Jetsons
《姐妹们只想疯玩》 Girls Just Want to Have Fun
《今日日本》 Japan Today
《金刚大战哥斯拉》 King Kong vs. Godzilla
《近江八景》 Eight Views of Omi
《精灵宝可梦：超梦的逆袭》 Pokémon The First Movie: Mewtwo Strikes Back
《菊与刀》 The Chrysanthemum and the Sword
《绝命毒师》 Breaking Bad
《卡姆依传》 Kamui-den
《卡通学院》 Cartoon College
《凯蒂猫的眼泪》 Tears of Kitty
《克娄巴特拉计划》 Cleopatra: Queen of Sex
《恐龙战队》 Mighty Morphin' Power Rangers
《莱尔·艾布纳》 Li'l Abner
《雷达范围》 Radarscope
《连线》杂志 Wired
《龙猫》 My Neighbor Totoro
《龙珠》 Dragon Ball

《洛克人》 Mega Man
《洛丽塔》 Lolita
《洛奇》 Rocky
《L-81号限制令》 Limitation Order L-81
《马力欧兄弟》 Mario Bros
《每日新闻》 Mainichi Shimbun
《美国偶像》 American Idol
《美女与野兽》 Beauty and the Beast
《美少女战士》 Sailor Moon
《梦游》 A Dream Walking
《梦游记》 A Dream Walking
《米老鼠俱乐部》 The Mickey Mouse Club
《密特罗德》 Metroid
《面包超人》 Anpanman
《明日之丈》 Ashita no Joe
《摩登原始人》 The Flintstones
《摩天楼》 Matenro
《某个街角的故事》 Tales of a Street Corner
《暮光之城》 Twilight
《你的名字》 Your Name
《牛津英语词典》 Oxford English Dictonary
《纽约客》 The New Yorker
《纽约时报》 The New York Times
《挪威的森林》 Norwegian Wood
《哦！女孩》 Oh! Gal
《乒乓》 Pong
《平等就业机会法》 Equal Employment Opporturnity Act

《骑士公主》 Princess Knight
《千与千寻》 Spirited Away
《青蛙过河》 Frogger
《轻音少女》 K-ON！
《全天候摇滚》 Rock Around the Clock
《权威漫画准则》 Comics Code Authority
《忍者武艺帐》 Ninja Bugeicho
《任天堂力量》 Nintendo Power
《日本第一》 Japan as Number One
《日本公司的终结》 The End of Japan Inc.
《日本权力构造之谜》 The Enigma of Japanese Power
《日本时报》 The Japan Times
《日美安全保障条约》 Treaty of Mutual Cooperation and Security Between the United States and Japan
《日语词典》 Kojien
《塞尔达传说》 The Legend of Zelda
《三丽鸥的秘密》 These Are Sanrio's Secrets
《三神奇》 Wonder 3
《森林大帝》 Jungle Emperor
《杀死比尔1》 Kill Bill: Volume 1
《少年俱乐部》 Shonen Club
《少年泰坦》 Teen Titans
《神经漫游者》 Neuromancer
《神奈川冲浪里》 The Great Wave off Kanagawa
《生活》杂志 Life
《生死时速》 Speed
《石板》杂志 Slate

《时代》 Time
《世界上唯一的花》 The One and Only Flower in the World
《视相》 Variety
《水果忍者》 Fruit Ninja
《说谎的衰落》 The Decay of Lying
《斯频》杂志 Spin
《拓麻歌子：真实故事》 Tamagotchi: The True Story
《太空入侵者》 Space Invaders
《泰坦尼克号》 Titanic
《糖果粉碎传奇》 Candy Crush
《特种部队》 G.I. Joe
《铁臂阿童木》 Mighty Atom
《兔八哥》 Looney Tunes
《托马的心脏》 The Heart of Thomas
《卫报》 Guardian
《为什么我的寻呼机不哔哔？》 Why Won't My Pager Beep?
《未来少年柯南》 Future Boy Conan
《我的孙悟空》 Boku no Son Goku
《我为喜剧狂》 30 Rock
《西部世界》 Westworld
《西游记》（东映版） Journey to the West
《西游记》（美国版动画电影） Alakazam the Great
《夏日丑闻》 "Summer Scandals"
《小马王》 Spirit: Stallion of the Cimarron
《笑笑也无妨》 Waratte Iitomo
《辛普森一家》 The Simpsons

《新宝岛》 Shin Takarajima

《新世纪福音战士》 Neon Genesis Evangelion

《新世纪教育改革法》 New Century Educational Reform Law

《新闻周刊》日本版 Newsweek Japan

《信息社会是如何扭曲儿童的》 "How Information Soceity Warps Children"

《星堡》 Star Castle

《星际迷航》 Star Trek

《星球大战》 Star Wars

《星条旗》 Stars and Stripes

《旭日追凶》 Rising Sun

《亚当斯一家》 The Addams Family

《摇滚乐队》 Rock Band

《窈窕淑女》 My Fair Lady

《夜访吸血鬼》 Interview with the Vampire

《一千零一夜》 A Thousand and One Nights

《以生物学向米老鼠致意》 A Biological Homage to Mickey Mouse

《银幕歌曲》 Screen Songs

《银翼杀手》 Blade Runner

《印第安纳波利斯月刊》 Indianapolis Monthly

《永远向前》 Ever Onward

《勇者斗恶龙 3》 Dragon Quest III

《幽灵公主》 Princess Mononoke

《游戏怪人》 Game Freak

《游戏王》 Yu-Gi-Oh!

《有史以来最糟糕的 50 部电影（以及他们是如何做到这一点的）》 The Fifty Worst Films of All Time (And How They Got That Way)

《渔夫妻子的梦》 Dream of the Fisherman's Wife

《宇宙男孩》 Astro Boy

《源氏物语》 The Tale of Genji

《1843》杂志 The Economist's 1843

《在这世界的角落》 In This Corner of the World

《早春》 Early Spring

《战神金刚》 Voltron

《战争地带》 Battlezone

《战争周刊》 The War Weekly

《这是南瓜大王哦！查理·布朗！》 It's the Great Pumpkin, Charlie Brown

《芝加哥论坛报》 Chicago Tribune

《致新一代儿童漫画家》 "To New Children's Manga Artists"

《周刊公论》 Shukan Koron

《周刊文春》 Shukan Bunshun

《周六夜现场》 Saturday Night Live

《侏罗纪公园》 Jurassic Park

《装甲攻击》 Armour Attack

《最终幻想 7》 Final Fantasy VII

机构、专有名词

阿伊努人　Ainu

艾尼克斯　Enix

爱贝克思　Avex

爱马仕　Hermès
安逸猿　BAPE
奥姆真理教　Aum Supreme Truth
奥特曼　Ultraman
巴尔的摩会议中心　Baltimore Convention Center
巴拿马太平洋国际博览会　Panama-Pacific International Exposition
巴尼斯　Barneys
百货店　hyakkaten
百事公司　PepsiCo
宝贝鱼　Babelfish
宝可梦联盟暑期巡回训练营　Pokémon League Summer Training Tour
宝冢歌剧团　Takarazuka Revue
保守党政治行动会议　Conservative Political Action Conference，简称CPAC
暴女　riot grrrl
贝蒂妙厨　Betty Crocker
贝尔实验室　Bell Labs
贝塔男　beta male
本田思域　Honda Civic
比基尼杀戮　Bikini Kill
别克路霸　Buick Roadmaster
波道夫·古德曼精品店　Bergdorf Goodman
博柏利　Burberry
B-29超级空中堡垒轰炸机　B-29 Superfortresses
彩虹乐园　Puroland
茶水博士　Professor Ochanomizu

常盘庄　Tokiwa-so
池上通信　Ikegami Tsushinki
赤军派　Sekigun-ha
虫制作公司　Mushi Productions
大阪帝国大学　Osaka Imperial University
大津市历史博物馆　Otsu City Museum of History
大力水手　Popeye
大日本爱国党　Great Japan Patriotic Party
大众甲壳虫轿车　Volkswagen Bug
"戴亚克隆汽车机器人"　Diaclone Car Robots
单身寄生族　parasite singles
弹球盘　Pachinko
德尔莫尼科国际　Delmonico International
帝国海军　Imperial Navy
第三新东京市　Tokyo-3
蒂芙尼公司　Tiffany's
东宝动画　Toho Doga
东京创意艺术　Tokyo Zosaku Kogeisha
东京明治大学　Tokyo's Meiji University
东京通信工业株式会社　Tokyo Tsushin Kogyo
东映动画　Toei Doga
东芝　Toshiba
动漫博览会　Anime Expo
动漫新世纪宣言　Anime New Century Declaration
多美　Tomy
20世纪福克斯动画公司　20th Century Fox Animation
飞特族　freeter

丰田　Toyota
风吕敷　furoshiki
风俗营业管理法　Businesses Affecting Public Morals Regulation
弗莱舍工作室　Fleischer Studios
福特汽车公司　Ford Motor Company
妇女游行　Women's March
富美家　Formica
富山技研　Tomiyama
富士电视台　Fuji Televison
港口商店　Minato-ya
搞笑诺贝尔奖　Ig Nobel
哥伦比亚唱片公司　Columbia Records
哥伦比亚电影公司　Columbia Pictures
歌舞伎町　Kabukicho
格莱美颁奖典礼　Grammy Awards
格雷汉姆-佩奇　Graham-Paige
工薪族　salaryman
公告牌排行榜　Billboard
海豹突击队　Navy Seal
海滩男孩　Beach Boys
汉纳巴伯拉动画制作公司　Hanna-Barbera Productions, Inc.
好彩　Lucky Strike
好时　Hershey's
盒式磁带录像机　Video Cassette Recorder，简称 VCR
贺曼公司　Hallmark

恒美广告公司　Doyle Dane Bernbach，简称 DDB
红白歌会　Kohaku
红白机　Nintendo Entertainment System
华纳兄弟　Warner Bros.
华盛顿国家广场　National Mall
环球影业　Universal Studios
皇后乐队　Queen
惠美寿　EVISU
惠普　Hewlett-Packard，简称 HP
火箭炮　Bazooka
吉卜力工作室　Studio Ghibli
茧居族　hikikomori
金刚　King Kong
剧画工房　Gekiga Workshop
凯迪拉克　Cadillac
凯蒂猫　Hello Kitty
科乐美　Konami
跨媒体衍生作品　"mass-media franchise"
快乐分裂　Joy Division
垃圾摇滚　Grunge Rock
莱昂内尔　Lionel
蓝霹雳　Blue Streak
礼拜堂行动　Operation Meeting House
里尔喷气飞机公司　Lear Jet
理光　Ricoh
立命馆大学游戏研究中心　Ritsumeikan University Center for Game Studies
另类右派　alt-right

鲁兹安全　LulzSec
路易威登　LV
洛克菲勒中心　Rockfeller Center
麦金塔　Macintosh
漫画市场　Comic Market
漫威　Marvel
漫威漫画公司　Marvel Comics
美国电影艺术与科学学院　Academy of Motion Picture Arts and Sciences
美国广播唱片公司　RCA
美国联邦通信委员会　Federal Communications Commission
美国商城　Mall of America
美国西电公司　Western Electric
美能达　Minolta
美泰公司　Mattel
梦工厂　DreamWorks SKG
米老鼠　Mickey Mouse
米罗华　Magnavox
米泽商会　Yonezawa Shokai
名爵　MG
明治制果　Meiji Seika
摩城音乐　Motown music
摩托罗拉　Motorola
幕府将军　Shogun Warrior
南梦宫　Namco
尼克国际儿童频道　Nickelodeon
匿名者　Anonymous

帕蒂和吉米　Patty & Jimmy
帕卡德8　Packard 8
皮卡丘　Pikachu
皮克斯　Pixar
PS游戏机　PlayStation
庆应义塾大学　Keio University
全京都　Zenkyoto
全日本卡拉OK实业家协会　All-Japan Karaoke Industrialist Association
全学联　Zengakuren
任天堂　Nintendo
日本电气　NEC
日本剧场音乐厅　Nichigeki Music Hall
日本科幻大会　Japan Science Fiction Convention
日本科幻小说大奖　Japan's Science Fiction Grand Prix
日本漫画大会　Japan Manga Convention
日本胜利公司　JVC
日本影院业主协会　Japan Association of Theater Owners
日本主义　Japonisme
日电工业株式会社　Nichiden Kogyo
日经指数　Nikkei
日立　Hitachi
日昇动画公司　Sunrise
萨克斯第五大道精品百货店　Saks Fifth Avenue
赛博朋克　cyberpunk
三丽鸥　Sanrio

三菱汽车	Mitsubishi
三越百货	Mitsukoshi
山口组	Yamaguchi-gumi
山梨丝绸中心	Yamanashi Silk Center
神户音乐艺术家协会	Kobe Musical Artists Association
世嘉	Sega
手冢制作公司动画部	Osamu Tezuka Productions, Animation Division
舒科	Schuco
双子星	Little Twin Stars
水森亚土未来剧场	Mirai Gekijo
斯德哥尔摩综合征	Stockholm syndrome
斯蒂旁克	Studebaker
斯普特尼克一号	Sputnik 1
四国岛	Shikoku
松阪屋	Matsuzakaya
松下	Panasonic
随身听	Walkman
索尼	Sony
塔卡米尼	Takamine
太东	TAITO
特丽珑	Trinitron
通用磨坊食品公司	General Mills
丸三	Marusan
丸物	Marubutsu
玩家门	Gamergate
玩具城宝宝	Babes in Toyland
万代	Bandai
网飞	Netflix
威利斯-奥佛兰	Willys-Overland
微软全国广播公司	MSNBC
韦恩图	Venn diagram
卫洗丽	Washlet
未来剧场	Mirai Gekijo
无印良品	MUJI
西蒙与舒斯特出版公司	Simon & Schuster
西雅图水手棒球队	Seattle Mariners
夏普	Sharp
先锋	Pioneer
香奈儿	Chanel
小哥斯拉	Godzillante
小菅玩具	Kosuge Toys
新宿骚乱	Shinjuku Riot
新月	Crescent
星云奖	Nebula Award
雪铁龙	Citroën
X一代	Generation X
雅达利	Atari
伊朗革命	Iranian Revolution
伊势神宫	Ise Grand Shrine
音乐减一	Music Minus One
英国百代电影公司	British Pathé
优衣库	UNIQLO
游戏连接电缆	Game Link Cable
有限动画	limited animation

御岁暮　Oseibo

御中元　Ochugen

裕仁中心　Hirohito Center

圆石滩高尔夫球场　Pepple Beach Golf Club

早川电子公司　Hayakawa Electric

增强现实　augmented reality

战时生产委员会　War Production Board

蛰居族　hikikomori

珍妮丝　Zenith

职人　shokunin

中阿肯色大学　University of Central Arkansas

森尼维尔　Sunnyvale

山梨县　Yamanashi

四国岛　Shikoku

町田市　Machida

伍德斯托克　Woodstock

印第安纳波利斯市　Indianapolis

御殿山　Gotenyama

择捉岛（伊图鲁普岛）　Etorufu

中心街　Center Street

竹下通　Takeshita Street

地名

阿纳海姆　Anaheim

板桥区　Itabashi

表参道　Omotesando Boulevard

第五大道　Fifth Avenue

果园街　Orchard Street

横须贺港　Port of Yokosuka

库比蒂诺　Cupertino

莱维敦　Levittown

里原宿　Ura-Harajuku

目黑　Meguro

品川　Shinagawa

秋叶原　Akihabara

三宫　Sannomiya

三浦半岛　Miura Peninsula